京津冀协同发展中北京市物流资源优化配置研究

王晓平　著

中国财富出版社

图书在版编目（CIP）数据

京津冀协同发展中北京市物流资源优化配置研究／王晓平著．—北京：中国财富出版社，2019.3

ISBN 978－7－5047－6874－2

Ⅰ.①京…　Ⅱ.①王…　Ⅲ.①物流—资源优化—研究—北京　Ⅳ.①F259.271

中国版本图书馆 CIP 数据核字（2019）第 052271 号

策划编辑 郑欣怡　　**责任编辑** 邢有涛　郭小草
责任印制 梁　凡　　**责任校对** 张营营　　**责任发行** 敬　东

出版发行	中国财富出版社		
社　　址	北京市丰台区南四环西路 188 号 5 区 20 楼	**邮政编码**	100070
电　　话	010－52227588 转 2098（发行部）		010－52227588 转 321（总编室）
	010－52227588 转 100（读者服务部）		010－52227588 转 305（质检部）
网　　址	http://www.cfpress.com.cn	**排　　版**	宝蕾元
经　　销	新华书店	**印　　刷**	北京九州迅驰传媒文化有限公司
书　　号	ISBN 978－7－5047－6874－2/F·3175		
开　　本	710mm×1000mm　1/16	**版　　次**	2021 年 1 月第 1 版
印　　张	15.25	**印　　次**	2021 年 1 月第 1 次印刷
字　　数	274 千字	**定　　价**	76.00 元

前　言

京津冀是继“长三角”“珠三角”两大区域之后第三个具活力、具潜力的区域。近年来，京津冀的发展引起国家领导人的高度重视，在国家“十二五”规划中明确提出打造首都经济圈，将京津冀经济发展提升到国家战略层面，进一步从宏观上指明了京津冀未来发展的方向。

在京津冀协同发展的进程中，物流的一体化发展占到了举足轻重的地位。从京津冀物流一体化长期发展的战略高度看，重构京津冀的交通基础设施和物流服务体系对提升区域整体竞争力至关重要。

本研究是北京市社科基金项目的研究成果（项目编号：15JDJGB054，项目名称：京津冀协同发展中北京市物流资源优化配置研究），主要是在京津冀协同发展背景下，对如何优化配置北京的物流资源进行研究。

第一，对北京的物流资源进行了界定，本研究中的物流资源，仅指与京津冀协同发展有关的北京的物流资源，研究将北京的物流资源落脚在北京的道路交通、物流园区、京津冀港口三个方面。

第二，在对北京物流园区的具体情况进行分析的基础上，建议：一是明确各区物流功能定位，优先消化内部资源；二是形成区域物流产业集群，促进企业之间合作；三是建设公共物流信息平台，打破信息不对称；四是政府提供政策支持，建立良好发展氛围。

第三，在对京津冀港口群的发展现状进行分析的基础上，建议：一是建立津冀港口群横向合作联盟；二是对津冀港口群物流资源进行整合。

第四，在对北京物流交通的协调性进行分析的基础上，建议：一是交通运输系统要与外部环境协调；二是交通运输方式必须走节约资源、提高资源利用效率的可持续发展道路；三是规划好不同交通枢纽的空间一体化布局和不同交通运输方式的分阶段衔接方案。

第五，研究给出了北京物流资源优化配置的整体思路：一是明确物流资源的功能定位；二是加强信息平台的建设；三是促进区域物流资源的合作；

四是组织物流资源优化配置；五是发展多式联运和共同配送等物流组织方式。

本研究的主要创新点：①基于京津冀协同发展的背景，对物流资源的概念和所涉及的范围进行界定；②找出京津冀协同发展过程中物流一体化存在的障碍，指出在促进京津冀物流一体化中应如何优化配置北京物流资源；③以北京为研究对象，对道路交通、物流园区、物流港口等物流资源进行优化配置。

通过本研究的开展，可以很好地摸清北京现有物流资源的“家底”，分析其存在的问题及原因，为北京制定未来的物流业发展规划，以及为京津冀协同发展中的物流业发展提供政策参考，同时也能够对天津、河北的物流资源优化配置提供研究范式及指引，甚至可以为其他地区在区域经济协同发展中的物流资源的优化配置提供参考。

研究工作在团队的合作下顺利开展，用时两年半，从前期的思路梳理到中期的现场调研，再到后期的文字撰写，群策群力，表现出了非常好的团队合作精神。其中第 1、3、7、8 章由王晓平主笔，并完成整体框架的构建，提出研究思路，并进行总结；第 2 章由闫飞主笔，对京津冀协同发展的相关政策和动态进行了总结，为研究的开展奠定了基础；第 4 章由窦欣欣主笔，对北京物流园区的发展现状及存在的问题进行分析，并提出未来的发展对策；第 5 章由张申峰主笔，对京津冀港口的现状、合作竞争的现状进行分析，最后提出港口群发展的对策；第 6 章由卢怀宇主笔，在对北京的物流交通现状调研的基础上进行分析，并给出交通方式合作发展的对策。另外，杜姗姗、赵红星、冀静、郑忠义等也参与了研究工作，对文字内容进行汇总、梳理及调整，并提出意见和建议，使研究内容更加科学合理。

本书编写过程中，得到了广大同人的支持和帮助，京津冀三地多家企业、园区、港口的大力配合使我们的调研工作得以顺利开展；本书在研究方法和研究思路方面学习和借鉴了广大专家、学者的研究成果，未在参考文献中全部列出，在此一并表示感谢！

作　者

2019 年 1 月

目　录

1 绪论

1.1 选题背景和意义

京津冀是继“长三角”“珠三角”两大区域之后第三个具活力、具潜力的区域。近年来，京津冀的发展引起国家领导人的高度重视，在国家“十二五”规划中明确提出打造首都经济圈，将京津冀经济发展提升到国家战略层面，进一步从宏观上指明了京津冀未来发展的方向。

在京津冀协同发展的进程中，物流的一体化发展占到了举足轻重的地位。从京津冀物流一体化长期发展的战略高度看，重构京津冀的交通基础设施和物流服务体系对提升区域整体竞争力至关重要。2015 年出台的《京津冀协同发展规划纲要》明确了京津冀三地的具体功能定位，与原来的定位有很大差异，这就导致需要对北京的产业布局重新调整。

但无论怎样调整，北京作为国际大都市需要物流业发展。中央政治局常委汪洋（原国务院副总理）曾指出：一个城市可以没有工业、农业，但不能没有商贸物流业。北京作为京津冀的重要组成部分，经过多年的发展，自身的物流已经形成比较完善的体系。在京津冀协同发展中，由于产业布局的调整，势必会对北京现有的物流系统带来极大的影响，如何在满足北京自身城市发展需要的同时，服从京津冀物流一体化的战略格局，是一个值得关注和研究的课题。北京在自身发展的过程中，也出现了“大城市病”，这就迫切要求在京津冀协同发展中对北京物流资源进行优化配置。

京津冀协同发展已成为当前影响中国北部地区物流发展的重要因素，国家对京津冀三地进行了重新的功能定位与区域划分，在提升天津、河北地位的同时，对北京的物流资源进行调研分析和优化配置是本项目研究的主要目的。

首先，从京津冀协同发展的视角，对北京物流资源进行界定，梳理北京物流资源现状。根据物流资源的服务对象和服务范围，找出需要重新优化配置的属于京津冀协同发展中的物流资源，摸清存量，根据京津冀协同发展的需要提出需要配置的增量。

其次，明确京津冀物流一体化过程对北京物流资源的要求。京津冀协同发展中，物流的一体化是不可或缺的一部分，为了配合京津冀协同发展，需要对京津冀三地的物流服务进行调整，对北京物流资源的配置提出更高的要求。

最后，分析现实的物流一体化过程中存在的问题及解决方案，实现北京与津冀两地的无缝衔接。对目前北京物流系统自身的问题进行研究，分析其存在的原因，并且对京津冀物流一体化中北京与天津、河北两地的物流实现无缝对接提出切实可行的解决方案。

1.2 国内外研究现状

1.2.1 关于京津冀物流一体化的研究

程永伟（2016）采用整体发展高度、发展均衡性及协调性三要素构建了京津冀物流一体化水平测算模型，指出京津冀物流整体发展高度及发展协调性低于长三角经济圈，但高于珠三角经济圈，而发展均衡性却显著低于其他两大经济圈。踪程（2011）分析了实现京津冀物流一体化的基础条件，总结发展制约因素，将多种因素加入京津冀物流一体化模式结构的基本框架。林英泽（2015）指出京津冀三地物流一体化，必须要服务于生产、生活以及区域发展；京津冀物流一体化建设，应以顶层设计为指引，以交通一体化为基础，打造京津冀大流通格局，追求共赢的市场导向，推进同城化规划和管理。高希波（2011）将京津冀和长三角地区相比，虽然京津冀基本条件良好，但是物流一体化的具体实施将会影响京津冀协同发展进度。

严霄蕙（2015）在对国际和国内经济形势、国家政策对京津冀区域物流一体化影响进行分析的基础上，对京津冀一体化、京津冀交通一体化、京津冀区域物流一体化之间相辅相成的关系进行了分析。王爽（2015）主要研究京津冀区域物流的集群发展，指出集群发展需要明确资源配置边界，建立产业体系竞争的格局；通过建设公用物流网点实现物流资源共享，形成具有可持续发展的物流系统。孙晔（2015）结合国家2015年物流标准化试点城市的战略部署，提出了基于物联网的智慧物流的协同发展将成为京津冀一体化的推动力，三地物流环节优化整合构成后，将形成完整的标准化物流服务链，服务于京津冀三地的协同发展。

综上所述，京津冀协同发展作为国家发展战略，对我国产业布局、经济趋势、人口分布等有直接影响，目前国内学者的研究虽然都停留在预测或者战略分析层面，但是具有一定借鉴意义，尤其是在打破区域行政化，实现资源优化配置、区域经济圈集群发展和标准化物流服务链方面具有很强的理论意义，但是对于京津冀物流园区信息平台的建设，物流园区如何运用信息平台，实现打破区域行政化发展和优化资源配置层面的研究比较少。

1.2.2 关于港口群的研究现状

20 世纪 60 年代之后，港口地理学者将研究重点从单一港口转向港口群体系的研究。概括起来国内外学者对港口群的研究角度主要包括港口群演化、港口群资源整合及津冀港口群研究三方面。

1. 从港口群演化的角度

国外学者对港口群演化问题做了大量的研究。英国地理学家 Bird（博德，1963）提出了港口演化的理论基础“港口通用模型”；除此之外，还提出了一系列著名的港口体系演化模型，例如，Taaffe（塔菲，1963）的海港空间演化六阶段模型。基于上述研究，Notteboom（诺特伯姆，2010）通过分析 1985—2008 年 78 个欧洲港口集装箱的吞吐量，总结了欧洲港口群演化的发展趋势。

国内学者关于港口群演化的研究同样取得了一定的成果。曹有挥等（2008）对我国集装箱港口体系的演化机理进行了研究，采用赫芬达尔 - 赫希曼指数和偏移 - 份额，总结各集装箱港口体系的演化模式和阶段，并分析了导致变动的原因。谢燮（2010）对环渤海、长三角和珠三角等区域港口空间格局的演化过程进行分析，总结其产生的原因并得出沿海港口空间格局趋向均衡化的结论；王健龙（2013）运用多种数学模型对珠三角港口群体系进行了定量分析，分析其集中度变化、货流重心的迁移，总结港口群的发展规律；陈春芳、赵刚、陈继红（2016）以长三角地区 15 个港口为研究对象，对吞吐量运用 Logistic 模型和赫芬达尔 - 赫希曼指数，定量分析长三角港口群 1997—2012 年的演变过程及演变特征。

2. 从港口群资源整合的角度

国外学者注重进行港口群资源整合的案例分析，提出其中存在的关键因素。Peter de Lange（彼得·德兰格）和 Evert - Jan Visser（埃弗特扬·维塞尔）（2005）阐述了港口群理论，分析得出港口群发展的重要因素，确立港口群绩效评价体系；Kris Joseph Knox（克里斯·约瑟夫·诺克斯，2011）以美国港口为案例，探讨港口相关部门的收益与管理模式间存在的关系。

国内学者关于港口群资源整合的研究主要集中于理论研究方面，具体案例的实证研究大多是借鉴国外的相关经验或在此基础上进行拓展研究。燕向晖（2012）运用聚集经济学、港口经济学等多种经济学理论，分析了港口城市发展与港口间关系，通过比较研究，探讨了国际港口群竞合模式，最终根据环渤海港口群的实际情况提出了整合模式相关发展建议；梁晶（2015）运用收益共享理论，按照由整合主体较少到整合主体众多，由市场环境平稳状态到市场环境波动情况下的变动收益共享的递进关系，研究了港口物流资源纵向整合问题。

3. 从津冀港口群研究的角度

京津冀协同发展为津冀港口群物流带来了新的发展契机，同时也提出了更高的要求。学者们越来越重视对京津冀区域港口的研究，下面主要从单个港口和港口群两个方面进行述评。

从单个港口研究层面来看，李振伟（2015）总结了京津冀一体化对曹妃甸港口物流的影响，结合运用层次分析法和模糊综合评价法对其评价，提出了增强曹妃甸港口物流竞争力的对策建议；英平（2012）针对黄骅港进行港口竞争力的研究，运用数据包络模型，对竞争力进行评价，并提出增强黄骅港竞争力的发展对策。

从港口群研究层面来看，纪元香、张磊（2014）以目前域内港口恶性竞争、资源浪费、重复建设等一系列问题为导向，提出港口错位发展的发展思路，形成“一核两翼”的港口分工发展格局；魏丽华（2016）对在京津冀协同发展中津冀港口群一体化的定位、困境和路径选择进行了研究。

结合国内外港口群物流研究现状来看，对港口群演化及资源整合的研究，国外学者起步较早，成果显著；国内学者起步较晚，但是对港口群资源整合的研究比较有针对性。结合津冀港口物流研究现状来看，目前对京津冀区域港口的研究处于单个港口和港口群理论研究及定性分析层面，研究成果较少，缺乏对港口群整体的深入研究和定量分析。

1.2.3 关于港口合作博弈的研究

港口与港口物流相辅相成，港口物流的发展依托于港口，港口物流的竞争与合作问题即港口间的竞合问题。

1. 从港口物流竞争力的角度

对于港口物流竞争力的研究主要从三个方面进行述评，即港口物流竞争力理论研究、港口物流竞争力研究方法、港口物流竞争力评价指标体系的构建。

（1）港口物流竞争力理论研究。

首先是关于与开放市场下企业的竞争力之间的关系研究。美国哈佛大学商学院教授 Michael E. Porter（迈克尔·波特，2005）对企业的竞争力进行了较为系统的论述；Prahalad（普拉哈拉德）和 Hamel（哈梅尔，2002）认为“企业的核心竞争力是持续竞争优势之源”。20 世纪 60 年代之后，国外开始了港口竞争力问题的研究。英国的 Mayer（麦耶，1957）率先探讨了港口间的陆向腹地竞争问题。国外学者在港城空间联系、腹地竞争、影响因素、港口服务质量等方面进行了大量相关研究。

我国从 20 世纪 90 年代初期开始研究市场竞争理论，其中多数研究来源于上述几项关于企业竞争力的理论。我国经济学界于 80 年代末 90 年代初，将港口经济学作为一门独立的学科。乔鹏亮（2013）基于共生理论，分析港口物流系统的各共生单元间的互补关系和竞合关系；张旭（2013）研究港口物流的竞争力，从国际贸易的视角出发，分析国际贸易和港口物流之间的相互作用机理，用来评价国内的港口物流竞争力。

（2）港口物流竞争力研究方法。

Metin Celik（梅汀·赛利克，2008）等为了确保土耳其主要集装箱港口的竞争力需求，通过 FAD（可行的到达日期）和 TOPSIS（多目标决策）结合法，对不完全信息下的决策问题进行探讨；Waiman Cheung（张伟民，2012）从用户的角度研究集装箱港口竞争力的影响因素，通过层次分析法（AHP）阐述影响的关键点；Yuen（阮，2012）等基于港口使用者的视角，分析集装箱港口竞争力的主要影响因素。

国内学者在港口竞争力评价方面取得了较大进展。孙亮（2010）将层次分析法和模糊综合评价法进行结合，建立了数学模型，对竞争优劣势进行研究，确定各港口发展潜力；袁科峰（2012）运用波特五力分析模型，对宁德港和连云港进行实证分析，提出有利于港口物流发展的战略和策略；吕梁（2011）研究深圳港综合竞争力评价问题，通过 AHP（层次分析法）和 DEA（数据包络分析法），对影响综合竞争力的指标进行有效性分析。

（3）港口物流竞争力评价指标体系的构建。

Wei Yim Yap（叶伟业，2006）指出在港口竞争力的综合评价中，部分人类社会因素也应包含在其中；Michiel Nijdam（米切尔·尼德姆）和 Peter DeLangen（彼得兰根，2007）从需求方满意度的角度，研究港口物流水平，为港口物流的研究提供了新的视角；Rob Konings（罗布·科宁斯，2007）通过贸易路线与运输网络分析港口的竞争问题。

我国学者从各个角度对港口竞争力影响因素展开一系列研究。王景敏和陈敏（2016）对广西北部湾港的三个港区进行港口物流能力的实证分析，构建港口物流能力指标体系，得出四个影响广西北部湾港港口物流能力的指标，分别是港口货物流通量、港口物流规模、港口物流设施设备基础和港口腹地经济；盘艳芳（2016）从提升港口物流能力的角度，探讨港口物流服务供需平衡问题；王卉（2015）借鉴了国际大港如新加坡港、鹿特丹港和安特卫普港的发展经验，将其应用于我国港口城市国际物流竞争力影响因素的分析中，提出了宏观环境、经济区位、基础设施、营运条件、集疏运能力五项因素。

2. 从港口物流合作的角度

国外学者考虑从不同角度进行港口间的合作问题。Haugstetter（豪斯泰特，2010）等探讨通过港口间加深合作，提升产量和生产效率，实现相互学习的目标和合作创新；Langen（兰根，2006）等从社会福利的角度，论证港口合作的益处，并通过荷兰港的实证分析论证市场力量以及港口的外部效应。

国内学者尝试从不同角度总结提出港口横向和纵向联盟、模式、战略等。王任祥等（2010）从区域经济一体化角度出发，分析总结港口物流纵向和横向的联盟模式，并探讨浙江省港口联盟的可能性；张云（2010）研究环渤海港口群的物流发展，提出连横战略和港口职能分工的想法，以此来促进港口专业化、特色化的发展。

3. 从港口物流竞合的角度

近年来国内学者比较重视港口物流竞合的研究。周鑫和季建华（2008）基于博弈论理论，分析港口间的竞合，根据不同港口的竞争对手，采取一定的竞争或合作对策，以实现港口利益的最大化；刘波（2012）运用层次分析法（AHP）和灰色关联度分析法（GRA），对比分析连云港和日照港的综合竞争力，通过对竞合条件进行分析，提出有限一体化的竞合运作新模式。

结合国内外港口竞争与合作的研究现状可知，在港口竞争力研究方面，研究内容较全面。目前，主要通过确立港口竞争力综合评价模型和指标体系来开展对港口竞争力的评价研究；在港口物流合作研究方面，大多数国内学者仅通过定性分析提出港口横向合作的相应策略或存在的问题。港口物流竞合研究是现阶段的重要研究内容。

4. 关于港口博弈的研究

博弈论在港口合作竞争方面有一定的运用，主要采用非合作博弈对策略、成本分配、利润分配等问题进行研究。

国内部分学者主要通过运用非合作博弈模型，研究港口间的竞争与合作问题。王天骄（2008）以上海、宁波两港为研究对象，分析了在博弈中港口的最优策略选择、达到纳什均衡的最优服务策略和定价策略问题；章娴静（2009）以上海港和宁波港为例，从博弈论角度，重点研究了在重复博弈下两港口的合作问题；何健（2008）运用寡占模型，通过港口间的合作协商来提高彼此收益，对帕累托方法进行改进；杨艳冰（2009）分析了港口市场的结构性矛盾以及产生原因，建立港口规模竞争中的静态和动态非合作对策博弈模型并求解。

俞海宏和王晓萍（2010）提出建立长三角港口群有效的合作博弈关系，并保持港口间的良性竞争；张晓敏（2012）构建了港口供应链利益分配的基础模型和改进模型，以秦皇岛港为研究对象，分析提出利益分配的实施方案。复旦大学教授谢识予在《经济博弈论》一书中，提到博弈论未来的第二个重要发展趋势是合作博弈理论。

近年来，随着社会经济、竞合理论、博弈理论的发展，合作博弈理论又重新开始受到重视，本书在已有研究基础上，试图基于合作博弈以及动态博弈理论，研究津冀港口群横向竞合问题。

1.2.4 关于客、货运周转量的研究

一般客运和货运周转量的预测模型分为单一方法预测模型和组合方法预测模型。单一方法预测模型使用的方法主要有回归分析、时间序列分析、灰色模型预测、BP 神经网络模型、支持向量机等，组合方法预测模型是将两种或多种方法结合运用，发挥各自的优点，以使预测效果达到最好。

1. 单一方法预测模型的国内外研究现状

Box（博克斯）和 Jenkins（詹金斯，1970）开创了时间序列分析的先河，相比于只能处理静态数据的传统数理统计方法，该方法对动态数据的处理分析更加具有优势；Brian L. Smith（布莱恩 · 史密斯，2002）将线性和非线性

回归模型在交通流的预测方面进行对比，指出非线性回归预测模型有可能取代季节性 ARIMA 模型，具有更大的应用前景；Timo（蒂莫，2005）等在研究 BP 神经网络、线性回归和滑动回归三种不同预测方法的预测结果后，发现 BP 神经网络的预测准确性要远高于另外两种预测方法。

Real Carbonneaut（雷亚尔·卡尔博诺，2007）等用支持向量机（SVM）和 BP 神经网络两种预测方法分别对末端供应链的扭曲需求进行预测，并且把两种预测结果与传统预测方法的预测结果进行对比，最后发现这两种方法预测精度高于传统模型；Suryani（苏利亚尼，2010）等建立了一个系统动力学框架模型来预测客运量需求，凭借系统动力学的物理特性和信息流反馈控制连续决策和行动，通过模拟、分析和仿真来提高模型的预测水平；Yancai Zhang（张延才）（2012）等运用灰色预测模型 GM（1，1）对中国居民的冷链物流需求做出了预测；Mohammad Valipour（穆罕默德·瓦利普尔，2013）等采用自回归滑动平均模型（ARMA）、整合移动平均自回归模型（ARIMA）和自回归人工神经网络模型，对水库每月入库流量做出预测，并对预测结果进行对比说明。

吴伟等（2012）在对运输通道客运量影响因素进行定性分析的基础上，运用灰色关联度理论对各个影响因素的关联度进行定量计算，构建了基于多影响因素的 BP 神经网络模型，并对运输通道客运量进行预测；戚铭尧和杨坤河（2013）在传统灰色预测模型 GM（1，1）中，以预测值与原始值的差方和最小为目标，对模型构建的参数进行设定，进而对模型进行改进，以提高预测精度；朱文铜（2014）在分析铁路货运量预测方法的基础上，针对标准 BP 神经网络的不足，提出改进的 BP 神经网络预测模型；王栋和米国际（2015）运用灰色关联度分析法，分析与铁路货运量相关的主要社会指标，将确定铁路货运量的影响因子作为铁路货运量的预测指标，建立基于 BP 神经网络的铁路货运量预测模型，预测结果具有较高精确度。

赵晓宇（2017）运用回归分析方法，从预测值的差异程度和模型拟合程度两方面分析预测方法的合理性，最后对 2020 年之前的大连市公交客运量进行预测。由于要先对自变量数据进行预测，再根据自变量数据对因变量数据进行预测，所以预测精确度不高；宋建强、鲍学英和王起才（2017）针对传统的 GM（1，N）模型在进行货运量预测时存在误差较大的情况，应用等维度递补的思想，通过对传统 GM（1，N）模型进行改进，将新的数据替换最初的数据，提出一种改进的 GM（1，N）模型。

通过研究查阅得到的文献资料可以了解到，单一方法预测模型对数据要求较为严格，数据的趋势要符合该方法的适用类型，否则预测精确度较低。而现实情况中，预测对象的历史数据或相关指标数据往往不能完全符合某一种预测方法的要求。而组合预测是将两种或多种方法结合，发挥各自的优点，不仅能扩大适用范围，还能有效降低预测误差。

2. 组合方法预测模型的国内外研究现状

组合预测由 Bates（贝茨）和 Granger（格兰杰）在 1969 年首次提出，1983 年，Makridakis（马基达基斯）和 Winkler（温科勒）通过对 111 个时间序列的外推研究发现：两种预测方法组合预测时，预测误差相比于单个方法预测降低了 7.2%，五种预测方法组合预测时，相对误差降低了 16.3%。1989 年，*Journal of Forecasting* 组合预测方法专辑的出版，表明组合预测开始趋向于完善并且在预测学领域中占举足轻重的地位。

Yang（杨，2013）等人提出了交通需求预测组合模型中不确定性分析方法，分别考虑历史数据和标定参数的不确定性，将个人和收集数据的不确定影响进行评估和量化；Tsai（蔡，2014）等人利用自回归滑动平均模型（ARMA）和局部调整模型（PAM）对悉尼大都会区公共交通运输需求展开预测，结果验证了两种预测模型在运输需求预测上的适用性；Ahn（安，2016）等人提出了一种基于贝叶斯分类器（Bayes Classifier）和支持向量机的高速公路需求预测方法，并将该方法应用于韩国京釜高速公路需求预测，该方法相比其他的方法具有更高的预测精度。

陈鹏等（2005）将铁路客运量预测分为运量趋势预测和运量波动预测，分别采用灰色 GM（1，1）模型和马尔柯夫模型进行预测，并将两者结合形成一种新的灰色马尔柯夫铁路客运量预测方法；文军等（2010）基于最优加权法将灰色预测和回归分析预测进行了组合，并对国内航空货邮运输量进行了预测；侯丽敏和马国峰（2011）考虑到铁路客运系统是一个信息不完全的灰色系统，运用灰色预测理论构建灰色模型 GM（1，1）与线性回归的组合模型对铁路客运进行预测，模型改善了原线性回归模型中没有指数增长趋势和基本灰色预测模型中没有线性因素的不足；傅培华等（2012）通过 Shapley 值法将 BP 神经网络和灰色预测模型进行组合，并运用组合后的模型对航空货运量进行预测。

冯冰玉和鲍学英等（2015）构建新型时间序列灰色 GM（1，1）模型和考虑客流量影响因素的非线性遗传算法优化 BP 神经网络模型，预测铁路客运量，并将组合模型预测结果和单一模型预测结果进行比较分析；郑春伟、林丽华和田瑞（2015）认为在回归分析中缺少对影响因素的深入分析，而GM（1，1）模型不用考虑其他外界因素的影响，因而适合将两模型结合对公路货运量进行预测研究；朱志愚和刘燕（2017）以原始统计数据为基础，采用时间序列模型中的二次指数平滑法和灰色预测法建立单项预测模型，并在此基础上以误差平方和最小为目标建立了组合模型，通过对比分析发现组合模型具有更高的预测精度。

灰色系统理论始于1982年，经过多年的发展，其理论研究与应用都取得了较大发展。马尔柯夫链预测的对象是一个随机变化的动态系统，以相对误差时序作为基础，根据状态之间的转移概率来推测系统未来发展变化。灰色马尔柯夫SCGM（1，1）c模型是将两者结合后组成的一种新的预测模型。

张超、马存宝和许家栋（2006）运用灰色马尔柯夫SCGM（1，1）c模型对空难人数进行预测分析，结果表明该模型既能揭示空难人数变化总体趋势，又能克服随机波动性数据对预测精度的影响；姜翔程和陈森发（2009）提出一种用于农作物干旱受灾面积预测的加权马尔柯夫SCGM（1，1）c模型，适合时间短、数量少且随机波动大的动态过程预测；郭红莲和侯云先（2012）首先运用系统云灰色SCGM（1，1）c模型逆推，对原始数据部分缺失信息进行修正，应用单因子系统云灰色模型拟合时序数据的总体趋势，将所得相对误差作为随机波动过程，用马尔柯夫链原理对其状态进行预测，综合运用Markov（马尔柯夫）SCGM（1，1）c模型预测未来三年的数据，具有良好的预测精度。

王积建（2014）将等维新陈代谢思想引入加权Markov SCGM（1，1）c模型，构成等维新陈代谢-加权Markov SCGM（1，1）c模型，并进行实际应用，结果显示该模型的平均模拟精度为98.3%，平均预测精度为96%，模型应用效果较好。兰建义、乔美英和周英（2016）应用灰色马尔柯夫SCGM（1，1）c模型对煤矿事故进行预测，结果表明，该模型既能揭示数据的总体趋势，又能克服随机波动性数据对预测精度的影响。由此不难看出，灰色马尔柯夫SCGM（1，1）c模型在各方面都得到较好的应用，拟合及预测精度都相对较高。

相对于单一方法预测模型，组合模型优势更加明显，应用前景更加广阔。本书是对北京市综合交通运输系统协调发展进行研究，因而需要对北京市交通运输需求进行预测分析。客运量和货运量是交通运输需求最具体的反映，通过对北京市历年客运量和货运量趋势特点的分析，本书拟采用系统云灰色模型与马尔柯夫链组合的灰色马尔柯夫SCGM（1，1）c模型预测北京市未来三年的客运量及货运量。

1.2.5 关于综合交通运输系统协调性分析的研究

综合交通运输系统是在20世纪50年代由苏联运输经济学家提出来的。为了能更好地发展和利用各种交通运输方式，开始寻求建立和完善综合交通运输系统。对综合交通运输系统协调发展进行研究是为了更好地了解交通运输发展状况，找出综合交通运输系统协调发展存在的问题以便提出具有针对性的政策建议。

James Odeck（詹姆斯·奥德克，2006）以公路为实例，利用Malmquist（马姆奎斯特）指数模型研究了Norwegian Public Roads Administration（挪威公共道路管理局）交通运输安全体系协调性；Ming Min Yu（俞明敏，2008）运用Multi－activity DEA Model（多项活动数据包络模型）对20条铁路的效率进行评价，包括综合效率、技术有效性和服务有效性，为改善铁路运营绩效提供了依据。Martmn（马尔特恩，2001）等利用数据包络分析方法的C2R（分式规划问题模型）和B2C模型研究了Spanish Airports（西班牙机场群）的技术有效性和规模有效性；Matthew G. Karlaftis（马修·G. 卡拉夫蒂斯，2004）运用DEA方法，研究了交通运输发展和经济增长之间的协调关系。Odeck J.（奥德克·J，2000）根据数据包络分析方法，研究了运输行业的生产效率和经营效率之间的协调关系。

Anderson S. C.（安德森·S. C.）和Fielding G. L.（菲尔丁·G. L.，2003）运用比较分析法，对美国运输业的发展趋势进行研究；Zhang（张，2013）等将碳排放纳入交通运输业的产出，基于松弛变量计算效率值的非镜像DEA模型，分析表明中国大部分省份交通运输的环境效率是无效的；Cui（库伊，2014）等提出了一种虚拟边界的三阶段DEA模型，选取中国交通运输结构和有效的运输管理措施对交通运输能源效率影响重大；Oladipo（奥拉迪波，2015）等从交通运输发展、交通基础设施投资等不同角度分析了发展交通运输与经济增长的关系。

我国对综合交通运输的定义：综合发展和利用铁路、公路、水运、航空和管道等各种运输方式，以逐步形成和不断完善技术先进、网络布局和运输结构合理的交通运输体系的学科。国内学者对综合交通运输系统协调发展研究主要有以下三个方面。

1. 综合交通运输系统与社会经济的协调关系研究

雷怀英（2007）运用数据包络分析方法分析了交通运输与经济发展之间

协调性的动态变化趋势；刘圆圆等（2012）应用区域交通系统与区域经济系统协调发展理论，构建区域交通和区域经济系统的相关指标，采用主成分分析法进行多指标综合评价，通过静态协调度、动态协调度定量计算河北交通与经济两子系统的协调程度；姚秋君（2015）基于交通运输与经济关系、协调发展等理论分析，定量分析评价广西经济与交通协调发展；李金祥（2016）介绍了交通运输与业余国民经济的协调发展关系，进一步分析了交通运输与经济协调发展评价的确定原则，并据此提出了相关的政策建议；张嘉惠（2017）构建了综合交通运输系统与经济协调性的评价指标体系，采用主成分分析和回归分析两者结合的方法对交通运输系统和经济的协调发展进行评价。

2. 综合交通运输系统子系统间的协调关系研究

穆东和杜志平两位学者借助于DEA方法，从系统协同发展的内容上，给出了“协同”和“发展”的评价方法；从系统的结构上，给出系统内和系统间的“协同”和“发展”评价方法。付慧敏（2006）分析了公路系统和铁路系统的协调发展问题，并采用模糊评判方法对公路系统和铁路系统的协调发展程度进行评价；熊崇俊等（2006）运用数据包络分析的相关概念和方法，建立综合交通运输各子系统间协调发展程度的评价模型，定量分析了中国部分年份综合交通运输方式之间的协调发展效度，详细分析了两两运输方式之间及综合运输系统的协调发展状况，并分析其成因。

刘旷等（2009）针对交通运输系统结构失衡、相互割裂而导致的运输低效率问题，将综合交通运输系统作为一个整体加以分析，运用数据包络分析方法对各运输方式协调发展进行评价；傅成红等（2012）以福建省为例，运用DEA构建运输子系统之间协调发展程度的评价模型，对其进行计算求解，并分析两两运输方式协调发展现状及成因，提出相应建议；陈诚（2013）运用数据包络分析方法从综合效率、技术效率、规模效率以及规模效率状态四个方面对北京近十年综合交通货运系统协调性进行研究并运用灰色神经网络模型GNNM（1，N）预测北京未来五年公路、铁路和航空货运系统内部的协调性。

齐喆和吴殿廷（2015）构建京津冀交通综合运行效率评价指标体系，运用DEA对京津冀交通运行效率及各交通运输系统间运行动态协调性进行测度和评价，并根据评价结果提出促进京津冀交通协调发展的对策。

3. 交通运输方式内部协调发展研究

很多学者在对综合交通运输系统各子系统间协调性研究时，也对各运输方式内部协调发展进行研究，如赵莉琴和刘敬（2016）运用数据包络分析方法，不仅对京津冀交通运输系统铁路、公路、航空三种运输方式中两两子系统之间、三个子系统之间协同发展程度的协同效度、发展效度、综合效度进行评价分析，同时也对铁路、公路、航空交通运输子系统内部协调发展程度进行研究分析。也有学者重点研究综合交通运输子系统内部协调发展问题。冯凤铃、武义青和段红霞（2012）运用数据包络分析的投入产出思想，结合协调发展理论提出基于DEA模型的经济数据分析方法，并对河北部分年份综合交通系统的协调性进行分析。

分析总结关于交通运输系统协调发展相关文献资料可知，相关研究主要集中在对交通运输系统协调发展的单层次研究，而且大多是对交通运输子系统间的协调发展研究和交通运输系统与外部系统（社会、经济、环境、资源等系统）的协调发展研究，缺乏对综合交通运输系统协调发展多层次的全面分析研究。本书以北京市综合交通运输系统为例，运用数据包络分析方法，从两方面三层次对交通运输系统进行分析。

1.2.6 研究述评

结合上述研究述评发现，国外学者对物流一体化、港口物流、合作博弈、综合交通运输系统等方面研究的相关理论及实践研究比较丰富，尤其是在建模、实证分析、研究视角等方面。首先，各国都市圈的研究可以为我们提供很好的借鉴和参考；其次，区域物流和资源整合的研究也有了一些研究成果；最后，可以借鉴国内外学者对物流资源配置的研究对京津冀协同发展中的物流资源进行整合研究。

综上所述，国内外学者对于大都市圈的分析和对区域规划的研究，都可以为我们提供借鉴和参考。但是对于经济圈中的特定城市，如何在满足自身发展需要的同时，服务于整个经济圈，这样的研究并不多见，因此，还有进一步研究的空间。

1.3 主要研究内容与研究方法

1.3.1 主要研究内容

1. 以京津冀协同发展为背景对“物流资源”进行界定

“物流资源”的概念早已清晰明确，但从京津冀协同发展的角度来界定“物流资源”则是本书研究的重点及创新之处。因为在本书研究中，不是泛指所有的物流资源，而是仅指与京津冀协同发展有关的物流资源，即那些不仅服务北京物流业，还辐射津冀两地乃至全国，对京津冀协同发展有重要影响的物流资源。从这个角度看，本项目所指的北京物流资源主要是城市物流资源，研究对象以城市为主体，定位在北京。通过分析影响京津冀协同发展的物流因素，确定出物流一体化中的城市物流资源所包含的主要内容。研究将主要针对道路交通、口岸、物流节点三个方面。

2. 梳理北京物流资源的现状

本书通过查阅文献和实地调研等方式，充分分析影响京津冀协同发展的物流资源的现状，并对存在的问题进行深入分析。

（1）研究北京的道路交通状况。现有铁路、公路、航线等的规划设计都基于北京市自身发展的需要，在京津冀协同发展中，应充分挖掘现有道路交通的潜力，为物流一体化服务。

（2）调研北京的口岸状况。北京的地理位置决定了铁路口岸、公路口岸和航空口岸的分布状况，这些口岸在京津冀协同发展的情况下，其服务的范围将原来仅仅定位在北京改变为面向京津冀三地。

（3）分析北京物流节点状况。对于北京的物流基地、物流园区、仓储中心等物流节点的现状进行调研分析，梳理其在京津冀物流一体化中应该发挥的作用。

3. 分析北京物流资源配置在京津冀协同发展中存在的问题

京津冀协同发展离不开物流的一体化。北京不论从物流规模、物流服务上还是从物流成本上，都远远领先于天津和河北，随着北京功能的重新定位，将会有大量的生产制造企业向天津、河北疏解，相配套的物流服务也应该有所调整。研究将利用协同理论，对北京市现有的物流资源配置状况进行研究，并找出其在京津冀物流一体化过程中存在的问题，分析原因。

4. 根据物流资源的不同类别，分别提出优化配置的具体方式

（1）交通是推进京津冀物流一体化发展的纽带。首先，要通过京津交通一体化实现京津联动。其次，要依托京津两大交通枢纽，实现区域交通运输网从“单中心放射式”向“双中心网络式”转变。最后，北京作为全国交通枢纽，天津和唐山应承担起区域性交通枢纽的重任，形成综合交通运输网络，有效地缓解北京的交通压力。

（2）推动京津冀口岸一体化发展。首先，建立京津冀口岸发展协调机制，推进河北沿海港口与北京空港、陆港（也称内陆港）的合作。其次，实现京津冀海关通关一体化，可以集成海关监管优势、打破关区界限，并为三地搭建良好的海关通关监管服务平台。最后，围绕承接首都产业转移，支持河北临港产业发展，加快京津冀物流一体化进程。

（3）物流园区作为物流业发展重要的基础设施，其在京津冀协同发展的建设中肩负重任，作用明显。首先，要解决京津冀物流园区之间协同发展的问题，各地应相互配合、合理规划建设物流园区。其次，三地根据自身特点规划建设地缘特性较强的现代化物流园区，以支撑京津冀物流一体化所产生的产业集群。

5. 提出政策与建议

通过对以上内容的研究，为了更好地实现物流一体化发展，在京津冀协同发展过程中，北京在对物流资源的管理和配置上应该做出适当的调整，以满足整体发展的需要，同时也为天津和河北两地的物流资源配置提供借鉴和参考。

1.3.2 研究方法

1. 文献参考法

目前国内外对区域物流规划以及京津冀物流一体化的研究已有不少成果，在研究过程中，积极参考前人的研究思路和成果，可以起到事半功倍的效果。

2. 实地调研法

在项目研究过程中，就某些具体问题进行分析时，如对于四大物流园区的研究，需要深入企业实地展开详细的调研，以期获得准确、真实的信息。

3. 对比分析法

通过与国外的都市圈（如首尔都市圈、东京都市圈等）进行对比，可以更好地为京津冀协调发展提供借鉴；通过与国内经济圈（如珠三角、长三角）对比，分析物流一体化进程中可能存在的问题，可以帮助我们少走弯路。

4. 协同理论

通过京津冀物流一体化大系统中的多种因素之间的协同关系，确定优化配置时所需要的和不必要的物流资源，从而实现物流资源的优化配置。

5. 博弈论

本书将从博弈论的角度，研究各地区、各行业之间的相互影响，同时在进行物流资源优化配置时考虑各方面的因素，以期达到整体最优的效果。

1.4 本书的创新与研究特色

（1）基于京津冀协同发展的背景，对物流资源的概念和所涉及的范围进行界定，并且摸清北京现有物流资源的“家底”，分析其存在的问题及原因。

（2）找出京津冀协同发展过程中物流一体化中存在的障碍，分析北京物流资源在促进京津冀物流一体化中如何优化配置，为北京制定“十三五”物流业发展规划，以及未来的京津冀协同发展中的物流业发展提供政策参考。

（3）以北京为例开展研究，在对北京的物流资源进行优化配置的同时，能够对天津、河北的物流资源优化配置提供研究范式及指引，其研究框架可以为其他地区在区域经济协同发展中的物流资源优化配置提供参考。

2 京津冀协同发展相关概念、政策及最新动态

2.1 京津冀协同发展的相关概念

2.1.1 京津冀一体化

京津冀一体化是国务院总理李克强在2014年3月5日做政府工作报告时指出的方案，目的是加强环渤海及京津冀地区经济协作。2014年2月26日，习近平总书记在听取京津冀协同发展工作汇报时强调，实现京津冀协同发展是一个重大国家战略，要坚持优势互补、互利共赢、扎实推进，加快走出一条科学持续的协同发展路子。

京津冀是中国的“首都圈”，包括北京、天津两个直辖市以及河北的保定、唐山、廊坊、沧州、秦皇岛、石家庄、张家口、承德、邯郸、邢台、衡水11个地级市。其中，北京、天津、保定、廊坊为中部核心功能区，京津保地区率先联动发展。

京津冀协同发展，核心是京津冀三地作为一个整体协同发展，要以疏解非首都核心功能、解决北京“大城市病”为基本出发点，调整优化城市布局和空间结构，构建现代化交通网络系统，扩大环境容量生态空间，推进产业升级转移，推动公共服务共建共享，加快市场一体化进程，打造现代化新型首都圈，努力形成京津冀目标同向、措施一体、优势互补、互利共赢的协同发展新格局。

“十三五”期间，京津冀三地将协同发展教育、医疗卫生、养老等社会事业，进一步缩小基本公共服务差距，提高区域基本公共服务均等化程度，促进三地一体化发展。《京津冀协同发展规划》（以下简称《规划》）将明确区域整体定位及三省市定位，还将确定京津冀协同发展的近期、中期、远期目

标。《规划》包括总纲、实施细则和具体名录。既有顶层设计纲要，也有实施方案细则和路线图。细则包括交通一体化细则、环保一体化细则和产业一体化细则。

协同发展，交通先行，北京市交通委员会主任周正宇表示，交通一体化是京津冀协同发展的骨骼系统，对疏解北京非首都功能、统筹区域协调发展、形成经济发展的新增长极具有重要支撑作用。京津冀海关一体化、税收一体化等，都在加速推进，作为基础设施，公路和轨道交通的一体化，也在加速推进。北京将大力推进京津冀三地社会基本公共服务一体化，提高区域基本公共服务均等化程度。在2016年召开的京津冀民航协同发展石家庄机场推进会上，首都机场股份有限公司表示，从2017年开始，每年将疏解2%的国内支线航班到天津和石家庄机场。此外，“十三五”期间，京津冀三地机场将重点打造世界级机场群；河北将投资400亿元完善省内支线机场网络，至2020年，全省通用机场数量总数将达到30个，从而实现民航一体化。

2.1.2 交通协同发展

着力构建现代化交通网络系统，把交通一体化作为先行领域，加快构建快速、便捷、高效、安全、大容量、低成本的互联互通综合交通网络。交通一体化包括两个角度，一是交通规划、建设的一体化，采用统一的利益取向、统一的原则进行规划。二是交通运营的一体化，采用同样的规则、服务标准、定价方式进行管理。

经过多年的发展，京津冀地区基本上形成以北京为中心，放射圈层状的综合交通网络。在京津冀一体化情况下，协同发展主要的方向还是疏解北京的功能，各个区域城市配合，协调发展，天津和石家庄及其他城市的地位和功能提升应该是经济运行发展的主要内容。在此大背景下，需要依据区域的产业和新的空间格局优化区域的交通格局，特别是区域内客货交流的交通格局，为实现相互之间的互联互通应加强纵横和联系通道的建设。

交通运输部门要打破“一亩三分地”的思维定式，在交通规划建设中，充分依托京津冀城镇群规划和各城市的功能定位，选择最佳的交通运输发展方式，为建设具有全球竞争力、可持续发展能力强的世界级城市群提供高效便捷的交通运输保障。

协同发展，交通先行。以建设具有全球竞争力、可持续发展能力强的世界级城市群为总目标，北京市交通委员会将紧密结合京津冀“一核、双城、三轴、四区、多节点”的城镇体系规划及产业功能布局，分阶段、分目标、有重点地推进京津冀交通一体化发展。按照规划目标，到2020年，京津冀基本形成多节点、网格状、全覆盖的区域交通网络，城际铁路主骨架基本建成，公路网络完善通畅，港口群、机场群整体服务水平、交通智能化、运营管理力争达到国际先进水平，基本建成安全可靠、便捷高效、经济适用、绿色环保的综合交通运输体系。

北京将全力打造现代化综合交通体系，构建一体化的区域综合运输服务体系，实现区域交通和城市交通有机融合，使航空、铁路、公路等交通方式协调发展，区域交通畅达高效，形成以北京为中心，50千米至70千米半径范围内的“1小时轨道交通圈”。

2016年11月，国家发展改革委批复了《京津冀地区城际铁路网规划》（以下简称《规划》），京津冀地区将以“京津、京保石、京唐秦”三大通道为主轴，构建京津保0.5～1小时交通圈。河北省已招标确定社会投资者投资建设廊坊至涿州、固安至保定城际铁路，同时，国家发展改革委支持铁路企业对车站和线路用地一体规划，加强地上、地下空间开发。《规划》着眼于区域空间布局、疏解北京非首都功能和产业承接转移需要，发展以轨道交通为主体，具有快速通勤功能的跨城、跨区域大容量捷运系统；构建内外疏密有别、高效便捷的轨道交通网络；着力打造“轨道上的京津冀”，为协同发展提供支撑。2020年以前，京津冀地区将形成以“京津、京保石、京唐秦”三大通道为主轴，与既有路网共同连接区域内所有地级及以上城市，基本实现京津保0.5～1小时交通圈。预计到2030年，还将基本形成以“四纵四横一环”为骨架的城际铁路网络。

按照分步实施、突出重点的原则，将优先实施对推进北京非首都功能疏解、促进京津冀协同发展具有重要作用的项目。2020年前，实施北京至霸州铁路、北京至唐山铁路等9个项目，总里程约1100千米，初步估算投资约2470亿元。远期将根据京津冀协同发展战略需要，具备条件的项目经论证后可适时启动。

2.1.3 物流园区协同发展

物流园区是物流业发展重要的基础设施，物流园区协同即物流园区跨区域、网络化、协同化运营。物流园区的协同发展有利于降低物流成本，提高物流活动效率，增强区域现代物流业总体实力和竞争力，打造具有全球竞争优势的区域现代物流产业。而物流园区缺乏协同的根本原因是物流园区建设标准的缺失，建设和标准不统一，各个物流园区各自为营，园区建设没有统一接口，从而导致物流园区孤岛现象产生。

数据显示，2006 年、2008 年、2012 年京津冀物流园区的数量分别为 17 个、51 个和 88 个。2015 年第四次全国物流园区调查报告数据显示，北京物流园区 45 个，天津 46 个，河北 68 个。目前，在京津冀运营的物流园区中，综合服务型最多，其次为商贸服务型和生产服务型。

北京通过综合规划和建设物流园区及专业物流园区，形成了以物流基地、物流中心为载体，专业物流为特色的多层次节点布局，以及与交通线网有效衔接的物流网络。天津形成了“两带三区双环”的空间发展格局，“两带”是以天津为原点，构建沿海岸线形成的沿海物流发展带以及沿京津冀走廊形成的京津冀物流发展带；“三区”是指北部物流聚集区、南部物流聚集区、西部物流聚集区；“双环”是指以中心城区、滨海新区核心区为依托，在双城区周边构建支持城市生产、生活、商贸的市域物流配送环。河北于 2010 年、2013 年先后两次总共认定了 32 家省级物流产业集聚区，这些集聚区的建设可以加快物流资源和物流要素的聚集，能够促进物流业又好又快发展，并为工业集聚区提供了坚强的支撑和重要的保障。

目前，京津冀物流园区协同发展主要存在的问题包括园区同质化现象依旧存在，部分园区面临生存压力；区域内物流标准化建设不完善；物流园区信息模块孤立，缺乏联动。针对京津冀地区物流园区协同发展主要存在的问题提出相关建议：加大政府的引导和支持；充分发挥物流行业协会的作用；加快信息系统和信息平台的建设；共同培养物流人才。

2.1.4 港口协同发展

优化港口分工与定位，打破同质竞争，实现港口间的优势互补，加强港口资源共享共用，推进航道、锚地、引航资源共享和海事监管一体化。

2015 年 9 月 27 日，《环渤海地区合作发展纲要》获得国务院批复，在京津冀协同发展、“一带一路”等重大国家区域发展总体战略逐步深化实施的背景下，对于加快环渤海地区合作发展具有重要战略与现实意义。京津冀港口群包括天津港、唐山港（京唐港区、曹妃甸港区）、秦皇岛港、黄骅港，是我国最密集的港口群。2016 年，天津港完成货物吞吐量 5.5056 亿吨；河北秦唐沧港口群完成 9.524 亿吨，其中，唐山港完成 5.2051 亿吨、秦皇岛港完成

1.8682 亿吨、黄骅港完成 2.4507 亿吨。

津冀四大港口各有优势劣势，可协同分工合作。与河北的三大港口相比，天津港既有区位和政策上得天独厚的优势，又有建港自然条件较差的天然劣势。而河北的三大港口的优势是建港自然条件好，均为深水港，劣势是集装箱业务薄弱。比较优势的存在为津冀两地的港口合作构筑了天然互补合作的可能。同时，河北的三大港口应更加充分地发挥整体协同作用，充分利用天津自由贸易区所享有的各种制度红利，站在做强港口物流、航运服务和对接“一带一路”倡议的高度，有效统筹港口资源和航运要素，发挥资源与政策协同优势，建立以临港产业园和内陆港为支撑的立体化港口服务网络体系，聚集资本、技术、信息、商贸等各种资源与要素，培育发展内支线运输，合力打造港口物流园区及无水港建设，加快港口功能向内陆腹地的延伸，避免综合实力在竞合中被分散削弱，进一步提高河北省属企业对港口资源的影响力和控制力。

京津冀港口一体化发展具有重要的意义，主要体现在以下几个方面：对于在国家战略层面打造第三个增长极具有促进作用；实现区域优势互补，减少资源浪费和无序竞争；促进河北产业结构调整；带动港口经济腹地的发展，加快京津冀协同发展的进程。

京津冀港口一体化发展中也面临着一系列的问题：同质化建设造成港口资源的极大浪费，港口同质化严重，而且资源浪费严重；管理体制滞后于港口一体化进程，恶性竞争限制了港口间的有效合作，而多部门交叉管理降低了港口业务效率；港口与内陆交通运输的衔接不匹配现象突出，省际间“断头路”“瓶颈路”问题突出，省内高速公路收费标准与现有集装箱标配运输矛盾突出；电子口岸建设对接标准缺失引发“数字服务”系统混乱；经济腹地交叉严重。

针对京津冀港口一体化发展中一系列的问题，提出的相关主要政策有：整合秦唐沧三地港口，成立新的“河北港口集团”；规范省内港口竞争环境；创新管理体制，增强服务意识，提高港口运行效率；统筹规划港口与内陆交通运输，保证港口与内陆交通运输的畅通与衔接；尽快出台河北电子口岸对接标准，完善电子信息平台建设；发挥市场的主导作用，引导、推动津冀港口间的控股合作。2014 年 8 月，渤海港口投资公司的成立开启了河北港口（秦皇岛港）与天津港控股合作的先河，这对促进津冀港口的合理分工，实现港口间的错位发展和优势互补将产生深刻的影响。

2.1.5 “互联网+”协同发展

充分发挥互联网对产业转型、城市管理、社会服务、创业创新等方面的基础支撑和重大促进作用，运用互联网技术和渠道，积极培育基于互联网的新技术、新服务、新模式和新业态，着力做优存量、做强增量，着力调整疏解、提质增效，使互联网成为构建高精尖经济结构、推动京津冀协同发展、建设全国科技创新中心的重要引擎，为建设国际一流的和谐宜居之都提供有力支撑。

“互联网+”协同发展的总体目标是：2018 年，互联网与经济社会各领域的融合发展水平显著提升，以“经济提质增效、网络泛在安全、应用丰富普及、发展集约高效”为主要特征的发展格局初步形成，适应互联网融合创新的机制不断完善，互联网创新应用普及率和融合水平显著提升，同时打造全国互联网新技术、新服务、新模式和新业态的重要策源地。产业转型升级取得显著成效；城市智慧管理水平明显提升；公共服务能力显著增强；互联网融合创新发展环境更加优化。到 2025 年，宽带、融合、泛在、安全的下一代互联网基础设施全面建成，适应互联网融合创新发展的政策环境、制度环境、法律环境和信用环境全面建立，城市管理和公共服务方式全面实现网络化创新，“互联网+”成为首都经济社会发展的重要驱动力量。

“互联网+”协同发展的主要任务是：发挥互联网对科技创新的促进作用，推进全国科技创新中心建设；利用互联网加速重构生产力布局，有序疏解北京非首都功能；以互联网驱动新一轮产业变革，加快构建高精尖经济结构；利用互联网促进区域资源开放共享，推动京津冀协同发展。

“互联网+”协同发展的重点领域如下：

①推进产业转型升级，为经济内涵式发展提供新支撑：“互联网+”金融、“互联网+”商务、“互联网+”制造、“互联网+”文化、“互联网+”能源、“互联网+”农业。

②增强城市运行管理智慧化程度，为治理能力现代化提供新手段：“互联网+”城市交通、“互联网+”公共安全、“互联网+”生态环境、“互联网+”社会管理。

③优化公共服务供给和资源配置，为服务改善民生提供新方式：“互联网+”教育、“互联网+”医疗、“互联网+”养老、“互联网+”旅游。

④构建多要素网络众创空间，为推进创新创业发展提供新平台：“互联

网+”创新创业。

2.1.6 京津冀资源整合协同发展

推进京津冀协同发展，要立足各自比较优势、现代产业分工要求、区域优势互补原则、合作共赢理念，以京津冀城市群建设为载体、以优化区域分工和产业布局为重点、以资源要素空间统筹规划利用为主线、以构建长效体制机制为抓手，从广度和深度上加快发展。

中央将京津冀协同发展上升到国家战略引发区域合作新高潮。十八大以来，以习近平同志为核心的新一届中央领导班子高度重视和强力推进京津冀一体化发展，做出了一系列重要指示；国家发展改革委以及京津冀三地政府正在加紧研究首都经济圈发展规划；京津冀三地政府在2013年分别签署了京津合作协议、京冀合作协议和津冀合作协议。2014年2月26日，习近平总书记强调要加强京津冀规划的顶层设计，建立科学长效机制，自觉打破自家“一亩三分地”的思维定式，走出一条目标同向、措施一体、作用互补、利益相连的路子来。习总书记的讲话为京津冀协同发展指明了方向，提供了强大动力。这一切表明，从中央到地方已经形成了一股合力，全面推进京津冀区域一体化发展的高潮已经到来，有望在推进区域的战略对接、产业协作、城市分工、空间优化、交通一体化、市场一体化和生态环境保护等方面取得重要进展和重大突破。

推进京津冀资源整合协同发展需要全面推进京津冀区域协同发展，同时要在全面推进中实现重点突破。按照优势互补、共赢发展的原则，闯出一条“基础设施相联相通、产业发展互补互促、资源要素对接对流、公共服务共建共享、生态环境联防联控”的路子来，打造交通、产业、城镇、生态、社会一体化的新首都经济圈。

（1）交通体系建设先行。统一部署区域内重大基础设施建设，构建包括铁路、公路、空港、海港、管道、轨道交通的综合交通体系，强化城市间的空间网络联系。

（2）推进区域内产业的转移、集聚、链接、融合，促进科技成果的产业化，做大、做强优势产业链条与集群，实现区域的共同发展。

（3）优化城镇空间布局，加快推进大都市周边的新城开发与中小城市建设，将其建设成为生态、科技、宜居宜业的新兴城市。

（4）加强生态环境共建与联防，大力推进绿色生态屏障建设和低碳生态宜居家园建设。

(5) 推进区域社会政策的一体化，完善区域社会保险转移接续、医疗保险异地就医结算、公积金异地互贷等制度，推进区域内基本公共服务等制度规则的对接，逐步实行政策互惠、资证互认、信息互通，创造有利于人才等要素自由流动的社会政策环境。

抓住战略机遇，在推进京津冀协同发展中实现重大突破。近年来，京津冀区域面临一系列重大机遇，如中央将京津冀区域协同发展上升到国家战略，为京津冀区域发展提供了千载难逢的机遇；北京获批建设首都第二机场和天津获批建设“综合改革创新区”，为京津冀联手共建临空经济区域合作示范区和中国投资与服务贸易最便利地区提供了合作平台和重要契机；北京率先迈向后工业化社会，其产业转移升级、城市功能疏解以及京津冀三地正在进行的空间结构调整都为京津冀区域协同发展创造了条件和契机。要很好地抓住这些重大的战略机遇，面向未来打造新的首都经济圈，在全国率先走出一条“基础设施相联相通、产业发展互补互促、资源要素对接对流、公共服务共建共享、生态环境联防联控”的路子来。例如，以北京新机场建设为契机，共建国家级临空经济合作示范区；抓住天津、河北申报自贸区的机遇，共建中国投资与服务贸易最便利的综合改革创新区；抓住京津冀三地优化空间结构的机遇，共建国家级“京津科技新干线”。抓住北京中心城区功能疏解的机遇，共建首都绿色生活圈。

2.1.7 多式联运协同发展

国际联合运输是唯一在国际上达到普遍认可的定义，1980 年 5 月，联合国贸易和发展会议于日内瓦通过《联合国国际货物联合运输公约》(也被称为《联合国国际货物多式联运公约》)，国际联合运输是指按照托运人的要求，在联合运输经营人的操作下，基于联合运输合同，通过两种或两种以上的运输方式，把货物由一个国家送到另一个国家的运输过程。

由于多式联运在我国还处于起步阶段，表现形式主要为国际联合运输或国际多式联运。近年来，欧洲多式联运发展迅速，给运输行业的统计工作带来了许多新的问题，于是，联合国欧洲经济委员会对第 1 版的《运输统计术语》做了一些修订，2001 年出版了新的《运输统计术语》，其中，对联合运输、多式联运和结合运输都给出了明确的定义。

(1) 多式联运：以同一装载单元或运输车辆，通过两种或两种以上的运输方式完成整个货物运输过程，并且在转换运输方式时不对货物本身进行操作，仅对装载单元或运输车辆进行操作。运输单元可以是集装箱、交换体等；运输车辆可以是卡车车辆、铁路车辆或者船舶。

（2）联合运输：通过两种或两种以上的运输方式完成整个货物运输过程。

（3）结合运输：过去，联合国欧洲经济委员会认为结合运输就是多式联运，但是，最近在欧洲运输部长会议上给出了结合运输的新的定义。结合运输为不同运输方式的结合，表现为一种被动的运输方式被一种主动的运输方式运载，主动的运输方式提供牵引和消耗能量。可见，结合运输是多式联运的特殊形式，而多式联运是联合运输的特殊形式。联合国欧洲经济委员会的这一系列定义应该说是目前比较准确和严谨的定义。

国内普遍认为，多式联运是依托两种及以上运输方式有效衔接，提供全程一体化组织的货物运输服务，具有产业链条长、资源利用率高、综合效益好等特点，对推动物流业降本增效和交通运输绿色低碳发展、完善现代综合交通运输体系具有积极意义。当前，我国多式联运发展水平仍然较低，协同衔接不顺畅、市场环境不完善、法规标准不适应、先进技术应用滞后等问题较为突出。

《联合国国际货物多式联运公约》对国际多式联运所下的定义是：按照多式联运合同，以至少两种不同的运输方式，由多式联运经营人将货物从一国境内接管货物的地点运到另一国境内指定交付货物的地点。

通过近 40 多年的迅速发展，多式联运已经在整合综合运输体系中发挥着越来越重要的作用。多式联运经营人通过各种运输方式的有效组合形成高效的运输链，从而提高整个运输过程的经济效益。由于长途运输采用铁路或水路运输，这种运输方式将更加经济，而卡车主要为局部的集结和配送提供小批量、多频率的服务，因此，合理组合这些运输方式，就能实现整个运输过程的经济和社会效益最大化。

2.1.8 共同配送协同发展

共同配送最早产生于日本，并在美国、欧洲等地得到了快速发展。一般将其定义为在城市里，为了使物流合理化，在几个有定期运货需求的货主的合作下，由一个运输组织使用一个运输系统进行的配送。

共同配送是货主和运送者通过配送中心或其他组织联合开展的协同运送模式，可以降低物流成本，提高物流效率，提升物流服务水平，结束原有单一商品单独配货的分散、低效方式，同时减少车辆数目，降低环境污染。另外，还可以削减物流企业间的不当竞争，从整体上增强供方取得价格优惠的能力，促使企业走向优势互补的规模经济之路。

针对我国的城市物流现状，应通过逐步实现共同化、社会化的方式以求得规模化、集约化所带来的更大经济效益，因此利用现有资源实施共同配送，是一条符合中国国情、发展现代物流、解决城市物流困境的有效途径。城市共同配送为京津冀合理配置利用资源、共享信息和共享基础设施提供了一种有效的途径。

由于地区差异、城市特点的不同，共同配送的运营模式也不同，一般可以分为多对多、多对一、一对多及末端共同配送等模式。

1. 以同一行业为基础的共同配送（多对多模式）

以同一行业为基础的共同配送主要指同行业企业间在合理经济范围的配送联盟，如药品、食品等。由于产品特点大致相同、规格基本相近、运输要求也一致，通过对货物规格、货运标准等方面进行规范后，可实现同类产品的共同配送。多对多的共同配送实施，可以是行业内的横向组织的协同配送模式，也可采用共建配送中心、共购车辆的联盟式进行共同配送，还可共同委托第三方物流企业进行统一配送。

2. 以大型零售商或生产商为主导的共同配送（多对一模式）

处于供应链上游的众多中小原材料供应商或生产商由于规模较小、产品单一，无力满足区域大型零售商或生产企业的多品种、小批量、高频次的配送要求，只能以供应链的核心企业为中心构建共同配送系统。大型零售商或生产商通过自身完善的配送中心和物流资源，对其上游供应商及各零售店铺的物流进行统一管理、调度与配送。

3. 以第三方物流企业为主导的共同配送（一对多模式）

第三方物流企业通过与一定区域内各类商贸或生产企业达成契约，利用其专业化的配送中心、配送车辆、调度系统等，为企业提供多品种、多需求的高效配送。由于第三方物流企业具有专业化、规模化等多方面的优势，其配送服务水平及组织形式在国内外已得到广泛认可。

4. 以电子商务和快递业务为基础的末端共同配送

末端共同配送主要指以社区或校园为区域范围，为快递或电子商务企业设立共同配送节点，统一协调配送货物。随着电子商务与快递业务的迅速增长，该方式可以减少客户收货次数、提高末端配送效率。

2.2　京津冀协同发展的相关政策

2.2.1　一体化相关政策

1. 习近平总书记重要讲话

2014 年 2 月 26 日，习近平总书记在北京考察工作时发表重要讲话，首次将京津冀协同发展上升到国家战略层面，专题听取京津冀协同发展工作汇报，强调实现京津冀协同发展，是面向未来打造新的首都经济圈、推进区域发展体制机制创新的需要，是探索完善城市群布局和形态、为优化开发区域发展提供示范和样板的需要，是探索生态文明建设有效路径、促进人口经济资源环境相协调的需要，是实现京津冀优势互补、促进环渤海经济区发展、带动北方腹地发展的需要，是一个重大国家战略，要坚持优势互补、互利共赢、扎实推进，加快走出一条科学持续的协同发展路子来。2015 年 4 月 30 日，中共中央政治局审议通过《京津冀协同发展规划纲要》。多年来，北京深入贯彻落实协同发展战略部署，与津冀两地同心协力打造区域发展新格局。

2. 习近平就推进京津冀协同发展提出 7 点要求

（1）要着力加强顶层设计，抓紧编制首都经济圈一体化发展的相关规划，明确三地功能定位、产业分工、城市布局、设施配套、综合交通体系等重大问题，并从财政政策、投资政策、项目安排等方面形成具体措施。

（2）要着力加大对协同发展的推动，自觉打破自家“一亩三分地”的思维定式，抱成团朝着顶层设计的目标一起做，充分发挥环渤海地区经济合作发展协调机制的作用。

（3）要着力加快推进产业对接协作，理顺三地产业发展链条，形成区域间产业合理分布和上下游联动机制，对接产业规划，不搞同构性、同质化发展。

（4）要着力调整优化城市布局和空间结构，促进城市分工协作，提高城市群一体化水平，提高其综合承载能力和内涵发展水平。

（5）要着力扩大环境容量生态空间，加强生态环境保护合作，在已经启动大气污染防治协作机制的基础上完善防护林建设、水资源保护、水环境治理、清洁能源使用等领域合作机制。

（6）要着力构建现代化交通网络系统，把交通一体化作为先行领域，加快构建快速、便捷、高效、安全、大容量、低成本的互联互通综合交通网络。

（7）要着力加快推进市场一体化进程，下决心破除限制资本、技术、产权、人才、劳动力等生产要素自由流动和优化配置的各种体制机制障碍，推动各种要素按照市场规律在区域内自由流动和优化配置。

3. 政府规划

2015年，国家发展改革委和交通运输部联合发布《京津冀协同发展交通一体化规划》（以下简称《规划》），提出扎实推进京津冀地区交通的网络化布局、智能化管理和一体化服务，到2020年基本形成多节点、网格状的区域交通网络。

1）构建“四纵四横一环”主骨架

京津冀地区将以现有通道格局为基础，以打造区域城镇发展为主轴，促进城市间互联互通，推进“单中心放射状”通道格局向“四纵四横一环”网络化格局转变。

“四纵”即沿海通道、京沪通道、京九通道、京承—京广通道，“四横”即秦承张通道、京秦—京张通道、津保通道和石沧通道，“一环”即首都地区环线通道。

根据《规划》，到2020年，多节点、网格状的区域交通网络基本形成，城际铁路主骨架基本建成，公路网络完善通畅，港口群、机场群整体服务、交通智能化、运营管理力争达到国际先进水平，基本建成安全可靠、便捷高效、经济适用、绿色环保的综合交通运输体系，形成京津石中心城区与新城、卫星城之间的1小时通勤圈以及京津保唐1小时交通圈，相邻城市间基本实现1.5小时通达。到2030年形成“安全、便捷、高效、绿色、经济”的一体化综合交通运输体系。

国家发展改革委基础产业司领导介绍了京津冀交通一体化发展的重要意义：一是构建一体化交通，为京津冀协同发展提供支撑；二是提升运输服务，为打造世界级城市群提供保障；三是推进改革创新，为全国交通发展提供示范；四是发展绿色交通，为生态环境保护提供助力。

2）八项任务打造交通一体化

京津冀地区将以“四纵四横一环”综合运输大通道为主骨架，重点完成八项任务。

（1）建设高效密集轨道交通网。强化干线铁路与城际铁路、城市轨道交通的高效衔接，着力打造“轨道上的京津冀”。

（2）完善便捷通畅公路交通网。加快推进首都地区环线等区域内国家高速公路建设，打通国家高速公路“断头路”。全面消除跨区域国省干线“瓶颈路段”；以环京津贫困地区为重点，实施农村公路提级改造、安保和危桥改造工程。

（3）构建现代化的津冀港口群。加强津冀沿海港口规划与建设的协调，推进区域航道、锚地、引航灯资源的共享共用，鼓励津冀两地港口企业跨行政区投资、建设、经营码头设施。

（4）打造国际一流的航空枢纽。形成以枢纽机场为龙头、分工合作、优势互补、协调发展的世界级航空机场群。

（5）发展公交优先的城市交通。优化城市道路网，加强微循环和支路网建设；推进城市公共交通场站和换乘枢纽建设，推广设置潮汐车道，试点设置合乘车道。

（6）提升交通智能化管理水平。绘制京津冀智能交通“一张蓝图”，打造交通运输信息共享交换“一个平台”，推动城市常规公交、轨道、出租汽车等交通“一卡通”，实现交通运输监管应急“一张网”。

（7）实现区域一体化运输服务。推动综合客运枢纽、货运枢纽（物流园区）等运输节点设施建设，加强干线铁路、城际铁路、干线公路、机场与城市轨道、地面公交、市郊铁路等设施的有机衔接，实现“零距离换乘”。鼓励“内陆无水港”“公路港”和“飞地港”建设。

（8）发展安全绿色可持续交通。统一京津冀地区机动车注册登记、通行政策、排放标准、老旧车辆提前报废及黄标车限行等政策。

3）规划同图、建设同步、运输衔接、管理协同

《规划》强调，把交通一体化作为先行领域，实现规划同图、建设同步、运输衔接、管理协同。国务院有关部委和三省市联动，在京津冀协同发展领导小组领导下，统筹协调解决交通运输领域的重大问题。此外，完善交通一体化相关政策，除新建机场外，对纳入规划的建设项目视同立项，并与铁路、公路、港口等中长期专项规划衔接后将其调整纳入。

积极探讨建立三省市对城际铁路、城际客运等建设资金、运营补贴的分担机制；充分发挥价格杠杆作用，引导不同运输方式协调发展，形成合理运输结构。在创新投资融资模式方面，探索建立促进社会资本参与交通基础设施建设与运营的合作机制，通过投资主体一体化带动区域交通一体化。为尽快缩小河北交通运输公共服务水平与京津的差距，对河北交通建设给予特殊政策支持。

2.2.2 交通协同发展政策

2014年2月，国家主席习近平在专题听取京津冀协同发展工作汇报时提出了七点要求，其中第六点："要着力构建现代化交通网络系统，把交通一体化作为先行领域，加快构建快速、便捷、高效、安全、大容量、低成本的互联互通综合交通网络。"这是对京津冀交通运输业的直接指示，也是与物流业紧密相连的顶层谋划。

根据《北京市"十三五"时期交通发展建设规划》，预计到2020年，北京将初步形成安全、便捷、高效、绿色、经济的现代化综合交通运输体系。其中，在推进综合运输服务一体化方面，将积极推进建设具有公共服务属性的物流园区（货运枢纽），建立跨地区交通运输安全保障体系，完善运输市场诚信体系，建立健全跨地区执法协同联动机制，强化京津冀运输服务标准衔接，推动建立统一的运输管理政策法规体系。

2017年6月28日，国家发展改革委公布了《关于促进市域（郊）铁路发展的指导意见》。到2020年，京津冀、长江三角洲、珠江三角洲、长江中游、成渝等经济发达地区的超大、特大城市及具备条件的大城市，市域、市郊铁路骨干线路将基本形成，同时构建核心区至周边主要区域的1小时通勤圈；其他城市群和城镇化地区具备条件的城市也将启动市域市郊铁路规划建设。

2017年，北京市委在关于制定北京市国民经济和社会发展第十三个五年规划的建议中，提出加快治理交通拥堵。在完善治理交通拥堵总体方案基础上，分阶段、分年度推出重大治理举措。坚持公交优先战略，构建公交快速通勤系统，促进地面地下交通线路有效衔接和便捷换乘，提高公交运行效率和服务水平。继续加大轨道交通建设力度，进一步优化城市路网结构，加快停车设施建设，持续改造中心城区拥堵节点，改善街坊路及居住区内道路系统，畅通道路微循环。加快完善人行步道、自行车道等慢行系统，鼓励绿色出行。实施更有力度的差别化停车收费政策，适时出台拥堵收费政策及其他管理措施，切实降低机动车使用强度和中心城区交通流量。从严加强交通管理，规范停车秩序，培育交通文明。推进京津冀交通一体化发展，推动首都外环线、北京新机场等重大交通工程建设，协同建设"轨道上的京津冀"。

2.2.3 物流园区协同发展政策

2013年6月，国家发展改革委经济研究所与中国燕郊物流城课程组共同举办终审会，国家计划引入民营资本在京津冀接合部建设一个超大规模物流产业园区。

2013 年，《全国物流园区发展规划（2013—2020 年）》把物流园区分为货运枢纽型物流园区、生产服务型物流园区、商贸服务型物流园区、综合服务型物流园区、口岸服务型物流园区 5 大类别。目前，京津冀运营的物流园区以综合服务型为主，其次为商贸服务型和生产服务型。同时，《全国物流园区发展规划》把北京、天津、唐山等 29 个城市确立为一级物流园区布局城市，把河北的石家庄、邯郸、秦皇岛、沧州等 70 个城市确立为二级物流园区布局城市。

物流园区发展的目标是：到 2020 年，物流园区的集约化水平大幅提升，设施能力显著增强，多式联运得到广泛应用，管理水平和运营效率明显提高，资源集聚和辐射带动作用进一步增强，基本形成布局合理、规模适度、功能齐全、绿色高效的全国物流园区网络体系，对推动经济结构调整和转变经济发展方式发挥更加重要的作用。

协同物流园区建设的主要任务是：推动物流园区资源整合；合理布局新建物流园区；加强物流园区基础设施建设；推动物流园区信息化建设；完善物流园区服务功能；聚集和培育物流企业；建立适应物流园区发展的规范和标准体系；完善物流园区经营管理体制。

“十三五”期间，“物流园区 +”服务业态值得关注，“物流园区 + 物流金融”“物流园区 + 互联网”“物流园区 + 多式联运”等模式将有利于打造服务功能完善、层次鲜明的现代化物流枢纽体系。具体内容参见《中国物流园区行业发展现状与十三五规划研究报告》。

2.2.4 港口协同发展政策

2015 年 4 月 30 日审议通过的《京津冀协同发展规划纲要》中，明确提出加快推进津冀港口群集疏运体系专项规划的编制和优化完善工作是京津冀协同发展的重要工作之一。

2017 年 8 月 10 日，交通运输部海事局印发《关于深化津冀海事监管一体化的意见》，提出加快完善津冀沿海水域海事一体化监管机制，促进资源共享，推进管理协同，强化执法联动，提升服务品质，为京津冀协同发展提供强有力的水上交通安全保障。

2015 年 9 月 27 日，国务院批复《环渤海地区合作发展纲要》（以下简称

《纲要》)，《纲要》提出了6个方面的重点任务：一是加快跨区域重大基础设施建设，二是加强生态环境保护联防联治，三是推进产业对接合作，四是构建开放型经济新格局，五是完善统一市场体系，六是统筹城乡区域协调发展。

2015年12月8日，国家发展改革委和交通运输部联合召开媒体通气会，发布《京津冀协同发展交通一体化规划》，旨在提高港口群、机场群整体服务。

2.2.5 农产品流通协同发展政策

近日，由北京市商务委员会（简称北京市商务委）联合天津市商务委员会（简称天津市商务委)、河北省商务厅制定出台的《环首都1小时鲜活农产品流通圈规划》（以下简称《规划》）出台。《规划》紧扣京津冀地区新功能定位，以协同促进供给侧结构性改革，有效降低了流通成本，提升了流通效率，保障了城乡居民对鲜活农产品的需求。

深化京津冀食用农产品产销衔接协作机制建设推进大会在北京市丰台区召开。北京丰台区、天津蓟州区、河北张家口三地还签署了《食用农产品产销衔接合作协议》，丰台区新发地市场与河北保定市种养殖基地、朝阳区大洋路市场与天津宝坻区种养殖基地、顺义区石门市场与河北张家口种养殖基地签署了《食用农产品“场地挂钩”供应保障合作协议》。

2.2.6 基础设施建设协同发展政策

北京市委发布关于制定北京市国民经济和社会发展第十三个五年规划的建议。加强城乡基础设施建设，推进城市地下综合管廊建设和地下空间综合开发，完善地下管网统筹建设机制。加强智慧城市建设，加快建设信息基础设施，实现光纤网络全覆盖，推进重点公共场所免费无线宽带上网服务。促进大数据发展，加强公共信息平台建设，推广运用云计算、物联网技术，完善城市智能化运行体系，深化公共服务领域智能化应用服务。加强城市设计，努力增加城市开放空间，打造首都建设的精品力作。

2013年发布的《全国物流园区发展规划》提出加强物流园区基础设施建设。优化物流园区所在地区的控制性的详细规划，加强物流园区详细规划编制工作，科学指导园区水、电、路、通信等设施建设，强化与城市道路、交通枢纽的衔接。大力推进园区铁水联运、公铁联运、公水联运、空地联运等多式联运设施建设，注重引入铁路专用线，完善物流园区的公路、铁路周边通道。提高仓储、中转设施建设水平，改造装卸搬运、调度指挥等配套设备，统一铁路、公路、水运、民航一体化运输方式的运输相关基础设施和运输装备的标准。推广甩挂运输方式、集装技术和托盘化单元装载技术。推广使用自动识别、电子数据交换、可视化、货物跟踪、智能交通、物联网等先进技术的物流设施和装备。

2016 年 7 月 4 日，北京市交通委员会（简称北京市交通委）发布《北京市“十三五”时期交通发展建设规划》（以下简称《规划》），《规划》提出加大交通基础设施投资力度，广泛吸引社会投资；稳步推进交通基础设施建设，不断提升系统承载能力。

2016 年 12 月，北京市人民政府发布了《北京市“十三五”时期信息化发展规划》（以下简称《规划》），《规划》提出要完善信息基础设施，包括升级网络基础设施，优化物联网感知设施，建设大数据和云计算基础设施。

2015 年 12 月，中国共产党北京市委员会（简称中共北京市委）发布《中共北京市委关于制定北京市国民经济和社会发展第十三个五年规划的建议》（以下简称《建议》），《建议》提出加强城乡基础设施建设。按照国际一流标准，全面提升城乡基础设施建设水平，着力构建布局合理、配套齐全、运行高效的公共服务设施体系；完善能源基础设施和保障机制；加快电动汽车充电基础设施建设；完善地下管网统筹建设机制；健全“西蓄东排、南北分洪”的城市防洪体系，加强河道系统整治，加快建设雨水、洪水收集利用设施；加快建设信息基础设施，实现光纤网络全覆盖；促进大数据发展，加强公共信息平台建设。

2.2.7 物流标准化建设协同发展政策

1. 北京市商务委员会关于开展 2016 年北京市物流标准化试点项目申报工作的通知

（1）按照“市场主导、政府引导、点面结合、协同推进”的原则，以标准托盘（1.2 米 ×1.0 米）及其循环共用为切入点，带动上下游物流设施设备和包装标准化水平提升；以快消品、农副产品、药品、电商等领域为重点，带动物流服务标准化水平提升；以物联网应用、信息平台为主线，带动物流信息化水平提升，促进构建标准化的智慧物流配送体系，形成标准托盘与物流包装联动、地区之间互动联动的局面。

（2）在京津冀区域内，以第三方物流（快递）服务企业、商贸批发企业、快速消费品生产企业、连锁零售（网络零售）企业、农副产品（药品）生产销售企业、标准化设备和信息服务商为主体，以标准化托盘循环共用为牵引带动，以标准化周转箱和周转笼车为补充，有效促进物流标准化相关设施设备的建设和升级改造，提升企业信息管理和利用水平。

（3）2015 年，在推进物流标准化“四种模式”（配送中心主导模式、第三方物流主导模式、农产品物流一贯化模式、国际物流一贯化模式）的基础上，深入推进覆盖京津冀的标准化物流运营和服务体系建设，构建“一个跨区域物流网络”、推进“两项重点任务”、实现“三个创新突破”。

（4）政策支持范围：推动建立社会化的托盘共用体系、提高物流设施设备和服务标准化水平、加强标准化的物流信息服务平台建设、创新循环共用与绿色发展模式、推进环首都 1 小时鲜活农产品物流圈建设。

2. 京津冀共商推动物流标准化

2015 年，为贯彻落实《财政部办公厅、商务部办公厅、国家标准委办公室关于开展物流标准化试点有关问题的通知》（财办建〔2014〕64 号）和《商贸物流标准化专项行动计划》精神，7 月 7 日，由财政部经济建设司（财政部经建司）、商务部流通发展司牵头组织，京津冀三地财政部门、商务部门共同就推进物流标准化试点工作在京进行研讨。会议决定，建立三地共同推进物流标准化工作机制，在推进物流标准化试点工作中，三地保持政策协同、工作对接，力争实现标准化公共信息服务平台互联互通、标准化设施设备技术互认、流程规范互认、诚信体系互认、统计监测分析共享，加快推进京津冀区域物流标准化水平提升。

2.2.8 北京市信息化发展和“互联网＋”发展政策

2016 年，《北京市“十三五”时期信息化发展规划》提出推进京津冀云计算数据中心统筹规划布局和共建共享；推进京津冀全路网交通信息共享；建立京津冀农业农村信息共享机制，建设区域性农产品检测结果互认和质量追溯体系，推广普及精细化农业。

2016 年，《北京市人民政府关于积极推进“互联网＋”行动的实施意见》提出以京津冀区域全面创新改革试验为契机，建立基于互联网的全方位、多层次的产业对接合作平台和协同创新平台，扩大京津冀产业协同创新效应，推动形成协同创新共同体。利用互联网平台与技术，打造京津冀综合立体交通网络和生态环境监测网络，实现京津冀区域交通运输大联动和环境治理大协同。

北京市“十三五”时期信息化发展规划提出要深入贯彻落实党的十八大和十八届三中、四中、五中、六中全会精神，深入学习贯彻习近平总书记系列重要讲话和对北京工作的重要指示精神，牢固树立创新、协调、绿色、开放、共享的发展理念，紧紧围绕首都城市战略定位，始终坚持问题导向、需求牵引、政府引导、市场驱动，充分发挥信息化的支撑引领作用，以建设新型“智慧北京”为主线，以完善信息基础设施、构建信息惠民体系、推进城市智慧管理、培育融合创新生态为重点，全面推进大数据、物联网、云计算等新一代信息技术在民生服务、城市治理、产业升级等重点领域的深度融合和创新应用，为建设国际一流的和谐宜居之都提供有力支撑。

2.2.9 多式联运协同发展相关政策

2016 年，马坊物流管委、北京海关驻平谷办事处、京津港国际物流有限公司与平谷地方铁路局四方就开展多式联运合作进行商讨。四方均同意按照物流园区“一区、多园、多点”的发展思路，集聚园区政策优势和铁路网络优势，合作发展多式联运业务，建设“海铁公”一体的口岸物流枢纽。

2017 年，为进一步加快多式联运发展，构建高效顺畅的多式联运系统，交通运输部等十八个部门发布《关于进一步鼓励开展多式联运工作的通知》。

1. 依法加强监管，营造良好市场环境

（1）优化市场监管方式。已依法获得铁路、道路、水路、航空货物运输以及无车承运、无船承运、邮政快递业务经营资质或者国际货运代理备案的企业，可独立开展与其主营业务相关的多式联运经营活动或者联合其他具有相关资质的企业组织开展多式联运经营活动，不得对其增设新的行政审批事项。在安全管控、价格自律、责任担保、风险防范等方面要加强事中事后监管，逐步建立多式联运经营信用考核评价体系与奖惩联动机制，在市场监管和公共服务过程中，对诚实守信企业给予优先办理、简化程序等“绿色通道”政策。[交通运输部会同国家发展改革委、中华人民共和国商务部（简称商务部）、中华人民共和国国家工商行政管理总局、国家税务总局、中华人民共和国海关总署（简称海关总署）、铁路局、中国民用航空局（民航局）、中华人民共和国国家邮政局（简称邮政局）、中国国家铁路集团有限公司等负责]

（2）加快公路货运市场治理。依法加强公路货运市场环境治理，强化重型货运车辆装卸源头监管和动态监控。严格实施《汽车、挂车及汽车列车外廓尺寸、轴荷及质量限值》（GB 1589—2016）等技术标准，有序引导不合规车辆逐步退出市场。加强新增公路运输车辆的注册登记、技术检测和准入管理，推动中长距离货物运输由公路有序转移至铁路、水路等运输方式。[交通运输部会同公安部、中华人民共和国工业和信息化部（简称工信部）、商务部、中华人民共和国国家工商行政管理总局、中华人民共和国国家质量监督检验检疫总局（简称国家质检总局）等负责]

（3）严格规范涉企收费行为。将铁路、公路、水路、航空、邮政快递等运输领域行政事业性收费、政府性基金和实行政府定价、政府指导价的经营服务性收费全面纳入目录清单并严格执行。督促和检查相关单位严格执行港口、铁路收费政策，落实收费公示制度，规范经营服务性收费行为。（财政部、国家发展改革委、交通运输部、民航局、邮政局、中国国家铁路集团有限公司等负责）

（4）加强市场运行监测。加大对发展多式联运的基础研究的投入力度，建立专项统计调查制度和运行监测机制，组织开展多式联运市场调查、运行监测和绩效评估，针对区域间和国际间主要通道辐射范围、流量流向、货品货类、货物价值、运行实效等建立动态监测评估体系。

2. 夯实发展基础，提升支撑保障能力

（1）完善基础设施网络。依托物流大通道，加快形成贯通内外的国家多式联运网络主骨架，优化多式联运分层、分类节点布局。优化内陆无水港节点布局，完善口岸服务功能，完善以货运功能为主的机场的合理布局。研究推进具有驮背运输、双层集装箱运输需求且技术经济合理的铁路通道设施的技术改造。强化多式联运枢纽与关联产业的联动发展，积极拓展市场交易、仓储配送、流通加工、金融结算等配套服务功能。支持具有公共属性的多式联运枢纽站场和集疏运体系的建设、运输装备升级改造、信息互联共享等。

（2）畅通转运微循环系统。着力破解多式联运末端微循环瓶颈制约，重点推进全国主要港口集疏港铁路、公路建设，完善铁路集装箱中心站、铁路物流基地等进出站场配套道路设施。加快航空货运枢纽以及邮政快递分拨中心等外联专用公路项目建设，支持大型综合物流园区引入铁路专用线。畅通多式联运枢纽站场与城市主干道的连接，提高干支衔接能力和转运分拨效率。

（3）强化服务规则衔接。加快推进不同运输方式在票据单证格式、运价计费规则、货类品名代码、危险货物划分、包装与装载要求、安全管理制度、货物交接服务规范、保价保险理赔标准、责任识别等方面的衔接，制定有利于“门到门”一体化运输组织的多式联运服务规则。

（4）健全法规标准体系。积极开展综合交通运输促进法、多式联运法等立法研究论证，强化不同运输方式间法规制度的相互衔接与协调。健全多式联运基础设施、运载单元、专用载运工具、快速转运设备、信息交换接口、包装与加固等技术、产品和服务标准体系，建立适合我国国情的内陆集装箱技术标准框架，并做好与国际标准的有机衔接。完善信息共享标准，明晰责任边界、共享条件、利益分配、信息目录、风险管控等事项。积极参与多式联运相关国际标准化工作。

3. 深化行业改革，创新运输服务模式

（1）推广先进运输组织形式。大力发展集装箱多式联运，加快推进铁路货物集装化、零散货物快运化运输。组织开展厢式半挂车、水陆滚装多式联运试点示范，积极推广江海中转联运、江海直达运输模式，有序发展铁路驮背运输、“卡车航班”空陆联运等组织模式。

（2）深化铁路和货运价格改革。深入推进铁路货运市场化改革，创新铁路货运管理和经营组织模式，提高全程物流组织的协同性、运输服务的时效性和市场经营的自主性。逐步放开铁路货运竞争性领域价格，扩大企业自主定价范围，建立完善能够灵敏反映市场供求和竞争状况、体现服务质量差异的铁路货运价格形成机制。加快改革多式联运领域价格形成机制，鼓励多式联运经营企业结合市场供求与竞争形势变化、经营成本等因素合理协商定价。

（3）培育多式联运经营企业。组织开展多式联运示范工程建设，积极培育具有跨运输方式货运组织能力并承担全程责任的企业开展多式联运经营，引导企业建立全程“一次委托”、运单“一单到底”、结算“一次收取”的服务方式，支持企业应用电子运单、网上结算等互联网服务新模式。探索建立基于碳核算的多式联运绩效评估机制，促进交通运输行业结构性节能减排。

（4）丰富联运服务产品。鼓励运输企业按照资源共享、网络共建、风险共担原则，以资本、产品、信息为纽带开展联盟合作，加强冷藏集装箱、罐式集装箱等专业化多式联运，发展集装箱箱管、半挂车车管、标准托盘和运输包装循环共用，以及铁路长距离危险品专业化运输。引导和培育集装箱、半挂车以及托盘等多式联运设备租赁市场发展。

4. 推动信息共享，加快装备技术进步

（1）实现行业信息共享。依托国家交通公共信息平台、电子口岸公共平台等现有信息管理系统建立多式联运公共信息资源平台，提供资质资格、认证认可、检验检疫、通关查验、税收征缴、违法违章、信用评价、政策动态等一站式服务。积极引导企业开放枢纽站场、运力调配、班线计划等数据资源。

（2）推广标准化运载单元。大力推广应用集装箱、厢式半挂车等标准化运载单元和货运车辆，探索发展模块化汽车列车。研究发展适应我国铁路和公路技术条件的大尺寸、大容量内陆集装箱。组织开展可交换箱体技术研究，探索推进产业化研发应用。优先推广使用1200毫米×1000毫米标准托盘，推动一贯化带盘运输。

（3）加强专业化联运设备研发。鼓励企业研发应用跨运输方式的吊装、滚装、平移等快速换装转运专用设备。组织开展重大技术装备关键技术和物联网在集装箱多式联运领域集成应用等专项科技攻关。研发铁路双层集装箱专用平车、铁路驮背运输专用载运工具、半挂车专用滚装船舶等专业化装备和配套机具。支持多式联运经营企业与装备制造企业联动发展。

5. 深化对外合作，拓展国际联运市场

（1）统筹国际联运有序发展。完善中欧班列跨省域、跨部门协同联动机制，有效整合中欧班列资源，加快集结中心枢纽节点建设，完善配套服务网络。推动形成直达、中转等多种形式有机结合的国际联运服务模式，提高国际班列的运行时效性，促进常态化稳定开行。统筹跨境、过境陆海联运、陆空联运协调发展。研究完善国际多式联运培育期扶持政策，推进市场化自主运营。

（2）优化口岸通关监管模式。深化大通关体制机制创新，加快国际贸易“单一窗口”建设，全面推进通关作业无纸化，实现口岸管理相关部门信息互换、监管互认、执法互助。创新海关多式联运进出口货物监管模式，探索建立高资信多式联运经营企业免海关封志制度，进一步简化通关流程。加快国家多式联运海关监管中心建设，推动具有国际多式联运服务功能的枢纽与口岸查验、检验检疫区等集中布局。

（3）深化交流合作。加快修订国际运输双边、多边协定，强化与国际多式联运规则对接。推动与“一带一路”沿线国家在技术标准、单证规则、数据交换、通关报关、资质认证、安全与应急处置等方面开展务实合作。支持多式联运经营企业布局境外服务网络，加快建设境外转运中心、分拨中心和业务网点。引导企业加大与境外服务商的合作力度，加强国际多式联运平台建设和品牌培育。

（4）抓紧推进相关工作，加大政策支持力度，加强跟踪监测和督促检查；

利用全国现代物流工作部际联席会议机制，协调解决跨行业、跨部门、跨领域的规划、标准、政策等事项；充分发挥行业协会、商会等桥梁纽带作用，促进行业规范自律。各地区要切实加强组织领导，明确责任主体，强化协同配合，开展具体实施行动，及时解决存在的问题，力争实现2020年多式联运货运量比2015年增长1.5倍，努力走出一条结构优、质量高、效益好、带动力强的多式联运发展的新路。

《“十三五”现代综合交通运输体系发展规划》（以下简称《规划》）已于2017年2月由国务院全文印发。《规划》提出，“十三五”期间我国将着力完善基础设施网络，加强运输服务一体衔接，提高运营管理智能水平，推行绿色安全发展模式，加快完善现代综合交通运输体系。由此可以看出，“布局网络化、服务一体化、管理智能化、发展绿色化”将成为“十三五”现代综合交通运输体系发展的主要导向，而多式联运是贯穿“四化”发展导向的主线。《规划》提出了“十三五”我国多式联运的发展方向，即按照一体化发展要求，依托枢纽站场，强化各种运输方式的高效衔接，推动旅客联程联运和货物多式联运发展，着力实现“一票式”和“一单制”，全面提升综合运输服务的有效供给。由于篇幅限制，《规划》并没有对多式联运发展做全面深入的阐释，但提出的设施布局、战略支撑、运输服务、智能化发展、绿色发展、应急保障、新领域新业态、运输改革八大重点任务均体现了多式联运的发展思想。

2.2.10　共同配送协同发展相关政策

2012年，商务部组织开展现代物流技术应用和共同配送工作，以降低物流成本，提高流通效率，力争到“十二五”末，重点城市共同配送（含统一配送）网点覆盖率达到40%，等量货物运输量降低30%，物流费用占商品流通费用的比率下降2个百分点。

在商务部发布的《关于推进现代物流技术应用和共同配送工作的指导意见》中，将完善城市共同配送节点规划布局，鼓励商贸物流模式创新，支持商贸、物流企业以联盟、共同持股等多种形式开展共同配送。加快物流新技术应用步伐，支持企业改造升级现有物流信息系统，实现物流企业与商贸流通企业、生产企业及相关管理部门之间的数据共用、资源共享。大力推进物联网、RFID（射频识别）、GPS（全球定位系统）等新技术在共同配送工作中的应用。

根据指导意见，商务部将加大商贸物流设施改造力度。一是支持商贸物流区建设、改造，支持城市近郊服务于城市配送和货物转运的商贸物流园区的发展。二是支持标准化配送中心建设、改造，鼓励企业建设立体化仓库以及采用先进的分拣设备、设施，引导企业加大冷库设备更新改造，鼓励建设低耗节能型冷库。三是支持流通末端共同配送点和卸货点建设、改造，鼓励建设集配送、零售和便民服务等多功能于一体的物流配送终端。

自 2015 年以来，城市共同配送由点到面。商务部围绕商贸物流积极开展工作，探索总结城市共同配送试点等先进经验，取得一定成效。目前，各项政策导向作用逐步显现，共同配送由点到面，辐射效应日益扩大。

截至 2014 年，商务部已先后印发了《全国城市配送发展指引》《第三方物流综合信息服务平台建设案例指引》《关于加强城市共同配送试点管理的通知》等业务文件和配套标准，用于指导地方开展工作；建立了商贸物流运行统计与分析制度、重点联系企业制度。2014 年下半年，商务部还发布了《商务部关于促进商贸物流发展的实施意见》，指导地方如何重点围绕提高社会化水平并且支持第三方物流企业发展；提高专业化水平，推动重点领域商贸物流发展；提高标准化水平，加快标准应用推广；提高信息化水平，构建多层次物流信息平台；提高组织化水平，鼓励企业做大做强；提高国际化水平，推进对外开放和国际合作 6 个方面展开工作。

河北省人民政府办公厅印发《河北省人民政府办公厅关于推进电子商务与快递物流协同发展的实施意见》，提出以完善基础体系为重点，以营造制度环境为保障，强化电商物流末端服务能力，推进电子商务与快递物流协同发展。

（1）加强协同发展的规划引领。推进快递物流与电子商务专项规划衔接，保障基础设施建设用地，加快基础设施网络建设，在北京新机场周边建设国家一级快递枢纽，在石家庄、保定建设国家二级快递枢纽。支持快递物流企业在我省建设快件处理中心、航空及陆运集散中心、电子商务和快递配送一体化仓储中心等。营造协同发展的制度环境，提升服务管理能力，简化快递业务经营许可程序，实施快递末端网点备案管理。

（2）完善价格监管体系，创新公共服务设施管理方式。确定智能快件箱（智能信报箱）、快递末端综合服务场所的公共属性。推进数据共享，探索建设电子商务快件物流信息服务平台，实现资源互联共享。推动协同标准化智能化发展。鼓励快递物流企业应用大数据、云计算、物联网等先进技术，采用云仓储、路径优化技术提高管理水平。推动信息互联互通，促进供应链协同发展，支持仓储、快递、第三方技术服务企业发展智能仓储。推动传统商业便利店增加快递功能。推动快递企业和电子商务企业参与仓配一体化项目建设，推动快递企业探索共同配送模式。推动协同运行安全绿色发展。鼓励电子商务企业与快递物流企业开展供应链绿色流程再造，推广可重复使用的包装新产品，在石家庄、保定、廊坊开展绿色包装试点示范。推行绿色运输与配送，鼓励引导汽车生产企业研发生产面向快递物流领域的新能源汽车产品。

2.3 京津冀协同发展的最新动态

2.3.1 协同发展的最新动态

党的十八大以来，京津冀三地面对错综复杂的国内国际环境，紧抓京津冀协同发展这一重大战略契机，积极转变发展方式，逐步强化功能定位，推动经济社会发展呈现新局面。

经济实力不断增强，发展水平稳步提升。2016 年，京津冀三地地区生产总值合计 74612.6 亿元，是 2012 年的 1.3 倍（按现价计算），经济规模占全国的 10% 左右。其中，北京地区生产总值达到 24899 亿元，与 2012 年相比，按可比价格计算，年均增长 7.1%；天津为 17885 亿元，年均增长 10.2%；河北为 31828 亿元，年均增长 7.1%。

从地区财力看，2016 年，京津冀三地一般公共预算收入达 10656 亿元，比 2012 年增加 3496 亿元，占全国的比重为 12.2%，比 2012 年提高 0.5 个百分点。其中，北京一般公共预算收入突破 5000 亿元，达 5081 亿元，是 2012 年的 1.5 倍。津冀两地一般公共预算收入均超过 2000 亿元，分别为 2724 亿元和 2851 亿元，分别是 2012 年的 1.5 倍和 1.4 倍。

从发展水平看，2016 年，北京、天津的人均地区生产总值均为 11.5 万元，按可比价格计算，分别较 2012 年增长 24% 和 31.3%。2013—2016 年，北京、天津的人均地区生产总值年均增速分别为 5.5% 和 7.0%；河北人均地区生产总值为 4.3 万元，较 2012 年增长 28.2%，2013—2016 年年均增长 6.4%。

从城镇化水平看，2016 年，京津冀城镇化率为 63.9%，较 2012 年提高 5 个百分点。其中，河北城镇化率在 2015 年突破 50% 后进一步提高到 53.3%，较 2012 年提高 6.5 个百分点，提升幅度最大；北京和天津城镇化率均在 80% 以上，分别为 86.5% 和 82.9%，较 2012 年分别提高 0.3 个和 1.4 个百分点。

三地紧紧围绕党中央国务院确定的建设方向和发展目标，加快发展符合功能定位的相关产业。

北京稳步推进文化中心和科技创新中心建设。2016 年，全市文化创意产业实现增加值 3570.5 亿元，占地区生产总值的比重为 14.3%，较 2012 年提高 2 个百分点。R&D 经费支出占地区生产总值的比例始终保持在 6% 左右，高于全国平均水平近 4 个百分点；2016 年全市专利授权量达 10.1 万件，其中发明专利授权 4 万余件，与 2012 年相比，实现成倍增长。

天津先进制造业和金融业发展较快。2016 年装备制造业增加值占规模以上工业的比重为 36.1%，较 2012 年提高 7 个百分点。金融业实现增加值 1735.3 亿元，占地区生产总值的 9.7%，较 2012 年提高 1.9 个百分点。

河北努力构建全国现代商贸物流重要基地，2016 年物流业实现增加值 2636 亿元，占全省地区生产总值的 8.3%；其中，快递业务量持续高速增长，2016 年完成 9 亿件，是 2012 年的 7.2 倍。

为加快推进非首都功能疏解，实现京津冀一体化协同发展，2015 年 9 月，丰台分局顺应党中央和北京市关于京津冀协同发展的要求，从市场准入职能出发，积极配合京津冀一体化相关项目，主动作为，为京津冀一体化企业提供工商便利化服务。

（1）从市场准入和退出的角度出发，运用现行登记政策，对京津冀一体化相关项目引进和外迁提出合理建议，做好细节服务和落实具体政策。

（2）开设登记注册绿色通道窗口，及时受理核准京津冀一体化相关项目的手续；结合辖区市场实际情况，配合市、区政府及相关部门，做好市场外迁的宣传、引导工作。

（3）结合非首都功能疏解和京津冀一体化发展纲要，协助区政府相关部门制定区域产业准入目录，实行市场准入负面清单管理，加快京津冀一体化推进速度。

（4）获取京津冀一体化相关项目信息后，应当对相关项目情况进行全面了解，包括项目关联企业基本登记情况、当前监管状态、项目特色、项目运行过程中遇到的难点以及与相关部门协调的进展等，对相关项目的监管进行预测，提出建议，对项目后续进展进行跟踪服务。

（5）加强与丰台区相关行政部门、京津冀地区工商部门之间的沟通，共同协商，为京津冀一体化相关企业提供全程服务。

（6）针对京津冀协同的需要，根据现行政策趋势，进行政策、流程的探索和创新。引进或搬迁完成的项目，要及时总结有关经验和问题，并从市场准入职能出发，对项目运行过程中的后续问题进行预判和研究，继续做好京津冀一体化协同发展的服务工作。

京津冀将实现1小时通勤圈，加强对雄安新区和冬奥会的保障。京津冀将构建多层次、全覆盖的综合交通运输网络，形成北京、天津、石家庄中心城区与新城、卫星城之间的1小时通勤圈，以及北京、天津、保定、唐山之间的1小时交通圈。2018年6月25日，交通运输部制定了《交通运输服务决胜全面建成小康社会开启全面建设社会主义现代化国家新征程三年行动计划（2018—2020年）》（以下简称《计划》），对“十三五”后3年交通运输工作进行了全面的部署。

（1）高速公路将达15万千米。

《计划》中的重点工作之一是完善交通基础设施网络，推进综合交通基础设施建设。根据规划，截至2020年，全国高速铁路里程将达3万千米以上，覆盖80%以上的常住人口100万以上的城市；高速公路总里程将达15万千米，基本覆盖城镇人口在20万及以上城市和地级行政中心；新增沿海港口万吨级以上深水泊位约180个；新增及改善航道约2700千米；民航运输机场基本覆盖城区常住人口20万及以上的城市。在加快推进京津冀交通一体化进程方面，除了形成1小时通勤圈和1小时交通圈，还将加强对雄安新区和冬奥会的保障，高起点规划、高标准建设雄安新区交通基础设施，加快推进2022年冬奥会配套交通项目建设。根据规划，在运输服务转型升级方面，将推进不同运输方式间的客运联程系统建设，推动航空与城市轨道、高铁等“一票到底”和“行李直挂”；探索发展定制公交、夜间公交、社区公交等多层次公交服务模式；推进城市公交线路向村镇延伸。

（2）京津冀淘汰百万辆重柴货车。

工业和信息化部数据显示，2017年，全国新能源汽车产销分别完成79.4万辆和77.7万辆，同比分别增长53.8%和53.3%。为做好大气污染防治工作，交通运输部将推进车辆结构升级，推广使用新能源汽车，并大力淘汰老旧车辆。其中，重点区域港口、机场、铁路货场等作业车辆采用新能源或清洁能源汽车替换。2020年年底，重点区域的直辖市、省会城市、计划单列市建成区公交车将全部更换为新能源汽车。重点区域采用经济补偿、限制使用、严格超标排放监管等方式，以开展柴油货车超标排放专项整治为抓手，严格实施道路运输车辆燃料消耗量限值准入制度，大力推进国三及以下营运柴油货车提前淘汰更新，加快淘汰采用稀薄燃烧技术和“油改气”的老旧燃气车辆。据悉，全国将推广应用新能源和清洁能源的汽车，将加大在城市公交、出租汽车、城市配送、邮政快递、机场、铁路货场、重点区域港口等领域的应用，并开展高速公路服务区、机场场内充电设施的建设。截至2020年年底，城市公交、出租车及城市配送等领域新能源车保有量将达到60万辆。

（3）铁路货运将为公路减压。

我国交通业的运输结构正逐步转型升级。据中华人民共和国交通运输部（交通运输部）介绍，今后将发挥铁路、水运在大宗物资中长距离运输中的骨干作用，大力减少中长距离公路货运量。加大货运铁路项目建设和投入，加快完成蒙华、唐曹等一批货运铁路建设。到2020年，全国铁路货运量将比2017年明显提高，京津冀及周边地区也将有明显的增长。在交通扶贫脱贫方面，交通运输部表示将推进农村公路建设，全国完成新改建农村公路约45万千米，主要任务包括加快推进贫困地区剩余乡镇和建制村通硬化路建设，力争到2019年年底实现具备条件的乡镇、建制村100%通硬化路。加快推进贫困地区国家高速公路、普通国省道建设，到2020年实现贫困地区国家高速公路主线基本贯通，具备条件的县城通二级及以上公路。此外，推进“交通+特色产业”扶贫，贫困地区改造建设约1.9万千米资源路、旅游路、产业路。提高贫困地区交通运输服务水平，实现具备条件的建制村100%通客车，加快完善县、乡村物流体系。

2.3.2 交通协同发展最新动态

1. 重点项目加快推进

2014—2016年，三地累计完成交通领域固定资产投资8642.2亿元，比2011—2013年增长13.8%。新机场、京台高速、京沈高铁等重点工程有序高效推进。京昆高速、京津城际延长线、津保城际铁路、张唐铁路建成通车。

2. 互联互通取得进展

2016年，三地公路里程合计达到22.7万千米，比2013年增加1.5万千米；其中，高速公路8722.9千米，增加1078.4千米。天津、河北市民可持京津冀公交“一卡通”在北京乘坐公交地铁，在全国率先实现区域交通“一卡通”互联互通。2016年，京津保核心区1小时通勤圈初步形成。

3. 京津城际十年来首次大规模升级，部分列车相应调整

铁路部门将于2018年6月26日对京津城际铁路相关设备进行升级改造和整体养护，对该铁路的轮轨、弓网、列控等各系统设备开展综合检测调试。这也是自2008年京津城际开行后，十年来的首次大规模集中升级调试。原定

6月26日开行的北京南站至天津站城际将相应调整，其中，大部分调整为北京南—天津西站运行，在津停靠站由天津站变更为天津西站；少部分调整为北京南—天津南站运行。为提高服务质量，根据铁路设备运行规律和高铁技术的新发展、新变化，铁路部门对京津城际铁路相关设备进行升级改造和整体养护。其间，将同时对该铁路的轮轨、弓网、列控等各系统设备整体运行状态进行静态和动态的综合检测调试。对当日北京南—天津南站的二等座、一等座票价实行8.5折优惠，往来京津两地的旅客可正常使用中铁银通卡和京津城际同城优惠卡。

4. 城市副中心与河北廊坊北三县共推交通一体化

2018年6月，京津冀协同发展、交通一体化是骨骼系统和先行领域。首都之窗网站发布《北京市规划和国土资源管理委员会关于全国政协十三届一次会议第0486号（经济发展类028）提案会办意见的函》，同意孟宪明委员提出的推进北京城市副中心与河北廊坊北三县交通一体化的建议。根据会办意见，京秦高速计划年内竣工通车，将继续优化平谷线方案，在核心区南侧也研究了通州连接大厂相关道路的骨架性通道。

（1）统一规划减轻交通压力。

“北三县”包括河北廊坊的三河市、大厂回族自治县和香河县。这三个县市行政上隶属河北，却与京津相接。近几年，北三县与北京尤其是城市副中心的联系日益紧密。北京城市副中心与廊坊北三县地区地域相接、互动性强，需要建立统筹协调机制，加强重点领域合作，做到统一规划、统一政策、统一管控，实现统筹融合发展。从现状看，通州区与廊坊北三县缺乏规划统筹，城镇布局、生态空间、基本公共服务等发展不平衡，导致部分地区房地产过度开发、公共服务短缺、交通通勤压力大等，严重制约了区域高水平、高质量发展。北京市规划和国土资源管理委员会相关负责人表示，已于2017年与河北省住房和城乡建设厅联合启动编制《通州区与廊坊北三县地区整合规划》，规划范围包括通州区以及廊坊北三县地区的全部行政辖区，为探索推动京津冀协同发展模式提出新举措，搭建协同治理的新平台。

（2）京秦高速计划年内通车。

京秦高速连接北京通州、天津蓟县、河北秦皇岛等地区，为《国家公路网规划（2013—2030年）》中的项目，项目建设对于加强京津冀区域合作、促进区域交通协同发展、带动沿线地区经济社会发展等方面具有重要意义。京秦高速已纳入2017年/2018年市政府重点工程项目，计划2018年实现竣工通车。该区域道路网规划将合理引导廊坊北三县地区进出北京中心城区时使用高速公路，降低穿越性交通对北京城市副中心发展的影响。在北京城市副中心核心区北部，除京秦高速外，还将形成徐尹路对接燕郊北外环路等骨架网络。在核心区南侧，也研究了通州连接大厂相关道路的骨架性通道，研究加强香河秀水街西延、副中心连接香河的骨架通道规划。

2.3.3 京津冀协同发展物流园区最新动态

2017 年 1 月，作为河北省重点项目，总投资 25 亿元的北京铁路局定州物流园区项目正式开工。“该项目与金融、电商平台挂钩，衔接天津港，联通公路、铁路、港口、航空，将发挥巨大的经济虹吸效应，有效整合区域物流资源，降低运输和交易成本。”定州市委书记王东群说。据了解，该项目为国家二级大型商贸物流园区，建成后年物资吞吐量可达 1 亿吨以上，成为京津冀地区首个大型铁路综合物流园区。

2016 年 11 月，《天津市快递专业类物流专项规划（2016—2020 年）》（以下简称《规划》）中提出：构建由“快递专业类物流园区—快件处理中心（分拨中心）—快递营业场所—基础性快递末端公共服务设施”组成的四级快递物流设施体系，从而实现 12 小时快递圈覆盖天津市域，24 小时快递圈覆盖以京津冀为主的北方地区，48 小时快递圈覆盖全国各大主要城市，努力将天津建设成为京津冀地区快递专业类物流中心、北方地区快递专业化服务枢纽、东北亚重要的国际快递服务门户。

《规划》将重点推进空港航空快递物流园、东疆港跨境电商快递物流园、武清电子商务快递物流园 3 个快递专业类物流园区建设，规划布局 15 个快件处理（分拨）中心。《规划》充分依托海港、空港、陆港等资源，优化快递物流设施空间布局，促进快递业与电子商务、先进制造、现代农业、金融服务、科技研发等相关产业联动发展，提升天津在区域中的地位和作用。按照天津城市空间发展战略，《规划》提出要加强基础性快递末端公共服务设施建设，推进快件进社区、进校园、进农村等工程，建设基础性快递末端公共服务设施，鼓励企业在政府机关、办公楼、校园、社区、轨道交通站点及农村等设置智能邮件快件箱。

2.3.4 港口协同发展最新动态

2017 年 8 月 10 日，交通运输部印发《关于深化津冀海事监管一体化的意见》，这将为京津冀协同发展提供强有力的水上交通安全保障。意见明确了津冀海事监管一体化的五项主要任务：统筹规划渤海中西部通航资源布局；建立完善津冀海事协同监管机制；加快推进津冀海事监管设施建设；推进通航资源和监管信息共享；加快推进津冀海事监管模式改革。按照交通运输部关于推进京津冀交通一体化的总体部署，到2020年，津冀沿海水域航路、港外锚地布局基本合理，规模和数量将基本满足津冀港口和航运发展的需要，区域通航资源实现共享共用。海事管理实现信息共享、监管协同和执法联动，管理水平和服务质量全面提升，为京津冀协同发展交通一体化提供坚强保障。

2017年8月，交通运输部与天津市政府、河北省政府联合印发《加快推进津冀港口协同发展工作方案（2017—2020年）》，提出优化津冀港口布局和功能分工、加快港口资源整合、完善港口集疏运体系、促进现代航运服务业发展、加快建设绿色平安港口、提升津冀港口治理能力6大重点任务，进一步增强港口的辐射和带动作用，为京津冀协同发展提供有力支撑。

2017年6月16日，国内首条采用复式交通组织方式的集装箱船舶可便捷进出港，双进双出“四车道”将大幅提升通行效率，我国首条人工开挖的复式航道在天津港正式启用两年多来，开启了渤海湾航海新时代，港口船舶通航效率大幅提升。作为21世纪海上丝绸之路战略支点、丝绸之路经济带重要出海口以及中蒙俄经济走廊东部起点，天津港又肩负起了承接“一带一路”及京津冀协同发展国家战略的新使命。复式航道启用后，进一步提升了港口的货物吞吐能力和承载能力，有效激活了港口的产业聚集效应、结构优化效应和腹地经济引擎效应，同时推进了天津港由综合性港口向综合性交通运输枢纽、全球资源配置中心转型升级，成为国家对外开放战略实施的“桥头堡”。业内专家认为，复式航道有效助推了天津港在世界航运业发展波动背景下率先转变发展方式、提质增效，更为促进“一带一路”和京津冀协同发展提供了更加便捷、高效的港口基础设施保障。

2017年5月，沧州渤海新区管理委员会、天津港（集团）有限公司、河北港口集团有限公司三方签署框架协议，共同加快推进黄骅港集装箱发展。这是继2016年12月津唐国际集装箱码头有限公司揭牌和2017年2月与沧州港务集团签署框架协议之后，天津港与河北港口城市、港口集团开展的又一次重大战略合作。此外，渤海津冀港口投资发展有限公司还与沧州渤海港务有限公司签署了关于沧州渤海津冀集装箱码头有限公司的股权转让协议。根据协议，待收购后，渤海津冀港口投资发展有限公司将持有沧州渤海津冀集装箱码头有限公司90%的股权，推动津冀港口间的优势互补、合作共赢，形成以天津港为中心、唐山港和黄骅港为两翼的集装箱海运布局。

为了加快环渤海港口资源整合，共推黄骅港集装箱发展，目前，天津港已经开通了天津至秦皇岛、京唐、曹妃甸、黄骅等周边港口的多条环渤海内支线，实现了平均每周班期密度20航次、年集装箱吞吐量超80万标准箱的发展规模，初步形成了以天津港为中心的三层级航线网络体系，年集装箱吞吐量超过1450万标准箱。

2016年7月，天津港集团与唐山港集团签署协议，双方决定共同出资，在京唐港区设立集装箱码头公司，这是津冀两地港口之间的又一次重大合作。未来，双方还将共同大力推进京唐港集装箱业务的发展，形成以天津港为中心，以唐山港、黄骅港为两翼的科学布局，有效促进双方在港口资源和集装箱航线布局方面的优势互补、良性互动、合作共赢，更好地为“一带一路”、京津冀协同发展等国家战略实施提供有力支撑。在集装箱业务运营方面，目前，天津港已开通直达世界各地港口的120条集装箱班轮航线，拥有二连浩特、阿拉山口（霍尔果斯）和满洲里三条大陆桥过境通道。2015年完成集装箱吞吐量超过1411万标准箱，全国排名第6位。唐山港集团负责京唐港区的建设与运营。目前已开设28条通达天津、大连、营口、上海、宁波、韩国釜山等沿海沿江港口的集装箱班轮航线。2015年完成集装箱吞吐量111.7万标准箱，占河北集装箱吞吐总量的44.2%，居全国第20位。

京津冀交通一体化领导小组8月18日召开第三次会议，其中第四点为加强区域港口资源整合和综合利用。优化津冀港口分工定位，打破同质竞争，实现优势互补。着力打造“绿色港口”，加快设立环渤海（京津冀）船舶排放控制区，推进靠港船舶使用岸电、清洁能源，加强港口资源共享共用，推进航道、锚地、引航资源共享和海事监管一体化。

2.3.5 农产品流通协同发展最新动态

2016年6月，果类蔬菜岗位专家穆月英，应邀在南开大学举办的农业供给侧改革与都市型农业会上，做京津冀蔬菜产业发展主题报告。从京津冀蔬菜产业的地位分析看出，种植业占农业产值比重分别是42%、51%和60%，三地属耕地利用型农业。农业的多功能性，即提供产品、保全国土、涵养水源、田园观光等，种植业可发挥这些功能，因此种植业的发展符合都市型农业的方向。在蔬菜生产及自给率方面，天津高于北京。为探寻三地蔬菜产业发展机制，从农户视角对比了蔬菜经营特征、成本收益和流通等。分析了蔬菜产业竞争力和京津冀蔬菜产业发展的联动性，提出了蔬菜产业协同发展中北京产业创新中心、天津产业链扩散中心、河北蔬菜生产中心的构想。

2015 年，北京市科委副主任张光连带队就推动京津冀农业协同创新发展赴北京市农林科学院调研，来自玉米研究中心、蔬菜研究中心、杂交小麦工程技术研究中心、草业与环境研究发展中心、畜牧兽医研究所、农业智能装备技术研究中心、林业果树科学研究院、水产科学研究所、农业信息与经济研究所的 9 位专家就推动北京农业科技资源辐射津冀、农业科技成果落地转化进行了深入交流研讨。农业科学院（农科院）将会以创新为引领，全面提升京津冀区域农业科技协同创新能力，服务京津冀协同创新发展。拥有先进的技术优势和丰富的资源优势，在京津冀协同发展战略背景下，需要充分发挥自身优势，通过项目带动，促进北京农业科技成果在津冀落地转化，提升京津冀农业协同发展水平。

2016 年国家发展改革委、农业农村部、商务部、交通运输部、海关总署、国家质检总局六部门联合印发了《京津冀农产品流通体系创新行动方案》，以加强京津冀农产品流通的统筹协调、鼓励支持企业开展流通创新探索、加快农产品批发市场转型升级、大力发展全程冷链、探索建设京津冀农产品公共信息平台、开展农产品流通国际合作 6 方面工作为重点，着力推动京津冀地区深化农产品产供销区域合作和流通创新。我国农产品流通存在着市场分割、模式落后、成本高、效率低等问题，在创新要素密集的京津冀地区组织开展以鲜活农产品为主的农产品流通创新行动，有利于发挥京津大都市消费的引领作用，带动河北等周边地区农业结构调整和农民持续增收，为全国农产品流通体系创新提供示范借鉴；有利于提高农产品流通效率和服务质量，降低流通成本，减少产后损失，保障市场供应和食品安全；有利于推动三地农产品产供销一体化，拓展深化区域合作，为京津冀协同发展注入新动力。

2.3.6 京津冀协同发展资源整合最新动态

2018 年 1 月 4 日，天津港通过“提智”建设智慧港口，并指出未来将以港航数据资源融合为核心，在一个开放的、共享的平台上，把整个物流链上各方、甚至物流链之外的资源整合到这个平台上，让贸易物流更加便利化，创新共享更加生态化。

2017 年，河北雄安新区承接中央在京部分行政事业单位、总部企业、金融机构、高等院校、科研院所等，北京城市副中心承接行政办公、高端商务、文化旅游等产业；细化了曹妃甸协同发展示范区、新机场临空经济区、张承生态功能区、滨海新区 4 个战略合作功能区的产业承接和发展方向；并确定了一批协同创新平台和专业化承接平台，构建“2 + 4 + N”承接平台体系。将推动相关行政许可跨区域互认，做好转移企业工商登记协调衔接；鼓励通过委托管理、投资组合等多种形式合作共建产业园区，支持京津冀毗邻地区合作共建产业园区，实现资源整合、联动发展；积极推动京津冀协同发展基金等支持承接平台基础设施及配套服务设施建设。

2017 年，南开区抢抓京津冀协同发展重大国家战略的历史机遇，全年共引进北京企业 206 家，京冀两地投资额为 25.79 亿元，同比增长 16.76%。2017 年落户南开区的北京企业中包括国安社区、中粮国际等 3 家央企二级总部项目及阿里巴巴零售通津冀区域公司、58 到家公司、每日优鲜公司等。来自北京的孵化器运营商中关村 e 谷（南开）创想世界、东方嘉诚先后盘活了 5 万平方米闲置楼宇，入驻率均超过 90%。同时，南开区把做强南开区京津冀协同发展基因作为主要目标。对照京津冀协同发展中天津“一基地三区”的总体定位，认真谋划全区工作。其中，阿里巴巴一达通外贸综合服务平台的落户加强了南开区京津冀跨境电商航运上游产业的聚集，为做强全市外贸产业发展提供支撑；全力打造“启航湾”创新区，成功引入启迪协信、无忧英语等北京企业，实现了南开区西部片区与北京教育资源的融合。

在此基础上，南开区在牢牢抓住经济领域协作的同时，继续在科技、教育、金融、人才等多领域主动加强与京、冀两地的联系，实现由单一协同到全面推进的转变，真正把京津冀协同发展国家大战略融入南开各项事业中。

2017 年 5 月 18 日，“2017 京津冀大数据产业创新应用论坛”在河北廊坊经济开发区召开，大唐网络从 2016 年下半年开始正式启动“中国云 · 大唐网络云基地”落户试验区的布局，顺利完成了服务器的采购、防火墙的部署、云代码的测试。目前，“中国云 · 大唐网络云基地”已正式入驻“京津冀大数据综合试验区”，该平台已承载了面向教育、健康、医疗、扶贫、政务等领域的移动互联网应用，初步形成了民生大数据业务集群，进而加快开放共享资源整合助推京津冀大数据产业发展。

2017 年 9 月，第十二届中国北京国际文化创意产业博览会圆满落幕。本届博览会由北京市文化局、天津市文化广播影视局、河北省文化厅共同主办，其中，“京津冀文化协同发展区”更是亮点频出、与众不同，将传统与现代相结合，文化与科技相交融，既可学习参观，又可亲身体验，吸引了大量市民来参观。本届文博会“京津冀文化协同发展区”体现了传承与创新、文化与科技相结合的特点，有力促进了三地企业间的交流与合作，既保持往年展览的特色，又有所变化和创新，充分展示了京津冀三地文化创意产业的特色和亮点，为京津冀三地协同创新、资源整合、布局优化提供了新动力、新机遇。

2.3.7 多式联运协同发展最新动态

2016 年，国家发展改革委办公厅联合有关部门印发《关于公布第一批多式联运示范工程项目名单的通知》（以下简称《通知》）。唐山港集团股份有限公司申报的河北省“东部沿海—京津冀—西北”通道集装箱海铁公多式联运示范工程等 16 个项目入选国家首批多式联运示范工程。该项目利用西北能源外运及出海通道和南北沿海物流通道两条国家级物流大通道，服务京津冀、西北、东部沿海及日韩、蒙古、中亚等境内外四大区域，力争实现外贸进出口货物、过境货物与京津冀、西北集装箱空重箱的科学调配，实现重去重回。该工程致力于将唐山港打造成北京又一便捷的出海通道，通过与天津港集装箱航线的“双向互通”促进外贸货物中转联运。下一步，唐山港集团将按照《通知》要求和既定项目实施方案，加快集装箱多式联运相关项目建设，促进集装箱运输增量、增效，推动唐山港京唐港区转型升级的步伐，打造环渤海内贸集装箱枢纽港和外贸近洋航线基本港。

为贯彻落实交通运输部及国家发展改革委开展第二批多式联运示范工程申报工作要求，北京市交通委员会运输管理局会同北京市道路运输协会，组织召开了北京市第二批多式联运示范工程申报工作座谈会，京东集团、长久物流、祥龙物流及合众物流等 9 家行业骨干企业负责人参加了会议。运输管理局货运处详细解读了国家两部委有关申报条件、申报范围、申报程序和申报时限等文件要求，介绍了本市第一批多式联运示范工程情况及经验做法，各参会单位就具体申报细节进行了共同研讨。

2017 年，平谷铁路开通了集装箱业务，并迎来从唐山发往马坊站的首列集装箱列车，共载有集装箱货物 100 标箱。这是铁路与马坊物流基地无缝链接的开始，标志着马坊物流园区已基本具备海、公、铁联运条件，也标志着平谷物流业实现了新的突破。下一步，马坊物流园区将与口岸、海关、国检等部门紧密合作，致力于打造功能合理、特色鲜明、配套完善的新型物流中心。

2018 年，京津冀将试点空陆联运一票通，京津冀民航协同发展天津机场推进会在天津召开。从会上获悉，中国民用航空局将以京津冀为试点，推动空陆联运一票通模式发展，构建高效、便捷、大容量、低成本的民用航空一体化网络。在本次会议上，中国民用航空局运输司副司长刘锋表示，中国民用航空局将持续推进京津冀民航一体化进程，协调有关企业和政府部门，以京津冀为试点，推动空陆联运一票通等模式发展。同时，支持京津冀主要机场发挥各自优势，进一步明确功能定位，实施错位经营、协同运营。业内人士介绍，空陆联运一票通将实现机场和高铁站之间的航班、列车一站式购票，为旅客节约大量时间。2015 年 5 月 20 日，首都机场集团公司同河北省国资委签署了《河北机场管理集团有限公司委托首都机场集团公司管理协议书》。此后，河北机场管理集团正式成为首都机场集团的成员单位，实现了京津冀机场的统一管理、一体化运营。

2.3.8 共同配送协同发展最新动态

“物流京津冀”城市共同配送公共信息服务平台是在京津冀一体化战略背景下，由河北省商务厅、北京市商务局、天津市商务局共同发起的面向京津冀城市群的智慧物流信息化工程。城市共同配送公共服务平台采用互联网、物联网、云计算及其他计算机信息技术，引入“互联网 + 物流”“供应链管理”等先进理念，是为商贸流通、电子商务、物流配送等企业打造的基于城市共同配送需求的公共服务平台，是城市共同配送体系建设的重要组成部分，主要模块包括物流资讯、行业协会、网上叫车、专线物流、电商物流、公共仓储、托盘租赁、在线下单等。平台的运营可为商贸、电商、物流等企业降低配送成本、提高配送效率，为合作伙伴及会员提供一种更安全、更经济、更高效、更便利的物流模式。平台具有四大功能：信息服务功能、在线交易功能、辅助决策功能和增值服务功能。

2016 年，“京津冀区域物流公共平台”落户马坊物流基地，该平台又称“物流中国”，立足京津冀，辐射全国，是目前全国物流行业最大的车源、货源实时交易撮合和匹配的线上平台，同时设立了 365 × 18 小时的“95006”区域物流综合呼叫服务中心，预计每年将产生百亿级营业收入，可有效解决北京物流业外迁后的城市配送问题。该平台全国注册物流用户已达 12 万户，日均线上运输服务交易量近 30 万单，线下日均货运量近 200 万吨，运费交易额约 2 亿元。

3 京津冀地区物流业整体发展

3.1 京津冀三地城市功能的调整及再定位

3.1.1 北京的定位

关于首都北京在京津冀城市群中的定位，2005 年 1 月 12 日，时任国务院总理的温家宝主持召开国务院常务会议，讨论并原则通过了《北京城市总体规划（2004—2020 年）》（以下简称《规划》）。

《规划》中要求："实现首都经济社会的持续快速发展，解决城市发展中面临的诸多矛盾和问题，迫切需要为城市未来的长远发展确定新的目标，开拓新的空间，提供新的支撑条件。"

在关于"城市性质"中明确："北京是中华人民共和国的首都，是全国的政治中心、文化中心，是世界著名古都和现代国际城市"，强调"以建设世界城市为努力目标，不断提高北京在世界城市体系中的地位和作用"。根据这些论述和几十年来首都北京发展所形成的巨大优势，在北京的"城市性质"中，明确补充强调"首都北京是以高端服务业为主体的国家经济中心城市"。

北京应作为中国最主要的金融、商贸等高端服务业中心，这样的定位完全体现了"现代国际城市"的内涵，也为发展确定了"新的目标"和开拓"新的空间"，将会使北京和京津冀城市群较快成为全球经济的核心区之一，从而大大提高中国在世界经济体系中的竞争力和影响力。

北京城市功能的新定位是根据对国内外首都城市、特大城市的发展趋势、城市文化的发展趋势分析，基于以人为本和可持续发展的理念提出的。北京城市新规划的明显特征是凸显了"国家战略"的构想，第一次将京津冀协同发展纳入视野，强调北京在推动全国区域协调发展中的带动和辐射作用。这一新定位必将对北京城市空间布局、产业选择以及区域合作等产生深远影响。新时期，依据京津冀协同发展规划纲要，首都北京的功能定位如下。

1. 文化中心

北京的历史文化底蕴深厚，文化资源丰富，兼有历史与现代的风格特色，客观要求其处理好保护旧城区历史文化风貌与发展新城区的关系，建成传统文化与现代文明交相辉映、具有高度包容性和多元化的世界文化名城，成为全国的文化中心。

2. 国际交往中心

北京作为首都，代表国家形象参与国际交往。外交机构、国际组织、国际商业机构云集北京，其肩负着与国际的友好往来、举办大型国际会议等重要使命，因此要完善各项服务，提升国际交往能力，提高政治、经济、文化等方面的发展水平，这是新时期北京承担的重要使命。

3. 科技创新中心

北京聚集了以中关村为中心的大量科技资源，并且聚集了全国的优质教育资源，因此要引导和支持北京以此为基础，提升科技创新能力，突破一批核心、共性和基础性技术，打造我国技术创新总部聚集地、科技成果交易核心区、全球高端创新中心及创新型人才聚集中心。

4. 全国政治中心

北京作为首都，其“首都功能”是国内任何一个城市无法替代的，是国家发展的整体需要，最重要的特色是政治。所以，北京的全国政治中心地位是毋庸置疑的。

3.1.2 天津的定位

天津是中国华北地区的经济中心城市。天津港已经是具有国际意义的大型港口，是中国北方最主要的航运中心，其腹地范围包括华北和部分西北地区；天津市的制造业已有强大的基础，研发力量较强；大规模建设所需要的土地资源可以得到保障。

天津被赋予“一基地三区”的功能定位，即全国先进制造研发基地、北方国际航运核心区、金融创新运营示范区、改革开放先行区。

北京通州、天津武清、河北廊坊三地紧邻，很长时间却一直是“鸡犬之声相闻，老死不相往来”。2017 年 2 月 4 日，三地主要负责人齐聚通州，签署通武廊战略合作发展框架协议，打破“一亩三分地”思维，在交通、生态、产业、人才、公共服务等8个方面开展务实合作。自京津冀协同发展战略提出后，三地便以人才合作为突破口，实现了区域内人才引进互融互通，人才评价互认互准，人才培养共育共培，人才创业创新平台共建共享。此次协议的签订，更意味着这一区域将被打造成为京津冀协同发展的“试验田”。

根据《京津冀协同发展规划纲要》，天津被赋予“一基地三区”的功能定位。“如果囿于局部利益，计较一时得失，‘桌子底下放风筝’，就很难协同。”天津市党政一把手均表示天津必须着眼大格局，秉持大胸怀，融入大战略，在协同发展中定位天津角色、展现天津作为、做出天津贡献。

1. 交通一体化进程快速推进

“轨道上的京津冀”正在加速打造，（北）京（天）津保（定）核心区1小时通勤圈初步形成。京津冀城际铁路投资公司成立，相关部门将统筹三地城际铁路的投资、建设、运营问题。为解决困扰多年的因规划建设不同步而导致的省界断头路问题，天津与京、冀分别签署了高王、仓桑等公路接线协议。

2. 生态环保联防联控不断深化

天津与河北沧州、唐山分别签订大气污染联防联控合作协议，2015年、2016年每年支持资金4亿元，用于当地燃煤设施和散煤治理。关于推动建立引滦入津上下游横向生态补偿机制方面已与河北达成一致并将签署协议。

3. 产业发展力求规划同图、目标同向

立足区域优势互补原则和合作共赢理念，天津与京冀两地在联合打造产业对接平台、联手搭建产业创新平台、联合共建新型产业链等方面达成共识并取得成效。2014—2016年，京冀企业在津投资项目达4865个，累计到位资金5226.7亿元，占全市引进内资的44%。天津企业到河北投资项目超过2600个，累计到位资金1300多亿元。

推进区域协同，归根结底是为了实现人的协同。从天津到北京，坐城铁仅需半小时，两城的同城效应就硬件来说已经不是问题，但在软件上还需进一步探索，真正的难点还在体制机制创新，如教育、医疗等一体化政策，跨省市投资、产业转移接续等利益分配共享机制。

根据发展优势和特点，天津市发展的战略定位可以强调以下几点。

（1）进一步加强综合性制造业及其所需要的基础原材料、新材料的发展。

继续加强以下产业的研发和技术创新，重点包括航空航天设备、海洋工程设备、交通运输工具、电子元器件及通信设备、石油化工和精细化工、精密仪器仪表、化学和生物制药等。

（2）加强作为东北亚重要航运中心功能的建设。

具体内容包括新的远洋航线的开辟，发展后方的集疏运及仓储系统，调整进出港口货物结构（减少散装货物的运量）等。在国内，扩大和重叠腹地的经济联系与协调工作，将为首都北京的进出口运输发挥更大作用。

（3）发展服务业。

与中国华北地区经济中心城市相适应，发展中高端的金融、商贸、中介、保险、产品设计与包装、市场营销、财会服务、网络经济和物流配送、技术服务、信息服务、人才培育服务等。发展为京津冀城市群提供服务的其他生产型服务业。调整滨海新区的有关规划。

3.1.3 河北的定位

河北的功能定位：从发挥河北特点和优势考虑，其未来发展的战略重点如下。

（1）对现有的能源原材料工业实行大幅度结构调整、规模调整和技术更新。

（2）发展海洋工程装备、先进轨道交通装备和新型材料工业，并注重与京津大型制造业相关产业链、产业基础相结合。

（3）大力发展现代农业、畜牧业以及农畜产品加工。

（4）瞄准城市群发展的要求，发展生产性服务业，如滨海、山区和山麓地带的旅游业。

（5）加强对京、津及其他城市的生态服务功能建设。

河北将打造京津保三角核心区，做大保定城市规模，以保定、廊坊作为首都功能疏解的集中承载地和京津产业转移的重要承载地，与京津形成京津冀城市群的核心区。把首都周边的一批县（市）建设成规模适度、特色鲜明、设施完善、生态宜居的卫星城市，构筑层次分明、梯度有序、分工明确、布局合理的区域城镇布局结构。

保定作为畿辅节点城市，利用地缘优势，谋划建设集中承接首都行政事业等功能疏解的服务区。做强产业支撑，以白洋淀科技城、京南现代产业基地、首都服务功能承接区为载体，发展高端装备制造、新能源、节能环保、临空经济、现代物流等产业，承接首都部分行政事业单位、高等院校、科研院所和医疗养老机构等功能疏解。

按照国际化标准抓好城市建设管理，着力做优城市环境，提高综合承载能力，增强对驻京外迁企事业单位的吸引力。廊坊将充分发挥“京津走廊”区位优势，抓住京冀共建北京新机场和临空经济区的有利时机，以生态、智能、休闲、商务为发展方向，大力发展现代服务业和战略性新兴产业以及与北京关联度高的产业，着力建设创新型城市，努力成为京津冀城市群核心区的重要节点城市，并建成京津冀协同发展的先行区和示范区。

将石家庄定位于京津冀城市群南部副中心城市，唐山定位于东北部副中心城市，并使其加强与京津功能分工和配套协作，从而带动冀中南、冀东两翼发展。充分发挥张家口、承德的生态优势和秦皇岛的滨海资源优势，打造服务首都的特色功能城市。强化邯郸在晋冀鲁豫接壤地区的中心城市地位，提升沧州沿海港城作用，增强邢台、衡水规模实力，将其建设成为京津冀城市群中具有重要带动作用的节点城市。

3.2 京津冀地区物流业 SWOT – PEST 矩阵及分析

3.2.1 基于 SWOT – PEST 的内部优势分析

1. 政策优势

北京市“十三五”规划纲要提出，要提供便捷的公共交通，努力解决好停车问题，推动实现京津冀交通一体化，构建京津保唐1小时交通圈，改变北京单中心、放射状交通结构，形成多节点、网格状区域交通格局。

天津市国民经济和社会发展第十三个五年规划纲要指出，推动京津冀产业对接协作，主动向河北延伸产业链条，实现产业一体、联动发展。现代物流业重点发展交易市场、电子商务、第三方物流、标准化快递、交易结算等领域。

河北省人民政府印发《河北省建设京津冀生态环境支撑区规划（2016—2020年）》和《河北省建设全国现代商贸物流重要基地规划（2016—2020年）》，指出商贸物流业是京津冀协同发展的引领性、支撑性和战略性产业，加快其发展对促进产业转型升级、有效支撑京津冀产业协同创新发展具有重要战略意义。

可见，北京、天津、河北各级政府、各主管部门对京津冀协同发展以及物流发展非常重视，出台的相关政策有利于鼓励和保障三地物流业的快速发展，为三地物流资源整合提供政策支持和依据，对于推动京津冀一体化具有重要作用。

2. 经济优势

2007年，《京津冀都市圈区域规划》基本编制完成，形成以北京—天津—滨海新区为发展轴，以京津冀为核心区，以辽东、山东半岛为两翼的环渤海区域经济共同发展大格局。自京津冀协同发展上升为国家重大战略以来，三地协同发展加速推进。2016年，京津冀地区生产总值为74612.6万亿元，占各省、直辖市、自治区地区生产总值的10%，在全国占有很重要的地位。

2016年，北京全市实现地区生产总值24899.3亿元，按可比价格计算，同比增长6.7%；按常住人口计算，全市人均地区生产总值达到11.5万元（按年平均汇率折合17313美元）；全市第三产业产值19995.3亿元，同比增长7.1%，持续保持20%以上的较快增长水平。2016年，天津全年工业增加值7238.70亿元，比上年增长8.3%；新兴产业培育取得新进展；装备制造能力再上新台阶，其中，汽车产业完成产值3000亿元，同比增长11.9%；民生产业发展迈出新步伐。2016年，河北全省生产总值实现31827.9亿元，比上年增长6.8%；居民消费价格比上年上涨1.5%；全部财政收入4373.4亿元，比上年增长8.0%；民营经济增加值实现21583.1亿元，比上年增长7.2%，占全省生产总值的比重为67.8%。

3. 社会自然条件优势

北京区位和交通优势突出，具有联结东北、华北、西北乃至全国的枢纽性区位，拥有四通八达的现代化立体交通网络，是东北、西北、华北最大的物流城市。天津是中国北方最大的沿海开放城市，也是中国北方最大的工商业城市和传统通商口岸。目前，天津已形成以港口为中心的海陆空相结合，立体式、综合性、现代化的运输网络。天津港是中西部重要的海上大通道。河北是沟通华北与东北、华东、西北、西南、中南以及海外的交通要道。河北交通发达，京广、京九、京沈、京包、京沪、石太、石德、京通、京承等18条国家铁路干线从省内经过。港口运输在全国港口运输中处于主力地位，487千米的海岸线分布在秦皇岛港、唐山港、黄骅港和正在建设的唐山曹妃甸港。

优越的地理位置、区位条件以及较完善的交通基础设施等社会自然条件优势，为京津冀三地物流业的发展提供便利条件。

4. 技术优势

作为首都，北京拥有天然的资源集聚优势，在人才、科技等方面积聚优势明显。北京是全国最大的科学技术研究基地，具有学科门类齐全、研究领域广阔、研究力量雄厚的自然科学、技术科学和社会科学体系，成为全国最大的科研基地和国内外科学技术信息的重要集散地。中关村是世界少见的科技资源密集区。

京津冀地区拥有多层次、宽领域、高素质的各类人才，可以为各类企业提供良好的人力资源，高校、研发机构数量较多，校企合作、产学研一体化为物流技术的发展提供保障。

3.2.2 基于 SWOT－PEST 的内部劣势分析

1. 政策劣势

2014 年 11 月 26 日，在人民日报社举行的“京津冀协同发展论坛”上，河北省委常委、常务副省长杨崇勇表示，北京和天津处于政策的高地，河北处于政策的洼地，是京津冀协同发展中明显的短板。京津冀的协同发展应该把缩小河北与北京、天津的差距作为协同发展的重要目标，请求国家各部委给予河北更大的倾斜、更多的支持，将重大生产力向河北布局，并且在政策上向河北倾斜，拉平京津冀的政策差距，通过协同发展让强者更强、弱者变强。

经济发展各自为政、竞争无序、基础设施重复建设、三地差异等问题是京津冀地区产业协调发展的主要障碍之一，政策劣势因素的存在很大程度制约物流业的发展和竞争力的提升，因此，京津冀一体化以及物流业的发展还需政策助力。

2. 经济劣势

发展中的短板和矛盾问题突出，主要原因是经济实力不够强，经济总量不够大，产业结构不够优化；国有经济比重高，政府对企业干预比较大，民营经济发展不充分。除此之外，三地经济发展存在较大差异。2004 年，天津人均 GDP 首次突破 30000 元，北京则直逼 40000 元，而河北只有 13017 元；河北城镇居民可支配收入为 7951.3 元，比全国平均水平 9422 元低 15.6%，仅为北京的一半。从对外开放来看，河北对外开放仍落后于东部沿海地区，外资对经济增长的拉动力有待进一步增强。三地缺乏统一规范的物流标准，难以实现一体化物流运营模式。

3. 社会自然条件劣势

北京能源资源极为有限，电力、煤、天然气都高度依赖外地供给。随着我国能源供应约束和能源领域市场化程度的提高，物流总量增大带来更多的运输制约，北京能源供给存在很大不确定性。

除此之外，京津冀三地城市基础设施建设不够完善，且存在一定差距，成为阻碍京津冀物流一体化发展的严重问题。北京道路交通设施承载力明显滞后，全市道路面积的年均增速低于车辆年均增速6个百分点。天津港口对外交通的相对滞后问题还未从根本上解决，大容量的对外交通体系尚未完善。

4. 技术劣势

三地产业发展中存在产业发展重点不突出、产业集群发展滞后、产业融合能力较弱、产业技术进步不快等问题，对物流的整体流量将产生影响，与国际先进水平相比，高新技术产业发展还存在较大差距。

北京组合和利用生产要素的能力较弱，人才优势并未得到充分发挥，影响了产业集群的发展。河北人力资源受教育年限少、总体文化水平较低，高等院校数量不足、质量不高，人才培养能力欠缺，高层次人才短缺。

3.2.3 基于SWOT－PEST的外部机遇分析

1. 政策机遇

党的十八大以来，习近平总书记、李克强总理等多次考察物流企业，对物流业发展做出重要讲话和批示。2014年6月11日，李克强总理主持召开国务院常务会议，讨论通过《物流业发展中长期规划》，把物流业定位于支撑国民经济发展的基础性、战略性产业，是物流业产业地位进一步提升的重要标志。一系列京津冀协同发展、物流业的相关政策和规划的出台，使得京津冀物流一体化的发展面临前所未有的机遇。

2015年4月30日，中共中央政治局召开会议，审议通过《京津冀协同发展规划纲要》，会议指出，推动京津冀协同发展是一个重大国家战略。会议强调，要在京津冀交通一体化、生态环境保护、产业升级转移等重点领域率先取得突破。

2016年，《“十三五”时期京津冀国民经济和社会发展规划》提出：到2020年，京津冀地区的整体实力将进一步提升，经济保持中高速增长，结构调整取得重要进展；协同发展取得阶段性成效，首都“大城市病”问题得到缓解，区域一体化交通网络基本形成。

2016年3月5日，在第十二届全国人民代表大会第四次会议上，《政府工作报告》提出采取综合措施，降低企业交易、物流、财务、用能等成本，坚决遏制涉企乱收费问题，对违规行为要严肃查处。同时要完善物流配送网络，促进快递业健康发展。并且构建沿线大通关合作机制，建设国际物流大通道。

2. 经济机遇

我国物流业总体运行温和增长、质量提升。2017 年，社会物流总费用与 GDP 的比率约为 14.6%，物流业发展的质量和效率有所提升。中国物流景气指数全年在 55% 上下区间波动，物流运行总体趋稳。另外，区域经济一体化对物流一体化的发展有促进作用。业界认为，区域经济一体化逐渐展现出以产业联动为交往机制的新模式，物流一体化将推动区域经济快速增长、优化产业结构、降低物流成本、提升区域竞争力，物流一体化呼声日趋高涨。这些有利的发展机遇将会带动京津冀物流一体化以及竞争力的进一步提升。

3. 社会自然条件机遇

京津冀位于东北亚中国地区环渤海心脏地带，是中国北方经济规模最大、最具活力的地区，越来越引起中国乃至整个世界的瞩目。京津冀经济区是中国主要的规划经济区之一，被业界广泛认为将成为中国经济增长的“第三极”。它是中国城市分布最密集、综合实力最强的区域之一，在国家整个沿海经济布局中将与长三角、珠三角处于同等重要位置。

该地区正在积极联合开展港口、公路、铁路、机场等交通设施建设，联合开展区域水资源保护与合理利用、重大生态建设和环境保护项目，积极引导区域内行业和企业间的经贸和技术合作。依托这一历史性发展机遇，将极大地改变目前京津冀三省市的产业格局，从而推动传统物流业转型升级，共建现代物流业发展新体系。

4. 技术机遇

在三网融合的背景下，物流业信息化浪潮此起彼伏，信息网络的普及为物流业提供了强有力的信息支撑和保障。2015 年 8 月 4 日，商务部新闻发言人沈丹阳曾表示，目前北京、天津、河北都在积极推动物流标准化相关工作，近期拟结成物流标准化工作联盟，并力争实现标准化公共信息服务平台互联互通，实现标准化设施设备技术、流通规范和诚信体系互认。

京津冀物流一体化取得一定进展，物流标准化一体化进程加快，三地积极打造共同配送服务中心、打造 O2O 模式、承接物流园区共同配送业务，并且依托天津共同配送服务平台，进行合理优化，通过一站式服务实现配送车辆的优化配置，从根本上降低物流成本、提高配送时效。

3.2.4 基于 SWOT－PEST 的外部威胁分析

1. 政策威胁

我国现有各类物流法律法规的制定，基本上可以维护目前物流业的经济秩序，但仍不能满足物流业飞速发展的需要，还存在着一些缺陷，主要是：物流业缺乏系统而专门的法律规定，导致市场机制不健全、秩序混乱、价格无序；物流法律法规层次较低，法律效力不大，缺乏对物流主体行为的制约作用；物流法律法规滞后，从技术上普遍缺乏对物流实践的具体指导和调整作用，宏观调控能力和微观约束能力不足；物流法律法规之间不协调。不完善的法律法规不利于为物流业创造公平竞争、合理有序的外部环境，为物流业的发展带来众多问题和挑战。

2. 经济威胁

京津冀地区的经济发展水平不够高，而经济发展是城镇化的核心动力，河北经济发展的滞后是京津冀地区城镇化水平偏低、内部结构失衡的关键原因。2016 年，京津冀地区的人均 GDP 为 61964.7 元，低于长三角地区（84159.5 元）和珠三角地区（73289.5 元）。在物流成本、周转速度以及产业方面，我国与发达国家存在较大差距，服务水平和效率方面都比较低。我国每万元 GDP 产生的运输量为 4972 吨公里，而美国和日本的这一指标分别为 870 吨公里和 700 吨公里。无论是国内还是国外，京津冀发展和物流业的发展都面临激烈的竞争和威胁。

3. 社会自然条件威胁

总体来看，我国现有的物流基础设施已经有了很大发展，但是物流技术装备水平仍比较落后。按国土面积和人口数量计算运输网络密度，我国仅为 1344.48 千米/万平方千米，而美国为 6869.3 千米/万平方千米，德国为 14680.4 千米/万平方千米，印度为 5403.9 千米/万平方千米。

物流产业的发展涉及基础设施、物流技术设备、产业政策、投资融资、税收、海关、服务与运输标准等多个方面，而这些问题的管理分属于不同政府职能部门，各职能部门对现代物流认识不足且缺乏统一协调的战略思想，我国物流业管理体制和机制方面的障碍成为物流产业发展的主要瓶颈之一。

4. 技术威胁

目前，我国物流服务水平和效率还较低，多数从事物流服务的企业在流通加工、物流信息服务、库存管理、物流成本控制等增值服务方面，尤其在物流方案设计以及全程物流服务等更高层次方面还没有全面展开。另外，企业经营管理水平较低，多数从事物流服务的企业缺乏必要的服务规范和内部管理规程，经营管理较粗放，很难提供规范化的物流服务。

我国在物流研究和教育方面未给予足够重视，专业化程度不高，从事物流的人员缺乏相应的专业知识和技能。物流教育水平不高主要表现在缺乏规范的物流人才培育途径。企业的短期培训仍然是目前物流培训的主要方式。

根据 SWOT - PEST 方法，建立京津冀地区物流业的 SWOT - PEST 分析矩阵，如表 3 - 1 所示。

表 3 - 1　　京津冀物流资源整合环境 SWOT - PEST 分析矩阵

SWOT \ PEST		政治（P）	经济（E）	社会（S）	技术（T）
内部因素	优势（S）	京津冀三地政府鼓励支持物流业发展；如公共交通、产业对接、商贸物流等	经济持续发展，地区生产总值占比较大	区位和交通优势突出；交通基础设施不断完善	人才、科技等资源集聚优势，科技资源密集
	劣势（W）	京津冀的政策差距，期望缩小差距，公平竞争	经济实力不够强；民营经济发展不充分；缺乏统一规范的物流标准	物流总量增大带来的运输制约；城市基础设施建设不够完善，且存在一定差距	产业发展重点不突出；人才资源并未得到充分发挥
外部因素	机遇（O）	国家重视，物流业地位不断提升，政策和规划的出台和扶持	区域经济一体化对物流一体化的促进作用	将成为中国经济增长的“第三极”；三地产业合作调整	物流业信息化；物流标准化、一体化进程加快；共同配送服务中心打造 O2O 模式
	威胁（T）	缺乏系统而专门的法律规定；物流法律法规层次较低；物流法律法规之间不协调	经济发展水平落后于长三角和珠三角；物流服务水平和效率落后于发达国家	物流技术装备水平较落后；物流业管理体制和机制方面存在障碍	物流服务水平和效率还较低；企业经营管理水平较低；从事物流的人员专业化程度不高

根据表3－1分析和SWOT－PEST方法，制定策略的原则，即“把握机遇、发挥优势，化解威胁、克服劣势”，结合京津冀协同发展大局以及三地物流的发展现状和特点，针对突出问题分析京津冀物流资源整合的环境状况，制定优势机遇策略（SO）和劣势威胁策略（WT），提升京津冀物流竞争力。

在优势机遇矩阵中，京津冀物流业应依靠内部优势、抓住外部机遇，在进行自身物流资源充分整合的基础上，采取积极扩张的优势机遇策略（SO）。利用各种优势资源和机遇，进一步加大对物流业的重视和投入，促进三地物流一体化和整体竞争力。在劣势威胁矩阵中，京津冀物流业应化解或规避外部威胁，克服内部劣势，以逐项解决困难的方式，采取目标聚集的劣势威胁策略（WT）。通过整合调整物流业，弥补自身短板，顺应社会发展要求，增强三地物流的整体竞争力。

（1）政府及主管部门的政策扶持是为三地物流业创造优越外部环境的主导力量。三地经济发展优势，人才、科技等资源集聚优势，区位和交通优势等比较突出，应进一步加大对物流业的规划、引导和支持，建立更加完善的物流法律、法规体系，树立战略意识，提升物流管理理念和方式，充分发挥三地的优势，保障、鼓励物流业规范、快速发展。

（2）国家重视京津冀协同发展以及京津冀物流一体化，利用这一发展契机带动三地商贸业、物流业、工业等相关产业转型升级，着重整合物流资源，在此基础之上，优化物流业产业结构，构建与三地物流业紧密配套的物流联动体系。一方面，鼓励和培育拥有自身核心竞争力的专业化、规范化的物流企业；另一方面，大力引进国内外综合型物流企业进入本地市场，提升物流业整体竞争力，带动物流服务水平的专业化、社会化。

（3）物流基础设施建设主要包括流通加工、仓储、交通运输等设施的建设。三地应综合考虑京津冀三地人口、土地、交通等条件，统筹规划，对京津冀三地现有物流资源进行调研统计，例如对物流通道、物流园区、物流港口等现状、信息进行整理，以此为基础进行物流资源系统的整合，并优化区域市场结构和布局，完善市场体系，根据现有市场的物流需求，重新布局和扩大建设，从公路运输、水上运输、铁路运输到航空运输进行逐渐完善，建设多式联运交通网络，对物流基础设施建设、运输体系建设、物流园区一体化建设进行系统布局。

（4）针对三地政策存在差距问题，建议政府缩小差距，尽力构建公平竞争的社会氛围，并尽快形成统一规范的物流标准。同时，由于政府对企业干预比较大，使得民营经济发展不充分，因此应创建更宽松、适宜的政策环境，带动民营企业经济增长。除此之外，政府应积极引导和鼓励物流企业提升物流作业的机械化、自动化、信息化水平，建立企业内部管理信息系统，健全物流信息平台，在保证流通加工、物流信息服务、库存管理、物流成本控制等增值服务方面的前提下，在物流方案设计、全程物流服务等更高层次方面进行全面展开。重视专业人才的培养和人才资源的利用发挥，提升物流技术装备水平、物流服务水平和效率。

物流业是物流资源产业化而形成的一种复合型或聚合型产业，物流资源有运输、仓储、装卸、搬运、包装、流通加工、配送、信息平台等，将这些资源产业化后形成了运输业、仓储业、装卸业、包装业、加工配送业、物流信息业等。这些物流资源分散在多个领域，包括制造业、农业、流通业等，通过优化整合的方式把产业化的物流资源加以整合，将发挥更大的作用。

目前，京津冀物流业拥有巨大优势，且发展面临重要机遇，同时还存在内外部环境的劣势和威胁。对其物流业发展以及物流资源整合的环境进行SWOT－PEST矩阵分析，针对优势和机遇，在进行自身物流资源充分整合的基础上采取积极扩张策略；针对劣势和威胁，以逐项解决困难的方式采取目标聚集策略。

在对资源整合的环境进行分析研究的基础上，通过物流资源整合的形式，对三地物流资源进行充分了解、分析，进一步通过统筹策划、精细化组织及高效管理，逐步发展综合性物流，提高京津冀物流服务质量和效率，提高物流技术水平，提升物流整体竞争力，进而为推动物流一体化以及京津冀协同发展打下坚实的基础。

3.3 京津冀地区路—港—航交通体系发展

京津冀地区位于环渤海中心地带，其交通基础设施不仅承担着本地的客货运输任务，而且在华北、华东、东北和西北四大经济区之间的人流、物流中发挥着主干通道的作用。

经过多年的发展与建设，京津冀地区的交通基础设施发达、交通方式多样，成了全国铁路和高速公路最为密集的地区，并形成了以北京为中心的放射状格局（陆路及空路）、以天津为副中心（水陆联运）的路港航立体交通体系。

截至2016年年末，京津冀地区公路密度是全国水平的2.6倍，高速公路密度是全国水平的4.8倍，铁路密度是全国水平的5.4倍（见表3－2）。港口设施方面，天津港货物吞吐量居全国第三，秦皇岛港是中国最大的煤炭等能源输出港，黄骅港是中国北煤南运的第二条通道。机场设施方面，首都国际机场是中国最大的航空枢纽港，居世界第二位，天津滨海国际机场、石家庄正定国际机场和北京南苑机场的旅客吞吐量分别居于中国第24位、36位、40位。已基本形成以北京为核心，以高铁和高速公路为骨干，普速铁路、港口、机场共同组成的放射性综合交通体系，下面分别从路、港、航三方面来介绍京津冀三地交通发展现状。

表3－2　　2016年京津冀三地陆路运营状况

	北京	天津	河北	京津冀平均	全国水平
公路（千米）	22000	16800	188400	75733.33	4696300
公路密度（千米/百平方千米）	134.15	141.18	99.79	125.04	48.92
高速公路（千米）	1000	1200	6500	2900	131000
高速公路密度（千米/百平方千米）	6.10	10.08	3.44	6.54	1.36
铁路（千米）	1300	1100	7000	3133.33	124000
铁路密度（千米/百平方千米）	7.93	9.24	3.71	6.96	1.29

注：京津冀三地面积分别按1.64万平方千米、1.19万平方千米、18.88万平方千米计算密度，全国面积按960万平方千米计算密度。

数据来源：《中国统计年鉴（2017）》及相关计算。

3.3.1　京津冀地区陆路建设状况分析

1. 公路建设方面

近年来，高速公路的建设在京津冀地区受到特别关注。自1990年全国第一条跨省市京津唐高速公路通车以来，京津、京冀、津冀之间，已经分别形成了4条、6条和9条高速公路接口。在京津冀地区2012.4千米的公路中，二级以上的高速公路占18.8%，高于11.5%的全国平均水平，其中，高速公路平均密度是全国水平的4.8倍，并且途经曹妃甸港、天津港的秦皇岛港—黄骅港环渤海高速公路也于2012年全线贯通。此外，京津冀地区还着重推进国道、省道及普通干线公路的连接建设和改造项目，北京在加快北京大外环和新机场周边道路等的建设；继推进京沪、京台、京港澳、京昆、京新等续建项目后，河北在推动张承、密涿等北京大外环高速公路项目；天津也在加快京秦、津汉、唐津高速公路改扩建以及京津塘高速路改造工程。

2. 铁路建设方面

铁路作为交通运输体系中的骨干运输方式，在我国交通运输业中起着举足轻重的作用。京津冀地区的铁路建设走在了全国的前列，其客货运专线已达到世界领先水平。在客运专线建设方面，京津城际、津保城际、京沪高铁、京广高铁、津秦高铁、石太客专、石济客专等高速铁路已开通运营；在货运专线建设方面，经过多次扩能改造的大秦铁路和朔黄铁路的年运输能力分别提升到4亿吨和2亿吨，达到世界领先水平。随着津承、津石以及环渤海铁路的开通，区域内客货运输问题得到初步解决。

从表3-2公路和铁路网密度上看，北京和天津的公路和铁路密度较大，交通网络发达，而河北的陆路交通发展水平相对较低，三地的交通设施建设情况差距较大。此外，京津冀区域内已建成了以北京为中心的11条放射性国道干线公路以及北京外环线、2纵3横构成的国道公路网，且由于与河北对接的京津公路接口存在多条断头路，导致京津冀地区呈现放射性路网格局和断头路、限行路的交通短板现象。

3.3.2 京津冀地区港口运营状况分析

在京津冀地区近700千米的海岸线上，分布着由天津港、秦皇岛港、唐山港（京唐港区、曹妃甸港区）和黄骅港四个海港组成的京津冀港口群，是我国最大的能源输出港口群，是北煤南运的重要枢纽。其中，天津港作为我国北方最大的综合性港口，目前全港拥有集装箱班轮航线120条，可通达世界上180多个国家和地区的500多个港口，建立了10多条海铁联运通道。秦皇岛港是天然不冻港，担负着我国南方“八省一市”的煤炭供应，其东港区以能源运输为主，西港区以杂货、集装箱装卸运输为主。黄骅港已形成包括综合港区、煤炭港区、散货港区、河口港区的四大港区，现阶段正在加快煤炭装船港向综合性港口的转变。唐山港京唐港区的矿石、煤炭等发展迅速，是河北重要的集装箱港区，曹妃甸港区重点打造煤炭下水港、矿石中转港。京津冀港口基础设施情况如表3－3所示。

表3－3　　京津冀港口基础设施情况

港口名称		码头长度（米）	泊位个数（个）	生产用码头长度（米）	生产用泊位个数（个）	2015年货物吞吐量（万吨）	2015年集装箱吞吐量（万TEU）
天津港		33978	160	32630	102	54051.30	1411.10
秦皇岛港		13469	72	12151	52	25308.90	50.08
黄骅港		6077	36	5570	25	16657.61	50.06
唐山港	京唐港区	7756	34	7445	32	23298.00	152.30
	曹妃甸港区	9183	31	9183	31	25987.00	
合计		70463	333	66979	242	145302.81	1663.54

数据来源：《中国统计年鉴（2016）》。

从货物吞吐量上看，京津冀港口货物吞吐量发展迅猛，三地的货物吞吐总量占全国港口的30%以上。2015年，天津港完成货物吞吐量约5.41亿吨，完成集装箱吞吐量1411.1万TEU；秦皇岛港完成货物吞吐量2.53亿吨，完成集装箱吞吐量50.08万TEU；黄骅港完成货物吞吐量1.67亿吨，完成集装箱吞吐量50.06万TEU；此外，唐山港完成货物吞吐量4.93亿吨，比上年下降1.6%，比2010年增长1.0倍，“十二五”期间年均增长15.3%，已成为国内第四、世界第五大港，其中，集装箱吞吐量为152.3万TEU，增长37.3%，比2010年增长4.5倍。从货物种类上看，京津冀港口以煤炭、金属矿石为主，三地的煤炭及制品吞吐量占全国31%，金属矿石吞吐量占全国20%，石油天然气吞吐量占全国10%，集装箱吞吐量占全国9%，但这些主要集中在天津港，相比之下其他港口略有逊色。

3.3.3　京津冀地区机场运营状况分析

目前，京津冀地区有北京首都国际机场、北京南苑机场、天津滨海国际机场、石家庄正定机场、秦皇岛山海关机场、邯郸机场、唐山三女河机场以及张家口宁远机场8个机场正在运营（由于张家口宁远机场起步较晚，未形成一定规模，下面研究以前7个机场为主）。2015年，京津冀地区7个机场的旅客吞吐量超过 1.16 亿人次，货邮吞吐量超过 219 万吨，其中，首都国际机场的旅客吞吐量、货邮吞吐量、起降架次分别占到京津冀三地机场客货运输总量的 77.43%、86.29% 和 68.70%，如表 3－4 所示。此外，正在建设的北京新机场位于京津石大三角的中心地带，距离首都机场约 67 千米、天津机场约 85 千米、石家庄机场约 280 千米，该机场规划按照客流量 7000 万的标准建设 7 条跑道。

表 3－4　　2015 年京津冀地区 7 个机场现状

机场名称	航站楼面积（万平方米）	客运航线（条）	跑道条数（条）	旅客吞吐量（万人次）	货邮吞吐量（吨）	起降架次数（次）	全国排名
北京/首都	140	200 余	3	8993.90	1889439.5	590199	1
天津/滨海	14.2	60 余	2	1431.43	217279.2	125693	20
石家庄/正定	20.9	50 余	1	598.54	44693.9	56728	37
北京/南苑	1	20 余	1	526.52	35755.6	42129	40
邯郸机场	0.39	20 余	1	24.86	396.6	38552	133
秦皇岛/山海关	0.62	20 余	1	15.56	330.4	2736	150
唐山/三女河	0.69	7 余	1	25.12	734.2	3000	132

注：7 个机场的等级依次为 4F、4F、4E、4C、4C、4C、4C。

数据来源：各机场官网数据及 2015 年民航机场吞吐量年报。

根据 2015 年中国民用航空局发布的机场运营数据可知，京津冀三地各个机场差距较大，首都机场旅客吞吐量比例高于 77%，机场容量达到超负荷、饱和运转状态，而天津/滨海、石家庄/正定、北京/南苑三个主要机场总量不足京津冀总量的 1/4，邯郸机场、秦皇岛/山海关机场和唐山/三女河机场的业务量不足京津冀总量的 1%，这种差距既凸显了北京首都国际机场作为京津冀地区规模最大、客货流最大的机场在京津冀地区的龙头地位，又暴露了区域发展不平衡的问题。

3.3.4　京津冀交通面临的主要问题

通过对京津冀路港航立体交通体系发展现状的探究，京津冀三地已拥有多种运输方式，路港航立体交通体系的建设也取得了客观成效。但东部沿海经济的迅速发展为京津冀地区带来了大量的物流需求，导致现有的交通体系面临着5个较为突出的问题：①以北京为中心的放射状路网结构显著；②断头路、限行路等交通短板现象严重；③区域内主要铁路为通道型铁路，过境压力大；④各港口分散化、同质化竞争激烈；⑤主要机场发展失衡、客货运输差距大。

1. 放射状路网结构显著

从大交通系统来看，北京作为中国内地最重要的交通运输枢纽，京津冀其他城市与北京的交通联系较为方便，其他城市的客货流在此中转和集散，致使交通网络呈现出以北京为中心的放射状交通运输格局。一方面，这种“条条大路过北京”的交通运输现象有利于北京与全国各地城市的直接联系；另一方面，迫使北京承担额外的交通运输负荷和过多的客货运输交通枢纽角色，同时在北京中转增加了路途距离，产生了额外的、不必要的运费和时间；此外，随着各地区间客货交流量不断增长，随之而来的交通拥堵问题、环境问题也日益显著。所以，为了有效解决这些问题，在现有以北京为中心放射状路网格局的基础上，应加快推进张家口、承德、秦皇岛、保定大外环绕城公路“一环六射”的高速公路网建设，缓解北京交通压力。

2. 断头路、限行路等交通短板现象严重

在建设施工不同步、标准不统一的背景下，河北与京津对接的地方存在着18条“断头路”和24条限高、限宽的“限行路”，总里程近2300千米。京台、京昆等高速公路尚未全部打通，这些道路常常拥堵，形成交通瓶颈。目前，断头路还有京秦高速、河北涞水段以及环首都周边的密涿高速，其中，京秦高速总里程290千米，河北境内约47千米，北京境内约6.6千米，计划2017年建成，如果京秦高速全面开通，可以有效缓解北京东部地区的交通压力，实现北京与津北、唐山、秦皇岛三地的直接连通，有利于更好地发挥唐山和秦皇岛的港口优势，以及发挥天津滨海新区和自贸区的辐射带动作用，意义十分重大。另外，与北京通州仅一河之隔的河北三河燕郊开发区虽然也修建了多条道路，但是与北京对接不畅，也出现了多条“断头路”现象。针对这些交通短板现象，当务之急是修复疏通这些断头路、限行路，补齐交通短板，从根本上解决周边百姓经济活动和人员往来的瓶颈问题。

3. 通道型铁路居多，过境压力大

京津冀地区铁路发展迅猛，尤其近几年高速铁路、城际铁路以及货运专线的建设，有效支撑了京津冀三地的客货流动，但从京津冀区域铁路布局上看，通道型铁路居多，过境压力大。京津冀区域内主要铁路上能源、原材料等资源性物资运输比率较高，货运强度较大，过境运输量大，个别铁路干线运行能力利用率已超过90%，部分区段已达100%，导致运输紧张状况在部分通道内时有发生。为打破这一僵局，需要强化河北铁路在京津冀地区内“东出西联”的作用，加快京唐、京张、京承、石衡沧之间以及北京新机场和临空经济区城际铁路的建设，实现京津冀各城市与北京交通的一体化，缓解物资通过京津区域的过境压力。

4. 港口分散化、同质化竞争激烈

综合考虑京津冀地区各港口规模、货物吞吐量、货物种类、区位、航运优势等因素，京津冀地区港口群呈现“亚健康”的发展状态，由于各港口分属不同的行政区域，各港口各自为政，分散化、同质化竞争等未能形成对外的整体合力，不能发挥京津冀港口群“1+1>2”的效用，导致港口资源利用率不高。以天津港为例，整个港口70%左右的货物吞吐量以及50%以上的口岸进出口货物来自天津外的城市和地区，虽然增加了天津港的业务量，但是减少了其他地区的港口业务量，整体上并未有所提升。

5. 机场发展失衡、客货运输差距大

随着北京国际城市以及天津北方经济中心的建设，京津冀三地的民航运输业也在持续增长，由于三地经济社会发展水平差异较大，三地机场在面积、航线、吞吐量、起降架次等方面存在长期不平衡现象。2015年，首都国际机场的旅客吞吐量、货邮吞吐量、起降架次分别占到京津冀三地机场客货运输总量的77.43%、86.29%和68.70%。就目前的承受能力来讲，首都机场处于超负荷运转状态，出现了溢出现象，然而，北京南苑机场、天津滨海国际机场、石家庄正定机场、秦皇岛山海关机场等客、货运占比小，在京津冀航空运输体系中所起作用还相当有限，其运量还未完全释放。京津冀三地经济发展、机场硬件设施等差距较大，迫使三地机场客、货运发展严重失衡。

3.4　物流一体化及“物流资源”

3.4.1　物流一体化及“物流资源”的界定

依据区域物流一体化模式基本框架，物流一体化是以政府宏观政策为指导，以科学的物流市场需求预测和市场准入机制为基础，夯实物流企业发展、物流人才培养、物流标准化和信息化以及基础设施等支持资源，实现区域物流协调发展。

“物流资源”的概念早已清晰明确，但从京津冀协同发展的角度来界定“物流资源”则是本项目研究的重点及创新之处。因为在本项目研究中，不是泛指所有的物流资源，而是仅指与京津冀协同发展有关的物流资源，即不仅服务北京物流业，还辐射津冀两地乃至全国，且对京津冀协同发展有重要影响的物流资源。从这个角度看，本项目所指的北京物流资源主要是城市物流资源，研究对象以城市为主体，定位在北京。通过分析影响京津冀协同发展的物流因素，确定出物流一体化中的城市物流资源所包含的主要内容。研究将主要针对道路、港口、物流园区三个方面。

1. 道路

道路从词义上讲就是供各种无轨车辆和行人通行的基础设施；按其使用特点分为公路、城市道路、乡村道路、厂矿道路、林业道路、考试道路、竞赛道路、汽车试验道路、车间通道以及学校道路等，古代中国还有驿道。另外还指达到某种目标，事物发展、变化的途径①。

道路对汽车安全性的影响首先表现在道路的发展以及道路网络的建设是否与人民的生活水平、生活习惯以及社会的经济发展相适应。如果车多路少，道路使用寿命会降低，易出现问题，因此交通安全问题会突出。其次是道路管理设施与交通控制设施是否科学合理。如果科学合理，在交通拥堵的时候也能井井有条地疏导车辆，解决交通拥堵问题，减少交通安全事故的发生。最后是道路设计对交通安全的影响。

2. 港口

港口位于河、海、湖、水库沿岸，有水陆域及各种设施，是供泊船进出、停泊、装卸货物或者旅客集散的地方。港口是水陆集结、工农业生产和进出口物资的集散地②。中国沿海港口建设重点围绕煤炭、集装箱、进口铁矿石、粮食、陆岛滚装、深水出海航道等运输系统进行，重点加强了集装箱运输系统的建设。

关于港口的具体说明如下。

(1) 自然条件、经济腹地要求高。港口建设发展需要一定的自然条件，优越的地理位置、广阔的水陆域、必要的泊位水深、良好的气象等条件是现代码头长期充满活力的必要保证。港口的发展还需要有发达的经济腹地条件，

---

① 汽车百科全书编纂委员会. 汽车百科全书［M］. 北京：中国大百科全书出版社，2010.

② 胡永举，黄芳. 交通港站与枢纽设计［M］. 北京：人民交通出版社，2012.

为港口提供稳定的货源。

（2）集疏运条件要求高。现代港口必须具有完善与畅通的集疏运系统，才能成为综合交通运输网中重要的水陆交通枢纽。一般与腹地运输联系规模大、方向多、运距长或较长以及货种较复杂多样的港口的集疏运系统的线路往往较多，运输方式结构与分布格局也较复杂，反之亦然。

（3）资本投入大、建设周期长。港口属于交通运输基础设施，具有投资规模大、建设周期长的特点，要求进入者必须具有雄厚的资金实力，特别随着船舶大型化，沿海港口向外海深水区发展，建设环境更加复杂，对进入者资金实力要求更高。

（4）经营专业化程度高，港口行业在交通运输行业中属于经营专业化程度较高的子行业，这体现在港口技术、经营管理、商业渠道、客户关系、产品服务等方面的专业化，增加了新进入者的难度。

（5）政府管制严格。港口作为维系社会经济正常运行的一个重要的基础产业，提供的服务涉及公共利益和国家安全，各国都对港口运输行业实行较为严格的政府管制，中国也不例外。目前，中国在港口建设、投资等多方面实行严格的行业管理以及对港口尤其是主枢纽港口的宏观规划，给进入者带来一定的障碍。本研究中的港口主要是指京津冀地区的港口群，内陆港的研究并未涉及。

3.4.2 北京物流资源现状

物流资源是物流业的基本，决定着物流能力的大小和物流水平的高低。现代物流的目标不是盲目发展和扩充物流资源，而应合理地整合和集成物流资源，通过整合形成物流核心能力，在降低物流成本的同时提高物流服务水平。这里所指的“物流资源”，主要是城市物流资源，仅指与京津冀协同发展有关的物流资源，即不仅服务北京物流业，还辐射津冀两地乃至全国，且对京津冀协同发展有重要影响的物流资源。

由于地域文化差异、区域协调发展观念不强、行政区划问题、快速便捷的区域间城际交通体系缺乏、区域内物流标准化建设和信息系统平台建设不完善等因素的影响，其经济一体化进程明显落后“珠三角”“长三角”地区，而缺少一体化的物流体系是造成目前状况的一个重要因素。可以说，区域物流一体化缺失是制约京津冀经济一体化的瓶颈。通过分析影响京津冀协同发展的物流因素，确定物流一体化中的城市物流资源的主要内容，包括道路交通、口岸、物流节点三个方面。

近年来北京市政府大力进行道路建设，城市规模扩大，城市交通基础设施建设不断完善，以公路、铁路、航空综合运输网络为支撑，构建以物流园区为核心、物流中心为骨干、配送中心为依托、农村物流配送点为延伸的一体化物流节点体系，从而确定全市物流节点布局。下面从道路交通、口岸、物流节点三个方面分析北京市的物流资源现状。

1. 北京市的道路交通状况

作为全国重要的交通枢纽，北京已基本形成公路、铁路、航空互为补充的综合立体交通网络。截至2016年年底，境内道路总里程达到3.1万千米，年内净增439千米；公路里程达到2.2万千米，年内净增141千米；公路路网密度已达134.2千米/百平方千米；高速公路里程达到1013千米，年内净增31千米。

虽然北京城市道路建设在近几年不断加快，但仍难以满足城市发展与汽车市场高速增长的需要。北京市上下班高峰时段道路通行能力最低时速曾达到13.7千米/时，速度之慢被很多北京人无奈地比喻成开车以龟速爬行，更把北京的二、三、四环笑称为北京环线停车场。然而，造成北京交通严重阻塞、车行速度缓慢的原因不仅包括车多、人多、路窄，还包括北京城市规划与道路交通路网建设结构不合理，以及公共交通管理服务水平不高等。

在推进京津冀物流一体化发展的同时，北京面临较多问题：城市交通路网布局不尽合理，城市主干线交通严重阻塞，停车设施严重不足等。因此，加快轨道交通建设，完善路网建设，在基础设施建设中注入绿色交通意识，完善道路交通组织管理系统等尤为重要。在京津冀协同发展中，应充分挖掘现有道路交通的潜力，为物流一体化服务。

2. 北京市的口岸状况

北京的地理位置决定了铁路口岸、公路口岸和航空口岸的分布状况，这些口岸在京津冀协同发展的情况下，其服务的范围将在原来仅仅定位在北京改为面向京津冀三地服务。目前，北京拥有首都国际机场空港口岸、北京西站铁路口岸、北京平谷国际陆港3个国家口岸和北京丰台货运口岸、北京朝阳口岸2个口岸功能区。以空港口岸为主导、内陆口岸为配套的全方位、多功能、海陆空立体交叉的口岸开放格局基本形成，为服务首都国际交往和对外贸易做出了卓越贡献。如图3-1所示。

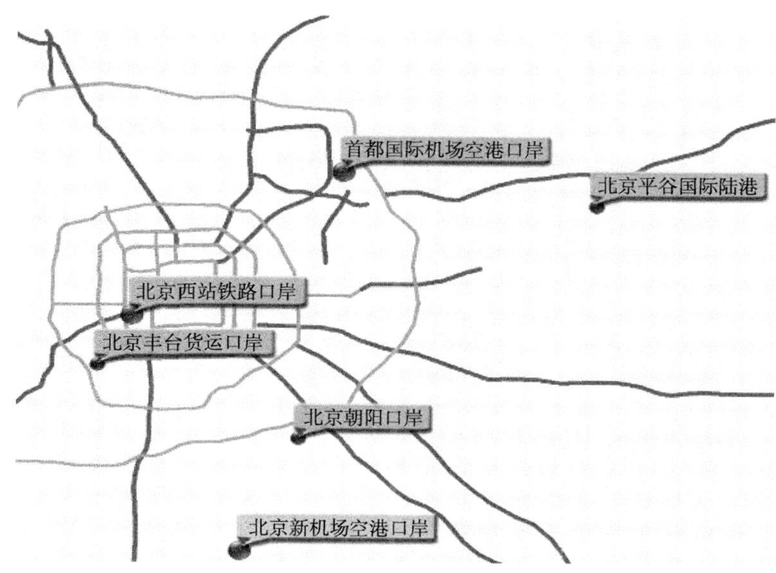

图 3－1 北京口岸布局

3. 北京市的物流节点状况

北京市的物流基地、物流园区、仓储中心等物流节点的分布状况是以服务首都为前提的，在京津冀协同发展中，其服务内容及服务方式将由面向北京转变为面向京津冀。4 个主要物流园区分别为大兴京南物流园区、通州马驹桥物流园区、北京空港物流园区、平谷马坊物流园区。如表 3－5 所示。

表 3－5 北京四大物流园区

物流园区名称	所在区	占地面积（平方千米）	园区定位
大兴京南物流园区	大兴区	6.71	公铁联运枢纽中心、商品配送中心、钢材与建筑材料交易中心
通州马驹桥物流园区	通州区	5.04	公路—海运国际货运枢纽型物流园区，集现代物流功能、内陆口岸功能、流通加工功能于一体
北京空港物流园区	顺义区	1.55（一期）	航空—公路国际货运枢纽型物流园区，发挥对其他产业的辐射带动作用，搭建各类产业企业聚集发展平台
平谷马坊物流园区	平谷区	3	集国际中转、国际分拨、货物配送、保税仓储、物流加工、口岸通关等多功能为一体的大型海陆联运枢纽

4 北京物流园区现状、分析及对策

4.1 物流园区的相关概述

物流园区在国内和国外还没有统一通用的定义，不同国家对其称谓也不一样。

4.1.1 物流园区的定义

1. 国内物流园区的定义

国家发展改革委综合运输研究所所长汪鸣认为，物流园区是对物流组织管理节点进行相对集中建设与发展的、具有经济开发性质的城市物流功能区域；同时，也是依托相关物流服务设施降低物流成本，提高物流运作效率，改善企业服务有关的流通加工、原材料采购、便于与消费地直接联系的生产等活动，具有产业发展性质的经济功能区。其外延方面：作为城市物流功能区，物流园区包括物流中心、配送中心、运输枢纽设施、运输组织及管理中心和物流信息中心，以及适应城市物流管理与运作需要的物流基础设施；作为经济功能区，其主要作用是开展满足城市居民消费、就近生产、区域生产组织所需要的企业生产和经营活动。根据上述说法，现代物流园区主要具有两大功能，即物流组织管理功能和依托物流服务的经济开发功能。

中国交通运输协会常务副会长、北京中交协物流研究院院长王德荣认为，物流园区是指在物流作业集中的地区，通过几种运输方式衔接，将多种物流设施和不同类型的物流企业在空间上集中布局的场所，也是有一定规模的和具有多种服务功能的物流企业的集结点。其包括综合功能、集约功能、信息交易功能、集中仓储功能、配送加工功能、多式联运功能、辅助服务功能、停车场功能 8 个功能。其中，综合功能的内容为具有综合各种物流方式和物流形态的作用，可以全面处理储存、包装、装卸、流通加工、配送等作业方式以及不同作业方式之间的相互转换。

在国内，第一个物流园区是深圳平湖物流基地，始建于 1998 年 12 月 1 日，第一次提出物流基地这个概念，叫作“建设物流事业基础的一个特定区域”。它的特征：一是综合集约性；二是独立专业性；三是公共公益性。物流基地即从事专业物流产业、具有公共公益特性的相对集中的独立区域。（在 2001 年我国发布的《物流术语》（GB/T 18354—2001）中，对“物流产业”“物流行业”“物流园区”等概念没有做出定义。）

在 2006 年修订的中华人民共和国国家标准《物流术语》（GB/T 18354—2006）中，对物流园区的概念做了较为全面的解释：物流园区是指为了实现物流设施集约化和物流运作共同化，或者出于城市物流设施空间布局合理化的目的而在城市周边等各区域，集中建设的物流设施群与众多物流业者在地域上的物理集结地。

2. 国外物流园区的定义

物流园区最早出现在日本东京，又称物流团地。从 1965 年起日本在规划城市发展的时候，政府从城市整体利益出发，为解决城市功能紊乱，缓解城市交通拥挤，减轻产业对环境的压力，保持产业凝聚力，顺应物流业发展趋势，实现货畅其流，在郊区或城乡边缘带主要交通干道附近专辟用地，确定了若干集约运输、仓储、市场、信息、管理功能的物流团地。通过逐步配套完善各项基础设施、服务设施，提供各种优惠政策，从而吸引大型物流（配送）中心在此聚集，使其获得规模效益，这对于整合市场、实现降低物流成本经营起到了重大作用。同时，减轻了大型配送中心在市中心分布所带来的种种不利影响，成为支撑日本现代经济的基础产业。

在欧洲，物流园区被称为货运村（A Freight Village）。货运村是指在一定区域范围内，所有有关商品运输、物流和配送的活动，包括国际和国内运输，通过各种经营者（Operator）实现。这些经营者可能是建在那里的建筑和设施（仓库、拆货中心、存货区、办公场所、停车场等）的拥有者或租赁者。同时，为了遵守自由竞争的规则，一个货运村必须允许所有与上面陈述的业务活动关系密切的企业进入。一个货运村也必须具备所有公共设施以实现上面提及的所有运作。如果可能，它也应当包括对员工和使用者的设备的公共服务。为了鼓励商品搬运的多式联运，必须更适宜地通过一个多样性的运输模式（陆路、铁路、深海/深水港、内河、空运）服务于一个货运村。最后，一个货运村必须通过一个单一的主体经营（Run），这个经营者可以是公共的，也可以是私有的。

这个定义是由一个称为“欧洲平台”的机构在1992年9月18日提出的，明确了以下几个内容。

（1）在货运村内实现运输、物流和配送等所有业务活动。

（2）经营者是物流及相关设施的拥有者和租赁者或所有者及经营者。

（3）企业进入遵守自由竞争的原则——市场规则。

（4）货运村必须具备所有的公共设施——基本或基础设施。

（5）多样性的运输模式和多样化的运输方式。

（6）一个单一的运营主体。

物流园区发展的起步阶段，是物流服务的载体，即通过完善各种功能，提供物流服务，这个阶段大约持续了10年时间。

随后，物流园区开始成为各种要素聚集的平台，并产生平台效益。这个阶段持续大约两三年的时间。到现在，物流园区成了一个很重要的产业组织中心，是物流产业、物流和商贸对接的组织中心，并成为物流和先进的装备技术、信息聚集的产业中心。例如普洛斯刚被引入中国时就是一个仓库和物流载体。但经过这么多年的发展，它已经成为一个全球供应链的组织中心。这就引出一个话题，物流园区不断增加经济要素和产业要素，开始向更复杂的运营方式或者盈利方式转变，这种转变反映了一个什么样的趋势呢？大趋势就是高质量发展下，我国产业生态正在发生重大变化。因为高质量发展的目标就是建设现代化经济体系，现代化经济体系建设的重要支撑是现代产业体系，而现代产业体系建设的重要环境保障是什么？是供应链服务体系。物流恰恰是聚集各类资源要素、提供供应链环境、延伸产业链、提升价值链的逻辑脉络，现在的物流创新丰富多彩。各种各样的业态和模式很多，但最终只有一个目标，就是园区向着获取物流价值、经济价值、产业价值、城市地位的方向转变。

4.1.2 园区特征

物流园区是现代物流发展的重要组成部分，是物流系统中的重要节点，是较大规模和综合物流功能的物流集中区。物流园区通过良好的集散条件，积极吸引物资到该区域，成为该区域的货物集散地。物流园区的主要特征如下。

1. 完善的物流服务功能

完善的物流服务功能是指可以实现货物运输、分拣包装、储存保管、集疏中转、信息服务、货物配载、业务受理、通关保税等各种物流服务功能。

2. 集中成片的物流用地

既然是园区，就应该有成片的土地。这些土地是城市规划的一部分，承担城市物流功能。

3. 统一的物业管理

由于园区用地、基础设施甚至信息平台由众多物流企业共享，因此需要统一管理，降低投资与运营费用，让专业物业管理公司为物流企业提供物业服务。

4. 众多的物流企业

正如高新技术开发区汇集很多高新技术企业一样，物流园区汇集了众多的物流企业。一个城市不可能建设很多物流园区，因此大量物流企业将会集中到园区，企业之间功能互补，便可发挥整体优势。

5. 一定的政策环境

为吸引物流企业进入园区，给予物流园区一定的优惠政策，如低廉的房屋租金与土地使用费、贷款支持、税收与管理费用的减免等。

6. 具有公益性和企业性的双重属性

物流园区的公益性是指巨大的外部效应并不能完全通过入驻物流园区的物流企业的经营效果体现出来。物流园区及其中的经营企业通过提供物流服务产品，参与社会生产的流通交换过程，在商品增值过程中实现物流服务价值追加的交换价值，从而表现出它的企业性。物流园区的双重属性要求在其建设运营过程中，一方面政府要进行统筹规划并对基础设施建设实施必要的特殊扶持政策，另一方面要求相关企业按市场运作机制开展投资和运营活动。

4.1.3 园区作用

结合国内外学者对物流园区的定义和研究思路，物流园区的组成囊括了许多要素，其中共性的要素可以总结如下。

1. 土地规模

物流园区是大概念，而一般意义上的物流配送中心是小概念，这一点在国内外都是明确的。因此，要求物流园区具有一定的规模。规模大小将决定物流园区所能够承载的设施、功能与服务。

2. 物流设施

物流园区必须具备比较完备的设施，这些设施包括基础设施（用于仓储运输服务）、公共设施（用于工商、税务、海关、商检、银行、保险等服务）以及相关设施（用于办公、住宿、饮食等服务）。

3. 进入企业标准（或规则）

物流园区必须制定明确的进入企业标准，并以市场竞争的规则决定企业进出或去留。那种没有标准或在标准问题上先松后紧的做法是不科学的。

4. 物流功能和服务

物流服务包括基本服务和附加服务（或增值服务），既包括对进入企业的服务也包括对终端客户的服务。物流园区在规划与设计中不能只停留在功能上，必须定义所提供的服务，依据“链”条（需求链、供应链、价值链、产业链、服务链等）设计物流园区的服务（建议在物流园区规划与设计中引进业务模式）。

5. 运营主体

物流需要集约化，土地开发需要集约化等，如果物流园区没有一个明确的运营主体，那么，土地以及各种投资的回报就只能是纸上谈兵。应避免表面上是一个运营主体而实际上各自为政或者只有管理主体而没有运营主体的局面。单一的通过招商而转让或租赁土地的方式难以形成真正意义上的运营主体，经营土地和物流园区是两个不同的概念。

接下来探讨的问题对于中国的物流园区尤为重要，绝大多数的物流园区都是从“生地”开始的，其主要情形：物流园区都是政府主管部门或直属企业以土地形式投资控股并在此基础上衍生出两个牌子一班人马的机构，这就必然造成政企不分的局面。国外的很多物流园区都是从“熟地”开始的，即便是政府投资，也不存在政府干预经营的情况。关于投资主体问题，既要明确投资主体本身，也要明确投资主体和运营主体的关系。

物流园区具有完善的物流基础设施，集若干功能于一体，为入驻园区的企业提供多种物流服务，是具有一定规模和多种服务功能、服务于一定区域的新型的物流业务载体，为实现物流系统总体目标和区域经济的发展进行有效的组织和运行。

从现实发展来看，物流园区的规划建设对优化整个物流网络起着重要作用。它不只执行一般的物流职能，而且将越来越多地执行指挥、调度、信息等神经中枢的职能，是整个物流网络的灵魂所在。

物流园区的主要作用可以概括为以下几点。

（1）对促进城市经济发展的作用。主要表现：物流园区可以降低物流成本、企业生产成本，从而促进经济发展，并且可以对物流系统在保证供给、降低库存方面进行完善，从而解决企业后顾之忧。

（2）对提高物流水平的作用。主要表现：物流园区提高了物流速度，缩短了物流时间，减少了多次搬运、装卸、储存环节，提高了准时服务水平，减少了物流损失，降低了物流费用。

（3）有效衔接作用。主要表现：实现了航空、港口、公路、铁路等不同运输形式的有效衔接。

（4）集约作用。主要表现：将过去多处分散的货物进行处理并集约在一处，即货物处理的集约；将过去许多个货站、货场集约在一处，即量的集约；利用现代化手段进行有效的组织和管理，即管理的集约；物流园区中采用类似生产流程式的流程和大规模处理设备，即技术的集约。

（5）对联合运输的支撑作用。主要表现：通过物流园区使已经应用的集装、散装等联合运输形式获得更大的发展。

（6）对于联合运输的扩展作用。主要表现：受过去条件的限制，联合运输仅在集装系统等领域获得了稳固的发展，其他散杂和分散接运的货物很难进入联合运输的领域。采用物流园区之后，可以通过物流园区之间的干线运输服务和与之衔接的配送、集货服务，使联合运输的对象大为扩展。

（7）对改善城市环境的作用。主要表现：减少货站、货场、线路、相关设施在城市内的占地，减少车辆出行的次数，集中进行车辆出行前的清洁处理，从而减少尾气、噪声等对城市环境的污染。

4.1.4 园区类型

物流园区根据其主要功能和业务类型可以分为货运枢纽型、城市配送型和综合功能型3大类型。

1. 货运枢纽型物流园区

货运枢纽型物流园区是指依托城市重要对外交通设施，主要实现城市内与城市外货物转运的流通中枢。该类型物流园区又分为4类：为港口服务的物流园区——港口物流园区；为陆路口岸服务的物流园区——陆路口岸物流园区；为航空物流服务的物流园区——航空物流园区；以铁路为核心提供物流服务的物流园区——铁路物流园区。这类物流园区的区位往往依附于重要的对外交通基础设施，规模主要取决于对外交通设施的地位和货运量的规模，业务类型相对单一，主要以转运和仓储作为主要业务类型。

2. 城市配送型物流园区

城市配送型物流园区主要指为城市内部或周边区域提供物流服务的货物集散中心。其区位往往依附于城市重要的内部交通枢纽和重要城市主干道沿线，规模不大，业务类型以城市范围的及时配送和仓储为主。

3. 综合功能型物流园区

综合功能型物流园区兼具货运枢纽和城市内部配送功能，可以为制造企业提供综合供应链服务，服务类型灵活多样，其规模往往较大，入驻物流企业以综合型物流企业为主或集聚大量各类物流企业，可提供综合型的物流服务。这类物流园区选址往往既要考虑对外交通的需求，又要考虑城市内部交通的便捷性。

4.1.5 园区建设要求和发展条件

物流园区建设应开展项目对区域内各类交通设施的供应与需求的影响分析，评价其对周围交通环境的影响，包括因建设项目而产生的交通对各相关交通系统设施的影响，分析交通需求与路网容纳能力是否匹配，并对交通规划方案进行评价和检验。

物流园区建设应按交通影响评价的要求，采取有效措施，提出减小建设项目对周围道路交通影响的改进方案和措施，处理好建设项目内部交通与外部交通的衔接，提出相应的交通管理措施。

物流园区应建立能满足入驻企业活动所需的由主要道路、次要道路和辅助道路构成的道路系统，其主要道路、次要道路应纳入城市道路系统统一规划建设。

物流园区应建立与国家现有的建筑标志系统、设施标志系统、机动车路标系统以及步行道标志系统的设计相衔接的园区标志系统。物流园区规划与建设应进行环境影响评价，并按环境影响评价的要求采取有效措施，减少环境污染，保护环境。

物流园区应建立与其规模相适应的环境保护和监管系统，并定期开展环境质量监测活动。

物流园区的环境空气应达到《环境空气质量标准》（GB 3095—2012）中的二级标准。

物流园区装卸作业区环境噪声应达到《港口工程环境保护设计规范》（JTJ 231 –94）（该标准目前已作废）中装卸作业库场标准，非装卸作业区环境噪声应符合《工业企业厂界环境噪声排版标准》（GB 12348—2008）中规定的Ⅳ类标准。

物流园区应规划环卫设施，组织收集入驻企业产生的废弃物，并委托有资质的经营单位来收购和处理这些废弃物。

鼓励物流园区的入驻企业通过《环境管理体系要求及使用指南》（GB/T 24001—2016）规定的环境管理体系认证。物流园区应配套建设与园区产业发展相适应的电力、供排水、通信、道路、消防和防汛等基础设施，并纳入城市基础设施建设的总体规划，与城市基础设施相衔接。

物流园区基础设施的建设应遵循“一次规划、分步实施、资源优化、合理配置”的原则，防止重复建设，以降低基础设施的配套成本。

物流园区各种基础设施的地下管线敷设，应符合《城市工程管线综合规划规范》（GB 50289—2016）要求。

物流园区应提供满足入驻企业正常生产经营活动需要的电力设施，应根据所属地电网规划的要求，建设符合《城市电力规划规范》（GB 50293—2014）和《供配电系统设计规范》（GB 50052—2009）要求的电力设施和内部应急供电系统。

物流园区应遵守节约用水的原则，提供满足入驻企业的供水设施，并编制符合《城市给水工程规划规范》（GB 50282—2016）规定要求的用水规划；应建设完善的排水设施，应编制符合《城市排水工程规划规范》（GB 50318—2017）规定要求的排水规划，并与所属城市总体规划相适宜。

物流园区如需进行供热设施建设，应符合《城市热力网设计规范》（CJJ 34—2016）的规定要求；如需进行燃气设施建设，应符合《城镇燃气设计规范》（GB 50028—2006）的规定要求。

物流园区应统一建设消防设施和防汛除涝设施，其消防设施工程应由具有消防工程施工资质的单位建设，各类建筑的建设应符合《建筑设计防火规范》（GB 50016—2014）的要求；物流园区内各种防汛除涝设施的建设应符合国家及所属地相关法律和规章的规定。

物流园区应为工商、税务、运管、检验检疫等政府服务机构的进驻提供条件，并逐步完善“政府一站式服务”的功能。

物流园区应为银行、保险、中介、餐饮、住宿、汽配汽修等各项支持服务机构的进入提供相应的配套设施，并为入驻企业提供必要的商业服务。物流园区应建设具有基础通信平台、门户网站平台、信息管理平台、电子服务平台以及信息安全平台等功能的信息化设施。

物流园区应为入驻企业提供具有数据通信、固定电话、移动通信和有线电视等方面基础功能的基础通信设施。

物流园区应逐步建设具有对外宣传、电子政务、电子商务、信息服务、园区信息管理等功能一体化的门户网站，为园区内企业提供物流公共信息；设有保税物流中心的物流园区应建设符合海关监管要求的计算机管理系统。

“非首都”功能区疏解的提出至 2019 年已经有四年的时间，物流园区作为“非首都”功能之一，未来将逐渐被外迁到北京周边，而河北作为全国现代商贸物流的重要基地，将成为商品市场新的集聚发展地区。

2016 年北京共疏解清退市场 117 个，疏解区域性物流中心 32 个，拆除清退建筑和物流仓储面积 195 万平方米，涉及从业人员 9. 36 万人。2017 年对批发市场和物流中心的疏解数量为 158 个。

推动京津冀协同发展是一个重大国家战略，其核心是有序疏解北京的“非首都”功能。

4. 2　北京物流园区具体情况分析

4. 2. 1　北京物流园区的功能新定位

1. 物流园区概念

从物流园区的定义（见第 78 页）可以得出，物流园区是汇聚物流资源，集约物流服务，推进物流企业实现规模效益，追求规模经济的有效载体。物流园区的内涵可进一步归纳为以下两点。

（1）物流园区具有基础设施特性。

物流园区的要义之一是实现部分基础设施和信息等资源的共享，具有外部正效应。对服务对象不具有排他性（或排他性较弱），是为满足城市生产和生活提供物流服务和配套服务的重要媒介。

（2）支撑区域性的生产经营活动。

物流服务归属第三产业，物流园区作为实体具有资本密集型的特性。其提供多种就业岗位，吸纳大量劳动力。同时，物流园区也是完成物流功能（如运输、仓储、包装、流通加工、联系工农业生产、城市生活配套服务等）

的具有产业发展属性的经济功能区。

2. 北京物流园区的功能定位

国际上除了日本和德国的物流园区发展相对完善，其他国家的物流园区建设还属于新生事物，理论研究较少。其中，日本的物流园区主要是为城市综合消费物流服务的、以配送中心功能为主的物流园区；德国的物流园区主要是货运枢纽型，强调两种或两种以上的交通运输方式的转换。国内物流园区的核心点似乎还是卖地，而对后续的招商落实、建设进度、运营管理缺乏有效的监管。尽管政府部门会督促开发方尽快投资建设，但至于建设什么，建成什么样，是否能达到原来承诺的目标，则很难完全把控。王之泰在《物流园区发展与创新探讨》中提到，基于物流园区的基本定位“服务”功能，发展和创新物流园区的功能和作用。并提出物流园区的建设应该提升城市服务能力，改善城市人居环境，在不同部位建立不同的功能区；物流园区可有效解决城市发展对物流需求不断增长的问题，物流园区的建立可满足城市各产业的物流需求，提高物流服务能力和水平，对城市各产业的发展都将起到支持作用，同时可提升城市物流的现代化水平，进而提升整个城市的现代化水平。

显然，国内物流园区的发展还有很长的一段路要走，但鉴于北京“非首都”功能将逐渐被疏解，区域性批发市场和物流将在未来北京商贸物流体系无法发挥其本来作用，再者北京新的城市定位，更要求北京的物流园区重新考量自己的功能定位，城市功能尤为重要。为此提出以下几点建议，希望能为北京未来物流园区的功能定位提供参考。

（1）侧重物流园区对北京城市商贸物流服务的城市功能。

在北京“非首都”功能疏解过程中，区域批发市场和物流的疏解、日常为北京居民提供生活服务的商贸物流的物流供给缺失都将影响北京居民的人居水平。因此，北京的四大物流园区在未来园区规划中应侧重在与首都人民日常消费品相关的商贸物流功能服务的提供上。

（2）改造升级物流园区建设，与北京“首都”功能服务相符合，提升北京现代物流服务水平。

在北京东、南五环和六环之间分散着大量的中小物流仓库和配送中心，大部分将随着“非首都”功能疏解过程而逐渐消失，以符合北京城市新定位的要求。作为北京的四大物流园区更应该顺应首都功能新的潮流，针对园区内功能结构、入驻行业结构、入驻企业功能等方面进行改变，提升北京现代物流服务水平，满足首都城市现代化对物流的要求。

4.2.2 北京市“十二五”时期物流业发展回顾

1. 总体规模稳步增长

北京市社会物流总额和物流业务收入呈逐年上升趋势。2014 年，全市社会物流总额达 7.6 万亿元，较 2010 年的 5 万亿元增长了 52%，年均增幅 15%；物流业务收入达到 2482.5 亿元，较 2010 年的 1681.1 亿元增长了 47.76%，年均增幅 13.9%。物流业发展稳中有进，规模稳步增长，对全市经济社会的发展起到了重要支撑作用。

北京物流效率、集约化程度不断提高，社会物流总费用与 GDP 的比率持续下降，2014 年为 15.1%，低于全国同期 16.6% 的水平。

2. 专业化水平显著提升

2015 年，北京社会消费品零售总额达到 10338 亿元，年均增长 10.3%，消费需求的快速增长推动了城市物流保障体系的不断完善，各类消费品的物流配送体系进一步健全，商业连锁统一配送率持续提高。涉及民生的冷链物流体系和设施建设取得较大进展，全市冷库总容量近 100 万吨，较“十二五”初期增长了 30% 左右。

电子商务类快递业务发展迅猛。2015 年，全市快递服务企业业务量累计达到 14.1 亿件，满足“最后一公里”物流需求的快递服务不断完善，建成社区及高校共同配送网点 260 余个。

物流公共信息平台建设不断加强。“北京物流金融平台”“跨境物流电子商务平台”加快建设。“京津冀区域物流公共平台”服务近 5 万企业会员，日均信息发布量达 100 万条，日均交易信息量近 30 万单，线下日均货运量近 200 万吨。

物流发展模式创新步伐加快。电子、医药、制造业企业与第三方物流企业合作，实现联动发展。积极推进农产品物流模式创新，引入第三方物流和共同配送模式，创建并推动农产品直采直供联盟发展。物流技术支撑体系逐步完善，物联网、移动互联网、可视化、快速分拣等新兴技术在行业企业推广应用，物流信息化、自动化、标准化建设持续推进。食品冷链可视化系统得到示范应用，医药流通全过程可视化监控和追溯体系得到完善。绿色物流创新及应用加快发展。

3. 城市物流网络更趋完善

随着“三环、五带、多中心”的物流空间格局的不断优化，形成了以物流基地、物流中心为载体，专业物流为特色的多层次节点布局。

加快建设四大物流园区，各物流园区将充分利用自身特色和区位条件，吸引差异化的物流企业集聚。加强以航空货运枢纽型为特征的空港物流功能，加快推动马驹桥、马坊物流园区海陆联运体系的建设，提升京南物流园区公铁联运的服务功能。

以服务城乡建设和市民生活需求为物流发展重点，稳步推进城市共同配送网络建设，积极开展城市物流末端配送试点工程，实现物流配送服务的“广覆盖”。沿西南、东南、东北、西北方向在五环路附近重点建设物流中心，在五环路、六环路周边新建和改造功能完善、规模化的物流中心，形成多个“组团式”的专业物流设施空间布局。

依托公路、铁路、航空互为补充的综合立体交通网络，形成了与交通线网有效衔接的物流网络。完善了城际间干线运输重要物流节点的建设，包括铁路中心站点、公路联运物流中心和公路物流中心，基本构筑了多种运输方式衔接顺畅的“立体化”物流体系。

4. 开放型物流体系逐步形成

以加强口岸基础设施建设、优化口岸管理为突破口，推动开放型物流体系建设。形成了以首都机场空港口岸为核心，北京西站铁路口岸、朝阳口岸、丰台口岸、平谷口岸为重要补充的口岸体系。平谷马坊物流园区一期 1.3 平方千米基本建设完成，平谷口岸将投入运营。加快推动通州马驹桥多功能用地开发建设和朝阳口岸向通州马驹桥外移。丰台货运口岸铁路专用线接入全国铁路网，从而实现运输路网贯通，正式恢复整车货物国际联运到发业务和集装箱国际联运功能。

加快推进国际物流发展的相关政策功能区建设，形成北有天竺、南有亦庄的政策功能区分布格局。加快天竺综合保税区国际航空中心综合服务平台建设，与首都机场实现区港一体。北京经济技术开发区检验检疫局入驻亦庄保税物流中心（B 型），实现了一站式通关服务。

5. 发展环境进一步优化

研究编制北京城市副中心现代物流业发展规划，制定《关于落实促进物流业健康发展政策措施的实施意见》，编制完成《物流蓝皮书》。积极开展物流业营业税改征增值税试点相关工作，实施促进物流业发展的鼓励政策。扩大中关村现代服务业试点政策范围，重点支持电子商务和现代物流领域技术创新和商务模式创新及应用。

以标准化托盘为切入，在连锁超市、第三方物流、生产企业等供应链不同环节选择试点企业和试点项目，逐步实现标准化托盘在上下游的循环使用，并带动相关设施设备的标准化改造。29 家试点企业完成带托盘运输超过 100 万次，新增交接货免验收企业（门店）400 余个，平均免验收货运量占比达到 28%，货物装卸效率、交接效率平均提高了 2 倍以上。

尽管北京物流业在“十二五”时期取得了较大发展，但在发展中也存在一些问题。主要是城市物流的服务功能与建设国际一流的和谐宜居之都的要求还有差距，物流网络布局仍需进一步优化；冷链物流、农产品物流等专业物流体系还不够健全；物流信息化、标准化水平相对较低，服务管理不够规范，服务质量和效率有待提升；国际物流和国内市场的衔接还需加强。

4.2.3 北京市四大物流园区基本现状介绍

1. 北京物流园区发展现状

因北京未来城市定位的特殊性，北京物流园区也应因其城市特殊性而具有鲜明的特色。目前四大物流园区在北京承担的作用是什么，满足城市对日常生活需求的商贸物流的承担者是谁？对北京物流现状归纳为以下两点。

（1）四大物流园区未成为北京最大物流平台。

从 2002 年起北京陆续围绕周边规划了四大物流园区，分别是北京空港物流园区、通州马驹桥物流园区、大兴京南物流园区、平谷马坊物流园区。北京空港物流园区成立于 2002 年，面积 2.4 平方千米。通州马驹桥物流园区成立于 2003 年，面积 5.04 平方千米，2014 年货运总量 800 万吨，占北京市 2014 年货运总量（29513.4 万吨）的 3%；另调研马驹桥物流园区注册企业 300 家，入驻企业 50 家，从 50 家企业中抽样 12 家企业进行调研，工程机械类企业占 36%。大兴京南物流园区成立于 2009 年，面积 6.71 平方千米，据网站预测 2014 年货运吞吐量为 7000 万吨，约占北京地区货运总量的 24%。平谷马坊物流园区成立于 2010 年，面积 3 平方千米，由于其刚成立不久，还未形成规模。2014 年北京四大物流园区总规划面积达 17 平方千米，货运量占北京全年货运总量（2.9 亿吨）的比例不到 30%。而日本东京周边也分布四大物流园区（足立流通中心、板桥流通中心、京浜二区流通中心、葛西流通中心），东京四大物流园区的货运量总和占东京货运总量的 70%。从货运量和入驻企业类型来看，北京四大物流园区并未成为北京最大物流平台。

（2）大量分散的中小型仓库、配送中心成为北京商贸物流的重要支撑。

北京四大物流园区并未满足城市对物流的全部需求，存在着中小型的物流设施为北京提供日常生活所需的物流服务。在北京东、南五环和六环之间分布着大量的中小型仓库和配送中心，以支撑北京日常生活用品的物流需求。

目前，北京四大物流园区对日常生活消费品物流需求并未发挥重要作用，但随着大量中小型物流设施的疏解，这部分重担必然会落在四大物流园区的“肩上”，同时将对四大物流园区提出新的要求，四大物流园区需要重新定位自身的物流功能。

2. 北京四大物流园区功能定位

北京目前已经形成了通州马驹桥、北京空港、大兴京南、平谷马坊四大环绕北京的物流配送园区，并充分利用每个物流园区自身不同特色的区位条件，形成差异化的物流企业集聚。

（1）通州马驹桥物流园区。北京通州马驹桥物流园区，该区域规划面积5037900平方米，通州物流园区集现代物流功能、内陆口岸功能、流通加工功能于一体，是适应首都现代化国际大都市的功能性基础设施，辐射环渤海地区及全国的重要物流枢纽，为北京进出货物的集散和大型厂商在环渤海地区及全国采购和分销提供物流平台，被定位为公路—海运国际货运枢纽型物流园区。

（2）北京空港物流园区。顺义空港物流园区位于顺义区新城区，紧邻首都机场，是北京唯一的航空—公路国际货运枢纽型物流园区，参与构建全国和国际第三产业密集区服务的物流配送中心的基本框架。顺义空港物流园区中快递专业公司较为集中。

（3）大兴京南物流园区。大兴京南物流园区位于大兴区黄村南部，依托公铁联运提供运输、仓储、配送、信息服务等全程物流服务，是现代化、综合性、多功能、辐射华北并通过铁路逐步扩展到华南地区的大型综合物流园区。

（4）平谷马坊物流园区。平谷马坊物流园区地处平谷区西南部，为海运—公路枢纽型物流园区，主要服务顺义、怀柔、平谷、密云4区县，是北京东部发展带的重要物流节点和京津发展走廊上的重要通道。

北京四大物流园区的基本现状和功能定位如表4－1所示。

表 4－1　北京四大物流园区的基本现状和功能定位

属性 物流园区	园区类型	功能定位	所属区域
通州马驹桥物流园区	综合功能型物流园区	公路—海运国际货运枢纽型物流园区	通州区
北京空港物流园区	综合功能型物流园区	航空—公路国际货运枢纽型物流园区	顺义区
大兴京南物流园区	综合功能型物流园区	铁路—公路枢纽型物流园区	大兴区
平谷马坊物流园区	综合功能型物流园区	海运—公路枢纽型物流园区	平谷区

4.2.4　物流仓储用地概况

北京仓储用地面积增幅从 2013 年开始持续降低，尤其在京津冀协同发展战略提出后，仓储用地面积正在逐渐减少。从 2013 年增持 449 公顷的仓储用地面积一直到 2016 年增持 120.9 公顷的仓储用地面积，“非首都”功能的调整对该减少的过程起到了关键作用（见图 4－1）。

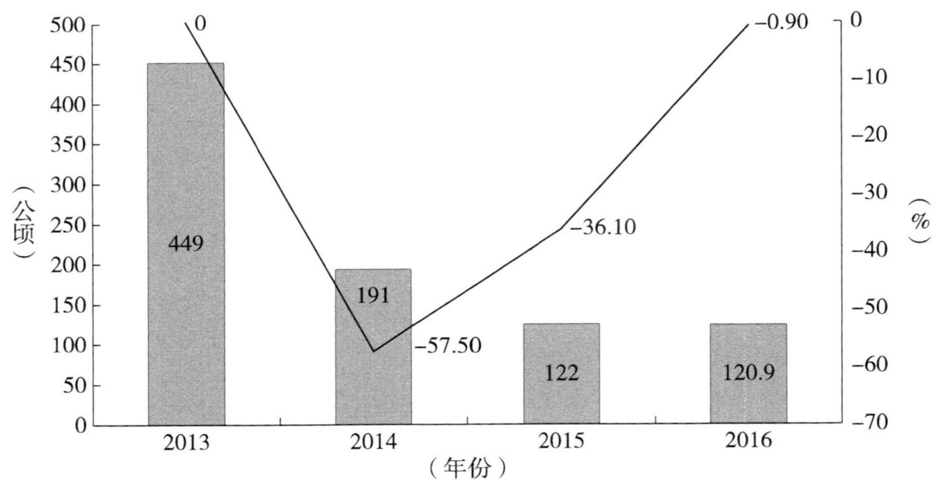

图 4－1　2013—2016 年北京市仓储用地增持详情

从图 4－1 可以看出，每年新增仓储用地面积都在降低，尤其在 2014 年新增仓储用地情况较前一年落差最大，为－57.50%，2014 年也是京津冀协同发展战略、疏解“非首都”功能战略实施的第一年。

北京的四大物流园区仓储用地总面积为17.15平方千米，大兴京南物流园区6.71平方千米、通州马驹桥物流园区5.04平方千米、北京空港物流园区2.4平方千米、平谷马坊物流园区3平方千米。这四大物流园区的仓储面积在京津冀协同发展战略、疏解“非首都”功能战略实施过程中，占全市总面积的比例也在逐年提高，凸显出四大物流园区在疏解“非首都”功能战略中的地位。

4.2.5　物流园区地理位置特点

北京市物流产业布局充分发挥了北京作为全国航空、铁路、公路枢纽的优势，满足了服务首都经济圈建设和环境保护的需要，基本上符合中心向周围扩散的合理分布要求，北京市“三环、五带、多中心”的物流空间格局已基本形成。

北京市在顺义空港、通州马驹桥、平谷马坊和大兴京南等地规划并建设了多个物流园区、物流中心和配送中心（专业物流区），同时依托公路、铁路、航空互为补充的综合立体交通网络，形成了与交通线网有效衔接的物流网络。

目前，北京市专业物流呈现出东部、东南、南部、西南、西北和东北六个组团。

东部组团：服务于通州经济技术开发区、电子商务总部基地等产业园区，以及机电、都市工业、新能源新材料、文化创意等产业。

东南组团：服务于北京经济技术开发区、中关村科技园区金桥科技产业基地等产业园区，以及电子信息、生物医药、环保、新能源新材料等产业。

南部组团：服务于中关村科技园区大兴生物医药基地、大兴经济开发区等产业园区，以及生物医药、机械制造、印刷包装、服装等产业。

西南组团：服务于中关村科技园区丰台园、北京石化新材料科技产业基地等产业园区，以及石油化工、机械制造、电子信息、生物医药等产业。

西北组团：服务于中关村国家自主创新示范区核心区、北京八达岭经济开发区等产业园区，以及汽车、新材料等优势产业和新兴产业。

东北组团：服务于北京天竺综合保税区、北京天竺空港经济开发区等产业园区，以及汽车、装备制造、都市工业、临空经济等产业。

北京物流园区较为集中，主要分布在通州区、顺义区、大兴区、平谷区，这正是四大物流园区对北京物流的辐射范围。

4.2.6 2013—2016 年北京货物运输总量和货运周转量

北京货物运输总量和货运周转量作为物流园区运作能力的考察目标，对其 2013—2016 年的变化趋势研究能够更好地展现出京津冀协同发展的影响力。图 4－2 和图 4－3 为 2013—2016 年北京市货物运输总量和货运周转量详情。

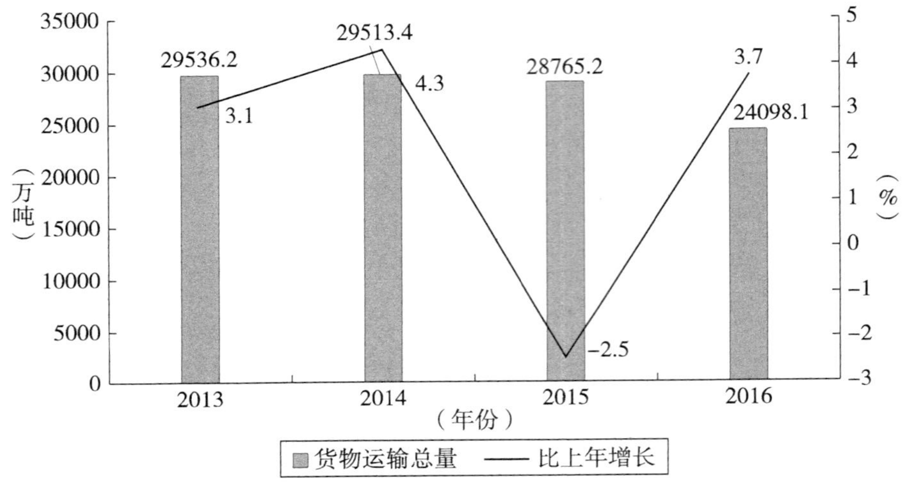

图 4－2 2013—2016 年北京市货物运输总量详情

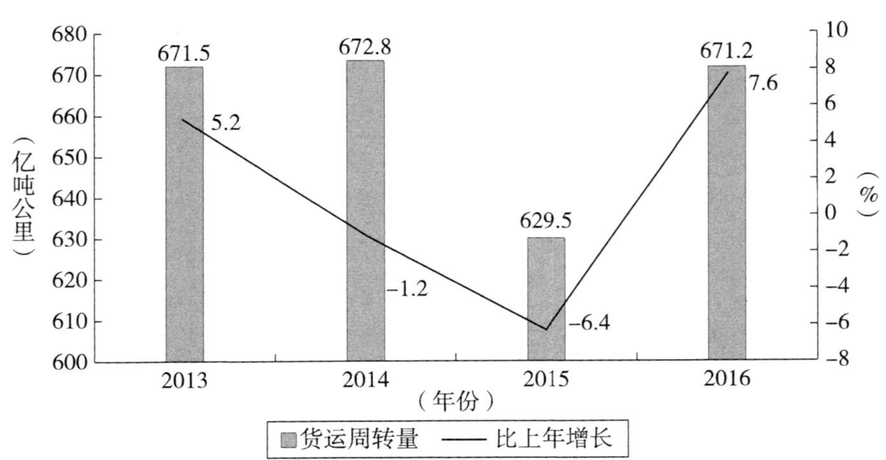

图 4－3 2013—2016 年北京市货运周转量详情

根据图4－2和图4－3可以直观看出，2015年北京市货物运输总量和货运周转量开始出现下滑趋势，从2016年开始货运周转量才恢复增长趋势。疏解“非首都”功能的政策措施得当才会在某种程度上对货物运输总量和货运周转量有一定的影响。

4.2.7 物流园区运营情况

为落实疏解“非首都”功能政策，北京物流园区拆迁和搬迁了部分物流节点。北京市物流园区详情如表4－2所示，主要总结了各物流园区的运营主体和业务功能。

表4－2　　北京市物流园区详情

属性 物流园区	物流园区运营方式	主要业务功能	所属区域
通州马驹桥物流园区	政企主导	内陆口岸、流通加工、运输配送、信息服务	通州区
北京空港物流园区	政企主导	物流配送	顺义区
北京房山良乡物流园区	政企主导	货运代理、仓储保管、分批包装、配送服务、区内土地资源开发	房山区
京南物流园区	政企主导	运输、仓储、配送、信息服务	大兴区
北京亿发物流园	民营	从事普通货物运输，商品车专业运输	大兴区
北京宏图物流中心	民营	搬家及货运业务，货物仓储和暂存、中转；整车、零担业务，货物运输保险、商品打包；定做封闭、半封闭纸箱包装、木箱包装	朝阳区
北京天亿九州环宇货运中心	民营	货物运输、仓储、配送、托运	大兴区
北京神龙丰物流园	民营	公路运输、长途搬家、货运专线、专车运输，代办货运保险	丰台区
北京大兴三江物流中心	民营	货运	大兴区

续 表

属性 物流园区	物流园区运营方式	主要业务功能	所属区域
北京大兴诚明物流市场	民营	仓储、停车等	大兴区
北京大兴巨邦物流园	民营	零担运输、整车运输、长途搬家、行李托运、公路货运等多项业务功能的网络式专业运输服务	大兴区
北京大兴顺风达物流园	民营	货物运输服务	大兴区
北京天意物流园	民营	具备停车、仓储、理货、中转、信息服务等一系列物流运输条件	大兴区
北京朝阳泰通达物流园	民营	仓储服务、货运代理	朝阳区
北京港龙物流中心	民营	进出口货代、报关报检、运输、仓储	顺义区
北京五环金洲物流中心	民营	货物配送、仓储、产品检验	大兴区
北京增泰物流园	民营	货物配送、仓储、停车场	大兴区
北京兴洲通物流园	民营	承接搬家及货运业务，货物仓储和暂存、中转	通州区
金泰物流园	民营	大宗商品电子商务平台、国内/国际贸易、汽车物流、货代、保税物流及仓储物流业务	大兴区
北京星光物流园	民营	仓储、停车	大兴区

从表4-2可以看出北京物流园区80%都是民营企业，其中，货物运输服务和仓储功能占据主要功能。在对这些物流园区的资料进行总结的过程中，只有极少数物流园区（四大物流园区）具备承接全国物流货物的能力，其他物流园区仅在北京市各区域具备一定的承接物流资源的能力。

4.3 北京物流园区发展整体存在的问题

至2017年，距离提出“非首都”功能区疏解已经两年多了，“非首都”

功能物流领域的疏解工作已有明显进展。按照京津冀协同发展的指示，重要迁出地河北作为全国现代商贸物流重要基地，将成为商品市场新的集聚发展地。北京部分区域批发市场和物流的疏解工作已取得了显著的成效，具体如下。

西城区：动物园批发市场疏解已经基本完成，2016 年全面启动并基本完成世纪天乐国际服装市场和东鼎服装商品批发市场的疏解。

朝阳区：2016 年疏解商品交易市场不低于 53 家、一般性制造业不低于 851 家、仓储物流园区不低于 3 家、废品回收场站不低于 16 家，特别是对占地面积 5000 平方米以上的区域性市场加大疏解力度。

海淀区：2016 年锦绣大地批发市场疏解外迁。

丰台区：2016 年完成全区 65 家商品交易市场的调整疏解，大红门地区疏解市场 16 家左右。

在未来两年内城六区将会有大量关于建材家居、日用百货、服装鞋帽、汽车配件、电子产品的批发市场迁出北京。大量的市场缺口（如动物园批发市场 2015 年的营业额达 150 亿元）以及因此而产生的商贸物流空缺将会成为北京市政府考虑的问题。北京零售网点数量少、布局不完善、店内品种不全，零售店暂时还没有能力承接这部分市场份额。据统计，近五年北京快递量以 35% 左右的速度在飞速增长，预计 2020 年北京的快递量将达 67 亿件，预计 2020 年北京快递人员将成为北京物流人口的重要组成部分，随之而来的交通拥堵问题、环境问题、物流成本问题、人口问题也与北京未来的发展方向相悖。

北京未来禁止新建批发市场，新的仓储设施建立也只用于城市配送。就目前来说，北京物流园区在整体发展中主要存在以下几点问题：在不新建仓储设施的前提下，北京现有物流仓储发挥着哪些作用？是否能承担起“非首都”功能疏解下城市对物流的需求？

4.3.1 四大物流园区未发挥最大物流平台的作用

据北京市统计局数据显示，2016 年北京货运周转量为 671.2 亿吨公里，货物运输总量为 24098.1 万吨，2014 年北京货物运输总量为 29513.4 万吨，而通州物流基地的货物运输总量 800 万吨，占北京 2014 年货物运输总量的近 3%，2014 年北京四大物流园区总规划面积约 17 平方千米，货运量占北京全年货物运输总量（2.9 亿吨）的比例不到 30%。

四大物流园区集中配送的物品涵盖副食品、生鲜、家电、服装、配件、印刷品、快递包裹等，年营业收入接近 600 亿元，占北京市规模以上专业物流企业总营业额的三分之一以上。对北京物流节点的疏解和整合会严重影响北京物流产业布局，北京市物流企业的业务量调整优化有更大的调整空间。四大物流园区的业务覆盖范围还未能够完全承接调整后的产业布局带来的业务量，随着产品输入量不断加大，物流消化能力必须得到提高。

通过对四大物流园区进行基本介绍和调查，2014 年北京四大物流园区建设突飞猛进，速度明显加快，但随着市场的发展和业务的开拓以及政府的宏观调控，四大物流园区暴露出以下问题。

1. 物流园区在资源整合方面效率不高

物流园区在资源整合方面效率不高主要表现在占地面积大，但是实际运营面积小，有的物流园区占地几平方千米，甚至数十平方千米，结果土地不是资源闲置，就是挪作他用；运营的部分未能实现预定的物流集散效应，造成资源闲置。比如马驹桥物流园区，根据官方数据和实际调查数据可知总面积为 5.04 平方千米，仓库面积约为 1.27 平方千米，空地未开发面积达 2.09 平方千米，很大一部分的空地正在被闲置。如图 4－4 所示。

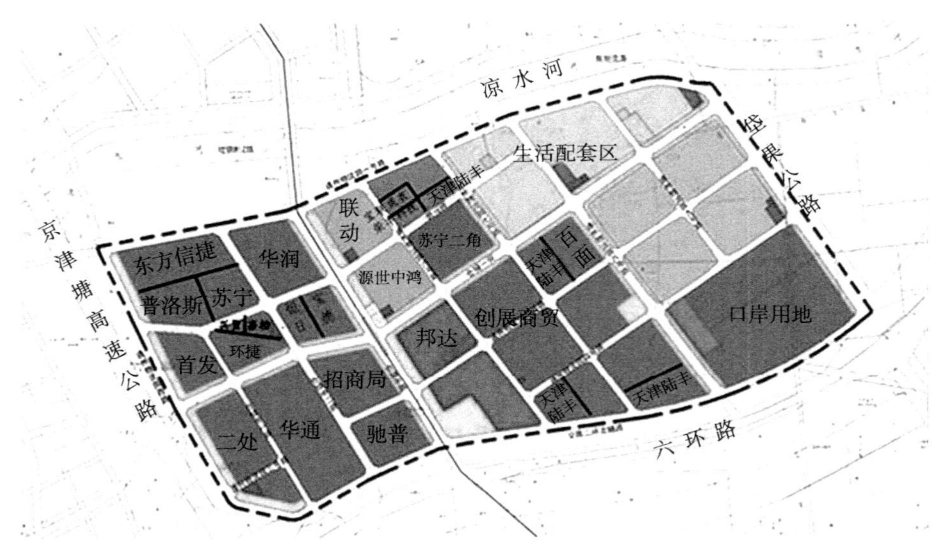

图 4－4　马驹桥物流园土地利用

四大物流园区作为北京重点扶持项目，无论在资金还是土地使用方面都会得到一定的支持。随着京津冀物流一体化战略的落地，北京物流资源将被重新整合，部分北京市内物流园区的迁移必将会以物流基地的空闲土地作为发展依托，基地管委会和政府应该提前做好筹划，抓住物流资源重新整合的机遇，过渡时期注重物流企业的发展生存。

2. 供求结构失衡并存

北京物流园区的投资和经营会出现冰火两重天的状况：一方面，投资商热捧，但是经营商鲜有出彩者。究其根本原因是投资商存在“重投资、轻经营”的观念，导致大量物流园区投资建成后经营困难，经营性利润甚至无法覆盖投资财务成本，这将对投资商形成巨大压力。另一方面，由于物流地产的热火朝天，很多想进驻园区的中小型物流企业不得不付出巨大的代价。这样会减少对物流企业的引入，导致产业失衡。物流园区税收回报率不高，因此不被重视，制约了当地物流和经济的发展。

3. 物流园区缺乏有效的增效服务

无论在物流园区推广何种增值服务，首先都需要帮助入驻企业实现和提升自身价值。物流园区的发展需要有可持续发展的战略规划，不应孤立业务能力强、体量小的企业。对于物流这个微利行业，在对入驻物流园区的企业进行严格的准入机制考核后，提升物流服务的价值变得尤其重要。尤其是在国家政策面前，除了执行政策，还要借用政策带来的正能量，提高附加值，这样才会吸引更多优质商家入驻。

4.3.2 北京物流园区发展良莠不齐

通过调研和查阅以往的资料可知，为应对新常态经济发展的宏观要求，物流园区建设成了各部门、企业、政府发展现代物流的工具。2016 年，北京市社会物流总额增加近 9.7 万亿元，其中，传统的交通运输邮政仓储业增加值为 1182.74 亿元，占比为 77.6%。不过需要注意的是，在服务功能方面，北京物流行业比较单一；在结构组成方面，比例较大的是传统方式的仓储和货物运输，而增值功能强的物流服务业务占有的比例相对较小。这些表明了北京市物流行业还存在增值服务少、业务附加价值低的缺点，这在一定程度上说明了北京市整体物流服务水平离现代化顶级物流服务水平还有一定距离，故仍需继续发展和提高，使物流业服务水平由低端发展为高端、由低附加值发展为高附加值。

一般来说物流园区应有以下特征：一是具有一定规模，包括占地面积、物流设施用地面积、物流投资强度等指标。二是有多家物流企业进驻，提供社会物流服务，而不是自我服务。三是具有一定规模的物流量和明确的功能定位。四是有两种以上交通运输方式汇集，以实现多式联运或较好的交通条件。五是有统一的管理机构和配套服务。但从现实情况来看，北京许多物流园区上述特征并不具备。在规划建设物流园区时，一些批发市场、商品集散中心、货运场站也都抢着戴上“物流园区”的帽子。由于物流园区界定不清、统计口径不一致导致政府管理缺乏针对性、各地执行标准不一致、政策难以落实等现实问题。

与此同时，部分物流园区建设缺乏科学规划、园区数量过于集中、霸占工业用地等情况时有发生，这在一定程度上造成了资源浪费，非常不利于物流园区的发展。而过多集中的物流园区专业服务能力不突出，对物流服务需求分析的能力悬殊，尤其是在北京疏解“非首都”功能过程中，一些批发市场和物流节点的拆除会导致当地居民的日常生活出现紊乱，如果物流园区不能由此转型并具备城市配送功能，不能及时地得出物流需求分析，则势必也会被淘汰。

物流园区入驻企业的准入机制有待加强。市场化因素作为主导物流园区发展的主要动力，会招来形形色色的企业入驻，而物流园区对这些企业的入驻条件并没有严格的考核机制，只要能支付佣金，就能享受一定的服务，完全忽视了长久发展的机遇。这就会导致在一个国家评定的“AAAAA”级物流园区中，由于入驻企业良莠不齐，随着物流园区的长期发展和市场结构的调整，部分企业必将成为滞碍物流园区发展的“毒瘤”。所以物流园区应该定期对入驻企业进行考核，建立健全相应的准入机制，进行打分制，对不合格的企业进行约谈，保质保量地拓宽物流园区的业务链。

4.3.3 园区服务定位与北京新城市功能定位之间存在差异

根据表4－1可知，四大物流园区的功能定位主要是承接国内、国际的物流业务，多式联运枢纽型。随着北京功能定位的调解，相应的制造企业、第三方物流企业、零售企业也会在市场的调解下进行相应的功能转变，四大物流园区还要承接更多北京物流业务量。

应加快发展集中与分散相结合的物流系统和物流体系，从而实现物流设施在布局、功能、业务方向等环节的优化，达到在城市总体范围内实现物流体系的高效运营，提高物流活动的集约化和共同化水平，促进环境效益的提升，减少由于物流活动不合理造成的城市发展中的矛盾。

我国物流资源分属不同主管部门和行业，应打破它们之间的界限，对物流资源进行整合，按照客观经济关系和市场需要集中使用物流资源，最大限度地发挥现有资源的作用。在这方面，还应提倡和鼓励物流、仓储、运输企业进行跨部门、跨行业联合以及竞争和并购活动，以促进物流产业的发展。一是空间整合。以集约化为原则，加快规划中的物流园区、综合物流配送区和专业配送区的建设与发展，研究制定相关政策，吸引企业入驻，通过物流企业和资源的空间集聚、整合，逐步形成合理有序的空间布局。二是制度整合。按照市场规律和现代企业制度，加大物流资产重组力度。鼓励以物流业务为主导，组建若干新型的现代物流公司或集团。三是信息整合。必须通过建立高效物流信息平台，有效统领分散的物流活动，实现物流系统的再造和集约化经营。四是协作整合。按照物流业务内容与功能，通过建立战略合作伙伴关系，将专业仓储企业、运输企业、物流信息服务企业进行系统化组合，发挥各自专长，积极开展多种物流业务合作。

北京市内批发市场和物流设施的升级和搬迁已成为优化城市空间布局的有效举措。当前，北京中心城区的批发市场处于转型调整的关键时期，批发市场和物流园区在首都经济社会发展中发挥着基础性和先导性的重要作用，但现有批发市场和物流园区的模式、格局和机制使得“大城市病”调整疏解迫在眉睫。同时，北京大多数批发市场形成了深层次的市场动力，批发市场与物流聚集区也发挥着增进就业、服务民生等重要作用。

4.3.4 土地资源紧张会成为物流园区发展瓶颈

根据图4－1可知，北京仓储用地的增长呈下降趋势，在一定程度上可以反映出北京对工业用地的质量要求。这就导致物流需求和土地资源紧缺的矛盾进一步加深。土地资源具有不可再生性，随着近年来的大力开发，土地资源紧张已经成为不争的事实。比如北京空港物流园区在建设过程中受土地出让方式调整和土地宏观政策的影响，园区土地手续办理放缓，部分项目不能如期开工；后续土地储备不足，影响远期规划和发展。

土地成本上升导致物流园区建设成本大、经营成本高。随着我国土地政策的调整和土地相关的各种成本的明显提升，物流园区在发展过程中经营成本不断提高。我国部分一线城市物流用地地价已达60万～100万元/亩，大大超过物流业能承受的10万～30万元/亩。

仓储用地的持减趋势也在督促物流业衍生出更多的附加服务，而不单依靠仓储、运输这样的传统作业，这就促使物流业进行转型，更好地承接北京市新的功能。

（1）物流用地规划不足。

此次大清退的根本原因在于物流用地没有规划，尤其是北京等大城市，随着经济的发展，城市土地的获得成为仓储行业的最大瓶颈。

运联传媒的好园区项目组曾在2017年5—7月调研过北京的仓储物流市场（见图4－5），他们发现：北京的仓库建设用地成了商业用地概念，在城市内老的仓储区改造置换模式中，通过城里的用地置换来的城外仓库建设用地又必须缴纳新的土地增值税，本来在资金方面就捉襟见肘的置换用地的仓储企业在后续发展中将无能为力。

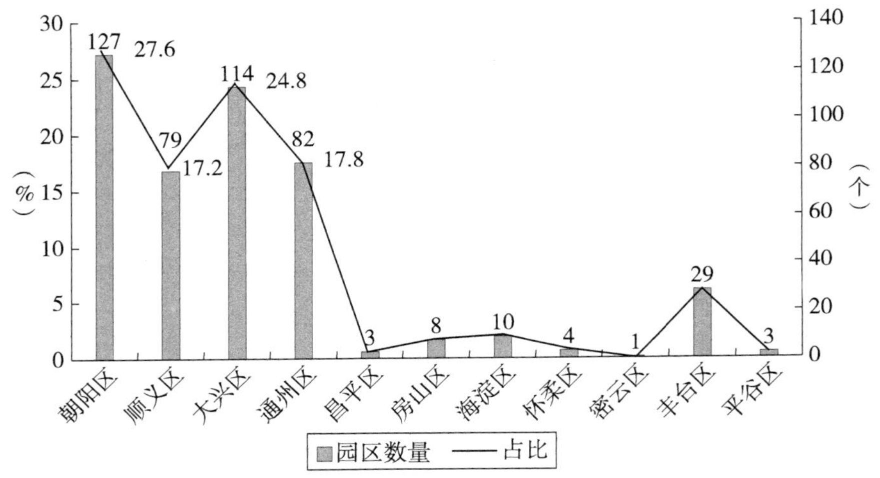

图4－5　2017年北京仓储园区调研——各区园区数据分布

（2）北京新增的仓储园区供给量在逐年减少。

调查发现，北京地区的仓储园区新增供给量抵消不过拆迁减少量及租户需求量，导致大量仓储需求方很难找到合适的仓储园区，老仓储园区招商难，新仓储园区供给不足，北京的仓储园区出租率高。

（3）受成本和货源限制，越靠近城区越占据优势。

物流企业一般会有两种场地选择：一是位于城区外但比较标准化的仓储中心，如普洛斯，这种选择面临的拆迁风险比较小；二是位于城区但规范化不足的过渡性场地，被拆迁的风险很大，但是距离客户近。

因为租金在物流企业的运营成本里不是最大的，配送成本和人工成本才占大头，而配送成本取决于位置，所以物流企业宁愿顶着拆迁风险也要找最近的，离客户越近越容易节省成本、稳定时效和获取订单。

总的来说，在城市土地的规划中，因为没有物流行业的判断和建议，所以“物流园区＋物流配送中心＋末端配送网点”的城市物流节点网络不完善，物流企业像打游击一样频繁搬迁。

物流园区具有特定的功能定位和社会属性，要求通过产业的空间集聚、资源的有效整合、业务的流程优化，提升物流效率，节约使用土地，减轻道路、环境和能源的压力，以优化城市布局，促进区域经济发展，增加社会就业。

一些地方政府对物流园区基础性、公共性和公益性的功能定位和作用认识不够。因物流园区投资大、周期长、回报低、回笼慢，不少地方按照一般项目对待，过分强调亩均税收、亩均投入，而缺乏规划建设的积极性，忽视了物流园区鲜明的公益性、公共性特征以及配合地方经济发展、推动结构调整和产业升级的基础性作用。一些地方政府仅仅将物流园区当作“政绩工程”，把园区土地出让当作增加财政收入的来源，导致物流园区盲目投资、重复建设、变更用途、畸形发展。一些物流园区为了使资金快速回笼，急于招商引资，采取给钱就来者不拒的招商理念，导致入驻企业鱼龙混杂、大小不一、能力不均，使物流园区的集聚效应以及对产业的带动作用难以得到有效的发挥。

一些地方对物流园区缺乏科学规划，对当地经济发展水平和物流需求缺乏正确的评估，导致物流园区的数量和规模不相匹配；与交通运输规划缺乏有效衔接，导致交通线路衔接不畅、运输效率低下、中转联运难以实现且效率不高；与城市建设规划、行业资源配置等缺乏统筹规划，导致物流资源闲置，资源利用不平衡，配送车辆流量、流向不均衡等现象。

与此同时，由于历史的原因，我国各类物流园区分属不同行业部门管理，各类园区条块分割、自成体系，统筹协同发展不力，导致我国的物流园区相互之间难以衔接、功能单一。尤其是具有多式联运功能的园区比例很小，即使拥有联运设施的一些运输枢纽型园区，由于体制和机制原因联运业务也举步维艰，在联运技术、设施的应用上与发达国家差距很大。一体化的多式联运是提高运输效率、降低物流成本的有效途径，我国物流园区正日益成为社会物流活动的集聚地，而这种联运功能的缺失无疑是个硬伤，也将给我国未来物流体系的健康发展带来隐患。

4.3.5 开发和运营水平需进一步提高

虽然我国已经出现了一批具有示范和带头作用的物流园区，但从整体上看，我国物流园区的开发和运营管理仍处于探索和提升阶段，许多物流园区在开发运营过程中存在着专业性和规范性不足的问题。一是规划建设不规范。当前存在的主要问题是园区选址不当、建筑没有考虑物流工艺要求、规划朝三暮四频繁变动、缺乏标准化和严肃性。有的对货物流量、流向预测失误，在不适于建设物流园区的地方建了园区。有的市场定位不准，物流设施与实际需求不符。有的没有和城市规划衔接，造成人流、货流混杂。二是运营管理不专业。由于物流园区有多家企业进驻，许多公共事务需要专门机构来做，如交通、电力、环保、安全、网络、统计、协调、服务等。尤其在一些商贸型物流园区内，商品质量是重点，监督、认定、检查、防假冒伪劣、维护购买者权益的工作是不可或缺的。在保税物流园区内，还要配合海关、检验、检疫做好查验工作。当前存在的问题是物流园区运营管理薄弱，影响入园企业业务。甚至有的物流园区把土地、店铺一卖了之，致使园区混乱或无法开业，不注重后期管理和服务将给入驻企业带来很大的损失。

4.4 北京物流园区发展的对策研究

北京“非首都”功能将逐渐被疏解出去，区域性批发市场和物流将无法在未来北京商贸物流体系中发挥其本来作用；再者，根据北京新的城市定位，更要求北京的物流园区重新考虑自己的功能定位，城市功能显得尤为重要。为此提出以下几点建议。

4.4.1 侧重物流园区对北京商贸物流服务的城市功能

在北京“非首都”功能疏解过程中，区域批发市场和物流的疏解，将会导致为北京居民提供日常生活服务的商贸物流的物流供给缺失，直接影响北京市民的人居水平。因此，北京的四大物流园区应在未来园区规划中侧重在与首都人民日常消费品相关的商贸物流功能服务的提供上。

改造升级物流园区建设，与北京“首都”功能服务相符合，可提升北京现代物流服务水平。在北京东、南五环和六环之间分散着大量的中小物流仓库和配送中心，大部分随着“非首都”功能疏解逐渐消失，以符合北京城市新定位的要求。作为北京的四大物流园区更应该顺应首都功能新的潮流，改变园区内功能结构、入驻行业结构、入驻企业功能等方面，提升北京现代物流服务水平，满足首都城市现代化对物流的要求。

1. 完善城乡物流保障功能

围绕提高生活性服务业品质，统筹布局，形成层级合理、需求匹配的物流配送网络。统筹规划物流园区、配送中心、末端配送网点等多级配送节点，推动业态调整升级，进一步提高物流节点保障城市运行和服务民生的能力。

优化末端配送网点建设。鼓励对现有邮政设施、商业设施、便民服务设施等进行整合利用，支持建设集配送、零售和便民服务等多功能于一体的物流配送终端，增强末端物流网点的服务功能。鼓励配送企业与网点密集的连锁企业、便利店等第三方企业开展合作，培育一批运营规范、管理有序的末端物流示范企业。

提高农村流通现代化水平。加快完善农村现代化流通体系，合理布局农村配送服务网点，提高末端综合服务功能，支持建设和拓宽农产品流通渠道，打造农产品“进城”和电商物流“下乡”的顺畅高效的农村双向互动流通体系，进一步提高农村居民收入水平和生活便利程度，促进农民增收。

鼓励商超企业实施夜间配送模式。完善商超企业的夜间卸货条件，引导配送需求大、配送频次多、商品种类适宜的商超企业和配送企业联合开展夜间配送。

2. 加强首都生活必需品物流服务保障

一是加快农产品配送现代化建设。构建农产品产地市场冷链物流和配送体系，优化农产品物流配送中心布局，完善农产品配送网络。支持农超对接、农产品基地直供直销等多种产销衔接模式，推进“菜篮子”产品生产基地、绿色食品生产加工基地建设，减少流通环节，降低流通成本。鼓励搭建农副产品信息平台，建立统一的市场准入、检测结果互认和质量可追溯制度，保障农副产品质量安全。借助口岸建设，构建高效的国际农产品进出口通道，满足市民对进口食品的需求。

二是提供生活必需品物流支撑功能。进一步完善生活必需品政府储备制度，优化储备商品结构，探索建立京津冀生活必需品市场供应和应急保障联动机制，提升物流对城市安全运行的保障能力。

3. 构建现代化食品冷链物流体系

鼓励冷链物流发展，加强冷链基础设施建设，加快冷链物流装备与技术升级，构建布局合理、设施设备先进、功能完善的生鲜食品冷链物流配送服务网络。进一步完善冷链物流标准体系，规范食品冷链物流运行管理，以信息技术和冷冻冷藏技术为依托，加强冷链物流监管，支持冷链监控体系、追溯体系建设，确保生鲜食品在生产流通各环节的品质和安全。鼓励冷链配送模式多元化和创新发展，支持上下游高效衔接的全程冷链物流服务。

4.4.2 加强业务引导，在四大物流园区形成产业聚集

为了疏解首都非核心功能、促进生产要素更多向周边城市流动，北京对区域物流中心、超过一万平方米的大型仓储中心进行了限制，在东城和西城两个核心区对批发业进行了限制。北京全市层面受禁限行业占全部国民经济行业分类的比例达55%，城六区受限比例达79%，而一般制造业、商贸批发业和区域物流中心是首先需要转移或限制的产业。随着这些产业的逐渐转移，北京制造业和批发业的物流需求逐渐减少，而面向消费终端的配送物流服务需求将占绝对主导地位。之后将面临四大物流园区的产品输入、物流消化能力的考验，在四大物流园区形成产业聚集，不仅可以使疏解措施得以落地，还能保证区域经济相辅相成，缓解北京市内交通压力。

1. 推进供应链一体化服务

推动物流业与科技创新产业联动发展，增强中关村国家自主创新示范区供应链一体化服务能力，发挥物流业对高端创新资源配置的支撑作用，从而提升物流业发展水平。

提升高端制造业转型升级的服务能力，助力高精尖产品实现“在北京制造”到“由北京创造”的转型。鼓励具有供应链设计、咨询管理能力的专业物流企业提升面向高精尖产业的供应链综合管理服务水平。积极培育规模化、社会化的第三方物流企业，鼓励传统运输企业、仓储企业向供应链上下游延伸服务，完善与上下游企业紧密配套、有效衔接的仓储配送设施，搭建供应链管理信息平台，提供物流、金融以及信息等综合化集成服务。

2. 推动电子商务物流发展

支持电子商务企业、快递企业加强物流配送网络建设，鼓励与物流园区、仓储企业加强合作，共享资源，构建信息化、便捷化、智能化的电子商务物流体系。支持企业积极发展网下连锁取货点，鼓励探索使用多种配送服务模式，有效缓解“最后一公里”配送难的问题，优化物流配送组织方式，支持高校、商业区（楼宇）、社区建设电子商务物流共同配送网点，提高末端配送的社会化、集约化水平。大力发展社区线上到线下（Online To Offline，O2O）便利店，逐步拓展覆盖范围及完善服务功能，为社区居民提供全方位、高品质的社区电子商务服务。

3. 完善医药物流体系

推进医药物流信息化、智能化配送体系建设。依托物流领域先进技术，完善药品电子监管体系，实现药品流通和配送过程的可视化管理，建立健全药品流通可追溯体系。支持连锁药店开展统一配送，规范药品行业统一配送运行体系，进一步提高药品末端统一配送率。鼓励药品配送企业与医疗机构依托信息化管理系统进行深入对接，实现药房精细化管理。鼓励、引导大型医药物流企业加强整合供应链上下游资源和药品流通渠道，以信息化技术提升为手段，形成辐射范围合理、网络健全、手段先进、配送及时的医药物流服务体系。

此外，北京市商务委员会对四大物流园区必须要有相应的扶持措施，包括资金、政策、技术装备，鼓励引导四大物流园区进行技术升级，并带动其他物流企业做好承接北京物流业务量的协同作战战略。

4.4.3 鼓励园区互联互通，实现合作共赢

在京津冀协同发展环境下，物流园区之间有必要打破原有的孤岛形式，通过平台整合、联盟策略，对北京的物流资源能够及时共同分享分配，走集约化发展道路，共同承接北京市的货运需求。而且未来四大物流园区将作为承担大部分货物的主体平台，应打破“独立作战”方式，实现共享互利共赢。

1. 有序疏解“非首都”功能

引导和推动区域性农副产品、基础原材料等大宗商品的仓储物流功能外迁。积极推进服装、小商品、建材等区域性专业市场及其物流功能加快向周边已有较好条件的地区整体迁出。严格执行《北京市新增产业的禁止和限制目录（2015 年版）》，严控新增不符合首都功能的产业。

2. 加强京津冀物流产业协作

推动环京津 1 小时鲜活农产品物流圈建设，支持企业在津冀地区建设蔬菜、肉蛋等农副产品生产基地和物流仓储设施，提高产地冷链设施水平和农产品物流配送效率。优化调整物流设施布局，在疏解区域性物流功能的同时加强京津冀物流基础设施的建设。支持和鼓励企业结合区域经济发展和功能定位的需要，在北京周边枢纽城市合作建设多功能物流节点和大型现代化仓储物流园区，完善生活必需品供应物流网络，缓解北京交通枢纽物流压力。加强产业对接协作，建立健全需求对接服务机制，促进区域错位发展和融合发展。

3. 开展多式联运模式示范应用

推动不同运输方式在基础设施、物流装备、操作规范等方面的对接和统一，推进京津冀区域社会运力优化配置。开展京津冀货物多式联运试点，强化多式联运基础设施衔接，探索创新多式联运组织模式，推广应用快递转运装备技术，推动开展公路甩挂运输试点，探索推广公路零担、集装箱、清洁能源甩挂运输组织模式，不断完善综合物流体系。推进公路、铁路、水路等运输方式信息平台与社会化物流信息平台的对接，以信息共享提升运输组织效率，盘活既有铁路存量物流资源。依托电子商务打通公海、海铁联运通道，建设跨境电子商务多式联运物流体系。

4. 推动国际物流与城市物流有效联动

结合“一带一路”建设和北京“国际交往中心”的定位，鼓励物流企业“走出去”，推动物流和商贸龙头企业共同组建国际物流市场主体，充分利用京津冀区域丰富的公路、港口、航空口岸和铁路资源，打通国际物流通道，开展跨境物流服务，突出北京作为国际物流重要节点和服务“一带一路”建设的作用，实现国际物流与城市物流联动。以北京新机场建设为契机，推进跨境电子商务物流设施建设，支持集约化、高端化、国际化发展模式，促进跨境电子商务与国内市场融合发展。

5. 促进“互联网 +”与物流业融合发展

落实国务院印发的《关于积极推进“互联网 +”行动的指导意见》，鼓励采用新一代信息技术引导物流领域业务流程和商业模式创新，支持构建服务于 O2O 模式的电子商务物流体系、专业物流服务体系和货运物流体系，推动物流 O2O 模式标准化、规范化发展。积极推进物流信息共享互通、物流基础设施互联互通与联网监控，构建面向公共仓储领域的智能仓储系统和智能物流配送调配体系，实现车辆与物流配送中心、仓储设施互联网的无缝对接。推动互联网技术在物流装备和技术领域的发展，实现物流设施设备的自动化、物流作业的智能化以及物流信息的智能追踪与追溯。

6. 鼓励先进信息技术应用

依托现代技术改造传统物流业务流程和经营业态，不断提高物流先进技术和设备的研发应用水平，推动先进技术、装备和设施在企业的示范应用。依托移动互联网、地理信息系统、全球定位系统、无线射频、大数据及云计算等技术手段进行企业业务创新，延伸传统物流服务功能，提供全程监控、智能优化、服务定制等个性化现代服务，将重点转向电子商务物流、冷链物流、医药物流、社区物流、物流信息平台等新型业态，拓宽物流服务领域。

此外，四大物流园区的服务功能必须与北京的城市定位相匹配，积极由区域物流中心向城市物流中心转变，这与北京发展的要求高度融合。积极引导园区内的区域型物流企业和低附加值功能性服务企业外迁，提升物流园区属地及城市保障服务比例，提升知识和科技型服务比例，带动物流园区的相互发展，分享业务量，实现互利共赢。

4.4.4　升级物流服务能力，打造现代化物流园区

建议研究和加强物流用地的立法保护。物流业是基础支撑产业，合理规划物流用地是保障经济社会发展的基础条件。基于目前物流用地紧张的情况，一方面应该重点治理擅自改变土地用途、囤积土地、闲置土地、低买高卖等行为；另一方面要保证物流用地的供地期限，保障物流园区规划的长期使用。

1. 推进商贸物流体系规范化建设

立足商贸物流领域，强化物流信息的规范化管理，积极推进物流综合信息服务平台建设和服务规范建设，健全物流诚信体系。以不同类型企业支撑为手段，稳步推动供应链物流标准一贯化，带动物流设施设备标准化升级改造，促进上下游关联领域物流标准化水平的提高。加快城市物流配送体系的标准化管理进程，推动物流配送交接模式变革，解决城市物流配送难题。加强区域及企业间合作，支持京津冀区域物流标准化协同发展，提升京津冀区域物流规范化发展水平。

2. 创新物流运作模式

鼓励物流企业功能整合和业务创新，不断提升专业化服务水平，积极发展定制化物流服务，满足日益增长的个性化物流需求。推动企业加强横向联合，鼓励倡导城乡连锁经营，支持企业发展统一采购、统一仓储和统一送货模式。进一步优化物流组织模式，积极推广末端集中配送、共同配送等模式，完善商贸流通网点的装卸货配套设施，提高集约化程度和物流设备利用率，降低配送车辆出行需求，促进物流绿色发展。支持公共信息平台建设，整合物流统一配送、共同配送需求。

3. 发展绿色物流

鼓励采用低能耗、低排放运载工具以及使用新能源物流车和第六阶段排放标准车辆，推进城市绿色货运配送体系建设。推广物流节能环保技术，支持节能型绿色仓储设施建设，大力推进新型信息化立体仓储设施及分拣装置

的示范应用，降低物流仓储环节的碳排放。发挥铁路物流的低碳性、环保性优势，充分挖掘京津冀地区铁路资源，探索研究铁路运输与城市物流配送相结合的方式，提升空间资源的集约化程度，降低道路车辆使用强度，减少机动车污染物排放。提高托盘等标准化器具和包装物的循环利用水平，构建循环物流体系。

4. 完善口岸物流功能

推动海关特殊监管区域、国际陆港、口岸等协调发展，提高国际物流便利化水平。完善空港口岸保税物流、分拨转运、展览展示功能，推动高端生产要素集聚，丰富和完善空港口岸国际交往功能。发展内陆口岸在冷链、保税、展示、电子商务等功能上的集成优势，满足市民对进口日用消费品的需求。充分利用丝绸之路经济带辐射效应，发挥北京与相关国家和地区的国际铁路联运通道优势，积极通过铁路口岸探索海铁联运等多式联运运作模式。逐步实现京津冀各口岸间的信息交换和资源共享，完善通关一体化政策，推进检验、检疫业务一体化。

5. 发展跨境电子商务物流

扩大商贸物流、电子商务领域的对外开放，积极构建服务全球贸易和跨境电子商务的物流支撑体系，构筑立足北京、面向区域、辐射“一带一路”的国际物流网络，为国际高端商贸活动及跨境电子商务提供物流保障服务。加速物流业转型升级，积极推进跨境电子商务与城市物流体系协同发展，完善支撑跨境电子商务的物流体系建设，提升跨境电子商务服务品质。

6. 差别化发展四大物流园区

优化物流园区规划布局，进一步明确功能定位，提高园区资源利用效率和管理水平。北京空港物流园区重点加快完善国际物流及快递类包裹集散功能，打造北京内外贸及国际电子商务中心。通州马驹桥物流园区突出承接朝阳口岸功能，与天津口岸经营主体通过项目资金互投、利用经济纽带，促进口岸合作。大兴京南物流园区充分利用区位优势，着力发挥京津冀区域联动功能，打造京津冀一体化的重要物流枢纽。平谷马坊物流园区以“口岸+冷链+交易”为核心，建设保障首都、协同津冀的“特色口岸”型商贸流通节点，打造北京国内贸易与跨境电子商务融合发展的创新示范区和服务品牌。

还可以从企业发展模式上进行改革，支持电商、社区商业和标准化农贸市场的扁平化发展，通过电子商务应用，包括物联网、多式联运等推动市场升级，以商流、物流的分离推进批发市场升级，将批发、仓储、物流等环节向河北、天津等生产地进行转移。

根据不同的批发市场和物流园区具体情况，制订并执行合适的疏解调整方案，例如规划调整市场转型升级、关闭搬迁低端市场；专业市场园区创新发展、示范带动、转型升级；鼓励支持物流园区引进信息化手段，提高业务处理能力，用高科技技术解决土地问题。

4.5 北京通州物流基地实证研究

4.5.1 北京通州物流基地基本介绍

北京通州物流基地是北京市政府于2002年1月22日正式批准成立的市级开发区，是北京市商业物流发展“十五”规划确定的三个大型物流基地之一，规划面积为5.04平方千米。基地集现代物流功能、内陆口岸功能、流通加工功能于一体，是适应首都现代化国际大都市的功能性基础设施，辐射环渤海地区及全国的重要物流枢纽，为北京进出货物的集散和大型厂商在环渤海地区、全国采购和分销提供物流平台，被定位为公路—海运国际货运枢纽型物流基地。

北京通州物流基地位于北京东南部，是北京内外交通枢纽的中心地带，主要承担北京和环渤海地区经海路的国际、国内海运物流功能，重点服务于北京东南方向京津唐经济发展带，服务于亦庄经济技术开发区，是北京大宗货物进出境的主要枢纽。自物流基地开发建设以来，已有多家公司入驻基地，营造了物流产业发展的优良环境，促进了现代物流技术、信息、设备、人才、管理、资源、客户的集聚效应，推进了物流产业的社会化、现代化、集约化、专业化的发展，使现代物流企业持续、快速、健康的发展有了可依托的载体。

4.5.2 北京通州物流基地SWOT分析

1. 经济环境分析

北京的功能定位正在弱化经济中心，产业结构不断调整，但是北京作为国际大都市，其经济影响力仍旧很大。从表4－3中可以直观看出，北京通州物流基地的产值占四大物流基地的总产值比重在39%以上，随着通州区作为北京市行政副中心的角色转变，通州物流基地的产值将会更上新高度。

表 4-3　综合比较

项目 年份	通州区财政收入（万元）	北京通州物流基地产值（万元）	北京通州物流基地税收额（万元，前三季度）	四大物流基地总税收额（万元，前三季度）	北京通州物流基地税收占通州财政收入比重（%）	北京通州物流基地的产值占四大物流基地的总产值比重（%）
2016	5953578	4607820	188920	477804	4.1	39.54
2015	1698542	3291300	144817	352610	5.17	41.07
2014	4242247	2862000	124711	288349	5.51	43.25
2013	2195561	2120000	87000	169820	3.96	51.23
2012	1105321	1600000	70000	131500	6.3	53.23
2011	1223642	1280000	56000	123400	4.58	45.38

数据来源：北京市统计局。

通州物流基地依附北京的发展规划，其产值和地方区域财政收入呈现正相关关系，北京的资源优势为通州物流基地的发展提供了很多机遇，这也是通州物流基地相比于其他地区物流基地发展的优势；北京功能的调整会一定程度影响企业的发展，也会波及北京整个物流业，通州物流基地若不能及时把控市场定位，那么产业链的调整会威胁其发展。

2. 政治环境分析

在京津冀协同发展的背景下，北京通州物流基地深处北京交通枢纽，政策影响力度最大。北京对于物流业的发展先后出台了很多指导性文件，例如《北京城市总体规划》《物流业调整和振兴规划》《北京市“十二五”时期物流业发展规划》等。各种政策的出台均为通州物流基地的发展提供了良好的发展环境和发展机遇，在京津冀一体化大背景下，更能够有利实现资源优化配置和产业对接。

但是随着经济功能的弱化，京津唐经济圈的津唐会承接北京部分经济功能，相应地物流企业的市场功能会调整，同样，处于上游的物流基地的市场功能也会发生变化，所以政策调整带来的经济影响对于通州物流基地发展来说是一个挑战。

3. 交通环境分析

北京市“十一五”规划发展提出“三环、五带、多中心”的空间布局，这为北京国际物流、区域物流和城市物流的发展提供基础设施支持。通州物流基地位于通州区马驹桥镇，京津塘高速公路以东、南六环以北，是海运—公路—口岸国际货运枢纽型物流基地，独特天然的地理优势促进通州物流基地成为北京大宗货物进出境的主要枢纽。

北京巨大的交通量也是“大城市病”的表现之一，通州物流基地能否实现对运输车辆的控制是解决“大城市病”的关键；雾霾作为环境保护的突出问题，也早已经被列入北京的规划当中，通州物流基地车辆的绿色出行也成为未来发展的挑战。

4. 物流基地状况分析

（1）总体情况。通州物流基地积极开展项目引入工作，提出了“物流+总部”的发展思路。先后引入了苏宁电器、恒日机械、华润物流、招商局物流等多家知名企业，目前累计入驻实体投资企业50余家，吸引注册企业100多家，投资总额超过100亿元，区内现有仓储面积已经达到40万平方米，年货物存储配送量达到300万吨。

（2）经营项目。通州物流基地主要为北京的进出货物提供采购、分销平台，建成集内陆口岸功能、货物集散功能、流通加工功能、商品配送功能等于一体的“大型综合现代物流枢纽”。物流主要形式是货运代办、货物联托运、信息配载、货物配载。通州物流基地作为直通天津的口岸，担负着大宗进出口货物的集中转运。但是，部分物流企业现代化程度不高，配套设施不完善，功能单一，业务采用零担快运和整车配送相结合的方式。

（3）信息技术应用情况。大部分物流企业仍以电话联系为主，物流信息收集、加工、处理、传递存在不可控因素，物流信息的利用率及效率低，企业里物流专业人才匮乏，管理模式单一。

（4）开发模式与发展空间。物流基地前期开发阶段占地规模与资金规模较大，通州物流基地采取的是市场化运作模式，即由基地的开发主体公司通过银行贷款解决资金问题，这样势必会增加基地的自身负担。此外，从发展态势看，目前基地的土地已经不能满足今后发展，需要考虑扩展区域的问题，土地问题一直是困扰企业发展的瓶颈。

总的来说，通州物流基地的发展环境有优势，也有劣势；有机会，也有威胁。如表4－4所示。

表 4-4　　通州物流基地 SWOT 分析

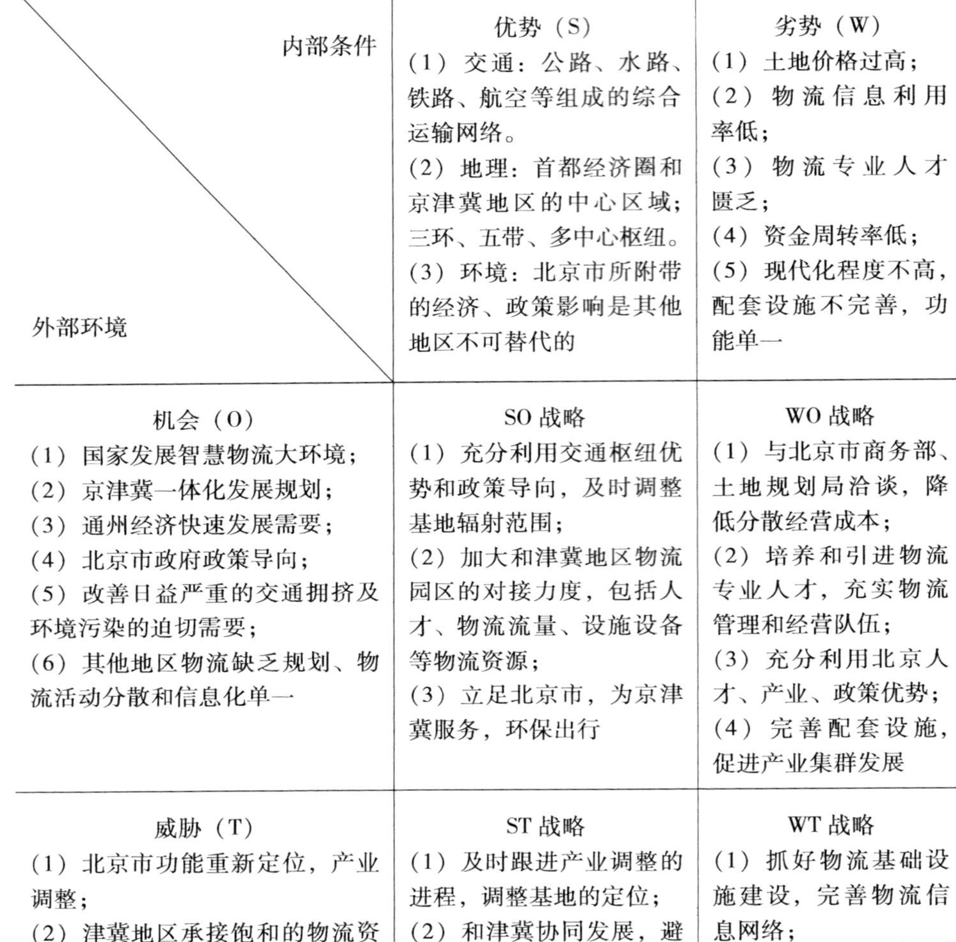

内部条件 外部环境	优势（S） （1）交通：公路、水路、铁路、航空等组成的综合运输网络。 （2）地理：首都经济圈和京津冀地区的中心区域；三环、五带、多中心枢纽。 （3）环境：北京市所附带的经济、政策影响是其他地区不可替代的	劣势（W） （1）土地价格过高； （2）物流信息利用率低； （3）物流专业人才匮乏； （4）资金周转率低； （5）现代化程度不高，配套设施不完善，功能单一
机会（O） （1）国家发展智慧物流大环境； （2）京津冀一体化发展规划； （3）通州经济快速发展需要； （4）北京市政府政策导向； （5）改善日益严重的交通拥挤及环境污染的迫切需要； （6）其他地区物流缺乏规划、物流活动分散和信息化单一	SO 战略 （1）充分利用交通枢纽优势和政策导向，及时调整基地辐射范围； （2）加大和津冀地区物流园区的对接力度，包括人才、物流流量、设施设备等物流资源； （3）立足北京市，为京津冀服务，环保出行	WO 战略 （1）与北京市商务部、土地规划局洽谈，降低分散经营成本； （2）培养和引进物流专业人才，充实物流管理和经营队伍； （3）充分利用北京人才、产业、政策优势； （4）完善配套设施，促进产业集群发展
威胁（T） （1）北京市功能重新定位，产业调整； （2）津冀地区承接饱和的物流资源，竞争发展； （3）京津冀一体化功能转移周期长	ST 战略 （1）及时跟进产业调整的进程，调整基地的定位； （2）和津冀协同发展，避免恶性竞争； （3）利用功能调整时间，把握住发展方向	WT 战略 （1）抓好物流基础设施建设，完善物流信息网络； （2）政府引导、规范、扶持和培育规模物流企业

4.5.3　通州物流基地的发展对策

通州物流基地深处北京东南部交通枢纽，其得天独厚的地理位置为物流基地带来了很多大型入驻企业，也拉动了部分产业经济增长。在京津冀协同发展的背景下，通州物流基地同时也表现出需要调整的发展方向。

1. 服务津冀，共同发展

作为辐射环渤海地区及全国的重要物流枢纽，通州物流基地承载着河北、天津大宗货物的运输功能，物流基地应加大和津冀地区物流园区的对接力度，包括人才、物流流量、设施设备等物流资源；与津冀协同发展，避免恶性竞争；突出特色，差异发展，通州物流基地应发挥公路—海运国际货运枢纽优势，朝着环渤海地区功能最完备的大宗货物集散地发展。

加快物流行业管理体制机制改革，以转变政府职能为核心，优化政府服务，解决发展中的问题，提升物流业发展质量和效益。建立部门协调工作机制，明确责任分工，制订工作计划，加快重点工程建设。加强与津冀政府层面联动，协调三地之间物流业发展政策。做好与津冀两地对口工作机构的对接，建立、健全物流业协同发展工作机制。

完善监督评估，加强考核评价。依据本规划加强对规划实施情况的跟踪分析和监督检查，听取社会各界、广大群众对规划实施的意见和建议，及时把握北京物流业发展中出现的新情况、新问题，组织开展不同阶段规划执行情况的全面评估，进一步增强规划对物流业发展的指导性。加大绩效考核力度，加大对重点工程和拟建项目的协调落实及综合评价考核。

2. 运用科技，高效发展

北京有良好的信息、产业、人才资源，通州物流基地应充分利用这些优势，抓好物流基础设施建设，完善物流信息网络建设，除了引进先进设施设备，还要加大人才的培养和招收，通州物流基地可以通过物流信息技术和专业人才的操作，为入驻企业和上下游企业以及相关客户提供更高质量的服务，让通州物流基地在大环境下能够更快、更好地发展。

对于关系民生的城市保障型物流设施，物流公共基础设施，物流产业结构升级，信息化、集约化示范等重点项目，应加强政策引导和资金支持力度。拓宽投融资渠道，鼓励社会资金投向物流行业。支持金融、融资性担保机构为物流企业发展提供融资服务，为重点项目建设提供更便利的融资服务，改善物流企业融资环境。

3. 生态屏障，绿色发展

京津冀协同发展背景下，所有产业的发展都离不开对生态环境的保护，否则会被社会机制淘汰。通州物流基地以构筑“绿色首都圈”为对接枢纽，本着绿色出行的目的，在车辆调度方面做好规划，避免交通拥堵；在车辆尾气排放方面，引进高技术处理设备，减少对空气的污染。

4. 政策扶持，健康发展

从发展态势看，目前通州物流基地的土地已经不能满足今后发展，需要考虑扩区，为了更好地规避基地在扩建过程中出现的投资大、建设周期长、回报慢等难题，需要政府在资金、税收、土地政策等方面给予倾斜、优惠和扶持；同时设立专项启动资金，加大力度支持通州物流基地的扩建。

统筹规划城市物流节点的功能和布局，调整优化城市物流节点网点。加强与相关市级“十三五”专项规划的衔接与配合，落实《北京“十三五”物流设施专项规划》，保障相关设施用地需求，形成更加合理的物流发展空间。鼓励相关部门、各区整合社区、楼宇、学校等末端便民设施资源，制定支持多种形式末端配送网点建设的政策措施，实现城市内部末端配送网点的广覆盖，形成高效运转的城市物流网络体系。

4.5.4 未来发展方向和展望

目前，通州物流基地正在加快开发建设步伐，特别是正在全力推进园区的转型升级发展，为更好地服务通州地区社会经济发展夯实基础。

1. 发展方向

未来几年，基地将全面完成开发建设任务，使基地投资环境得到完善，基础配套设施完备，生态环境优美，商务、会展等配套设施齐全。坚持“物流+总部”模式，充分发挥其5种效应，即“税收贡献效应”“产业乘数效应”“消费带动效应”“劳动就业效应”“社会资本效应”。坚持并重视生态园区建设，推进生态基础设施建设，搭建绿色智慧物流体系，打造绿色家园。作为物流标准化产业联盟成员之一，基地应进一步积极推进物流标准化进程，为推动京津冀区域物流标准化协同发展做出努力。基地应逐步引进一批物流高端企业，实现现代物流功能、内陆口岸功能、流通加工功能等，服务范围辐射华北及环渤海地区。进一步提升运营管理水平，建立起优质、高效的配套服务及管理体系。

2. 未来展望

依据设想，通州物流基地未来将实现标准化、规模化、规范化、国际化和网络化的发展目标。

（1）标准化：基地以标准化建设、标准化招商、标准化服务为经营宗旨，从策略上融合北京经济技术开发区，形成设施、功能、产业的全面对接，实现区域联动。

（2）规模化：完善物流服务功能，延伸产业链条，以物流总部经济和国际物流为发展主体，引导流通加工企业集聚。

（3）规范化：重点发展第三方物流，提高运营管理水平和现代物流技术应用水平，整合区域物流资源。

（4）国际化：拓展物流基地服务空间，发展外向型经济，建设国际知名的采购中心和区域分拨中心，构建起国际化的物流平台。

（5）网络化：以信息技术为支撑，打造物流信息化专业服务平台和供应链管理研发平台，促使基地的发展辐射环渤海经济圈、全国及亚太区域，建设成为整体实力较强、极具产业联动效应和区域发展辐射力的国家大型综合现代物流基地。

未来物流基地将在国家大发展战略的推动下，实现更快发展，为首都经济和社会发展做出更大贡献。

5 京津冀港口现状、分析及对策

京津冀地区是继“长三角”“珠三角”两大区域之后第三个具活力、具潜力的区域，在国家“十二五”规划中明确提出打造首都经济圈，将京津冀地区经济发展提升到国家战略层面。从京津冀协同发展的角度来看，加快京津冀物流一体化进程，进而促进京津冀一体化发展。京津冀一体化成为当前影响中国北部地区物流发展的重要因素，国家对于京津冀三地进行了重新的功能定位与区域划分，如何合理充分地整合三地物流资源对于京津冀地区整体发展极其重要。

港口物流以整合港口物流资源为目标，它是港口、城市和产业一体化发展的纽带，通过对其进行科学合理的布局规划，将促进资源整合。同时，在发展过程中，内陆港不断进行功能创新和业务拓展，从最初作为交通结点的内陆集装箱场站或物流节点，提升物流服务成为区域物流配送中心，再到内陆港与沿海港口的协同发展，逐步带动了区域经济一体化发展，直至最终发展成为具有多产业区的综合物流中心，内陆港作为新的物流组织与运作模式，对“沿海—内陆”的交通、城市格局、贸易格局都产生了一定的影响。

下面首先对京津冀地区港口以及北京物流口岸发展状况进行梳理，运用相关方法、理论对数据进行分析，找出物流口岸发展现状存在的问题，并针对性地提出相关对策，以使京津冀港口及口岸资源得到优化配置。

5.1 京津冀地区物流发展现状分析

梳理京津冀港口物流资源的现状，调研北京的口岸状况。北京的地理位置决定了铁路口岸、公路口岸和航空口岸的分布状况，这些口岸在京津冀协同发展的情况下，其服务的范围将原来仅仅定位在北京改变为面向京津冀三地服务。港口口岸方面，北京只有陆路港，航空口岸的利用率超过95%，已经严重饱和，天津、河北的港口众多，而天津航空口岸的利用率为60%，河北仅为25%。因此，要加大与黄骅港、天津港、曹妃甸港、京唐港、秦皇岛港的充分合作。通过京津冀协同发展，对港口口岸进行合理分工与合作。

京津冀地区的渤海湾沿岸海岸线，与山西、陕北、蒙西三大煤炭基地最为接近，已经形成了以天津港为枢纽的渤海西岸港口群，包括天津港、秦皇岛港、唐山港、黄骅港等大型港口，各个港口之间已经形成了明显的分工。其中，天津港是我国重要的枢纽海港，腹地可达华北、西北和东北广大区域，主要承担集装箱货物的进出口；秦皇岛港为深水良港，是我国最大的煤炭等能源输出港；唐山港是渤海湾沿岸近年来新崛起的大港，由曹妃甸港和京唐港两个港区组成，其中，曹妃甸港区仅用了不到十年的时间就已经发展成为国内最大的铁矿石进口港之一；黄骅港是我国北煤南运第二条通道的海铁联运港。

2002年，天津港最先在北京朝阳口岸开通陆港，北京朝阳区与天津港集团也正式签订了合资合作协议，实行京津口岸直通的跨区域口岸合作，标志着北京朝阳内陆港成了国内第一个真正意义上的内陆“无水港”。

港口口岸的发展必然会受它所处环境的影响，这些条件直接作用于港口口岸，对其发展起推动或阻碍作用，本小节从经济发展状况、港口竞争状况、港口自身条件、基础设施状况、货源结构状况、港口腹地状况6个方面对京津冀港口物流发展外部环境现状进行分析。

5.1.1 经济发展状况

国家统计局数据显示，2016年，京津冀三地的地区生产总值共计达74612.6亿元，占全国GDP（国内生产总值）的10%，京津冀三地地区生产总值均比上年增长，第三产业比重在上年的基础上继续提高。天津在装备制造业和金融业方面发展较快，拉动了全市的经济增长。河北完成钢铁、煤炭等行业的去产能工作，物流业增长明显，较2015年实现2636.2亿元的增加值，实现了6.4%的增长，将建设全国现代商贸物流重要基地。

地区产业的发展同样伴随着港口腹地及其产业的竞争。由此看出，各地大力发展港口及临港产业，进而带动相关产业的发展，如物流业、信息化产业、相关配套港口基础设施的建设等，未来港口及其产业的竞争会日趋激烈。

5.1.2 港口竞争状况

2015 年 10 月，环渤海地区合作发展纲要中提出环渤海地区港口群的分工合作①。

目前，三大港口群间在功能上还没有明确的分工，缺乏区域整体港口功能划分，容易造成多而不专、无序竞争等问题，港口群间的竞争不可避免，同时又相互合作，从而形成了三角关系。然而，大连港、青岛港、天津港分别在各自区域内优势明显，但并不表明其优势地位不会改变，区域内的港口竞争是目前最激烈的竞争。

以天津港为例，距离其直线距离不到 70 千米的曹妃甸港区优势明显，除优越的自然条件和距离东北、西北等地的地理优势外，还拥有首钢、10 亿吨的冀东油田等宝贵资源，为曹妃甸港区的发展提供了充足的货源和腹地经济支持，唐山港曹妃甸港区的快速发展给天津港带来了较大的发展压力，可能面临货源、客户的流失等问题。从环渤海区域的角度来看，区域内三大港口群竞相发展；从内部某一个港口群来看，港口群内部港口间的竞争也从未间断。

5.1.3 港口自身条件

港口口岸方面，北京只有陆路港，航空口岸的利用率已经严重饱和，天津、河北的港口众多，但航空口岸的利用率比较低，由于天津港的综合运输成本低以及运输的便利性，北京外贸进出口总值的 90% 以上通过天津港海运运输。

唐山港毗邻京津冀城市群，同时，具有临近韩国、日本的地理优势，与澳大利亚、南非等国的航线优势明显，是经济发展和对外开放的重要窗口，主要负责能源、原材料等大宗物资专业化运输。秦皇岛港是我国煤炭、原油运输的主要港口。黄骅港是我国的重要能源输出港，近年来，积极发展大宗货物和集装箱运输。

5.1.4 基础设施状况

2015 年，天津港注重发展，建设项目完成投资 79 亿元，唐山港和黄骅港

① 国家发展改革委．环渤海地区合作发展纲要［R］．2015，10.

分别完成投资建设 84 亿元和 85 亿元，而秦皇岛港建设步伐放缓。唐山港的曹妃甸港区煤码头工程、京唐港区 36 号至 40 号泊位工程等均按计划建成投产，曹妃甸港区发展迅速，目前已建成投产运营各类泊位 82 个，包括 6 个专业化铁矿石泊位、15 个专业化煤炭泊位。秦皇岛港积极创建启动绿色港口，目前秦皇岛港区有 23 个煤炭泊位，将近泊位总数的一半，煤炭运输在总业务中占相当大的比重。随着港口的不断建设，港口泊位数呈不断上升的趋势。

2011—2015 年四大港口泊位数变化情况如图 5 - 1 所示，天津港具有明显优势，始终处于较快发展的状态；唐山港的码头泊位建设增长最快，码头泊位数由 2011 年的 53 个增长到 2015 年的 97 个，表明了唐山港的快速发展；秦皇岛港在码头泊位建设上投资较少，泊位数变化较缓；黄骅港 5 年间增加了 11 个码头泊位。

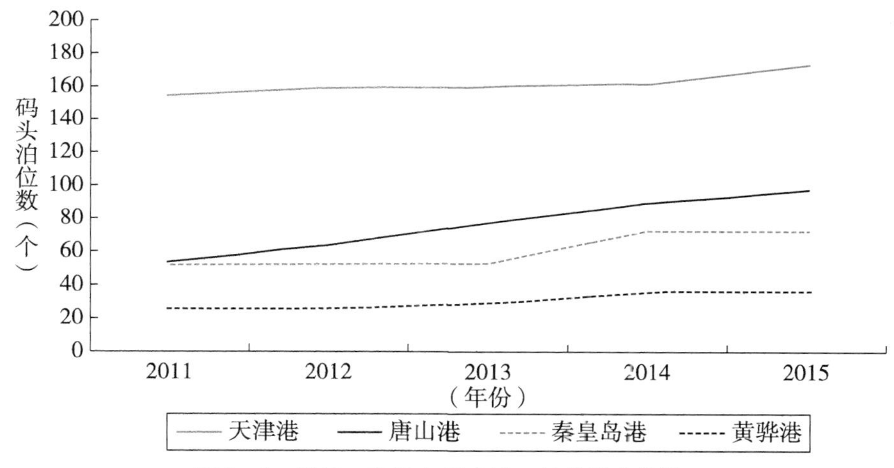

图 5 - 1　2011—2015 年四大港口泊位数变化情况

5.1.5 货源结构状况

天津港的集装箱业务在津冀港口群乃至全国具有明显的优势地位，2016 年，天津港、唐山港、秦皇岛港、黄骅港的集装箱吞吐量分别为 1450 万 TEU（标准箱）、193.2 万 TEU（标准箱）、51.5 万 TEU（标准箱）、60 万 TEU（标准箱）。唐山港京唐港区以煤炭、铁矿石及钢材为主，近两年保持了快速增长。由于受到港口功能定位影响，秦皇岛港货源过于单一化，近年来增速逐渐放缓，尤其是 2014 年以来，相继被唐山港、黄骅港超越。2016 年，黄骅港货物吞吐量达到 2.45 亿吨，增速高达 46.93%，应积极布局，将其打造为雄安新区最便捷、最经济的出海口。

5.1.6 港口腹地状况

作为港口货物、集装箱的主要来源，港口的发展依托于经济腹地，经济腹地的发展程度会影响甚至决定港口未来的发展。天津港的经济腹地主要是京津及华北、西北等。河北港口的直接腹地是京津冀三地，间接腹地主要是山西、内蒙古、陕西、宁夏等地，对外辐射范围扩展到东南亚、东北亚、华东、华南等，其中，部分腹地为天津港、山东以及辽宁沿海港口的共同腹地。京津冀是全国经济最发达的地区之一，工业基础雄厚，外贸经济发达。腹地经济的快速发展为港口物流服务带来宝贵的资源，丰富的钢铁资源、石油资源、煤炭资源为津冀港口群的发展提供货源、腹地经济支持。

5.2 京津冀各港口具体情况分析

港口是水陆交通的集结点和枢纽，是工农业产品和外贸进出口物资的集散地，是联系内陆腹地和海洋运输（国际航空运输）的一个天然界面。京津冀地区主要包括天津港、唐山港、秦皇岛港和黄骅港。

5.2.1 天津港

天津港处于京津城市带和环渤海经济圈的交会点上，距北京 160 千米，距天津 56 千米，是首都北京的海上门户，北京经海运外贸进出口总值的 90% 以上经天津港下水。天津港也是环渤海中与华北、西北等内陆地区距离最短的港口，综合运输成本最低。随着我国经济由南向北的梯次发展，天津港在北方地区的地位和作用日益突出。

5.2.2 唐山港

唐山港位于河北唐山东南沿海方位，毗邻京津冀城市群。曹妃甸距韩国仁川 740.8 千米、日本长崎 1259.36 千米、神户 1731.62 千米，与矿石出口国澳大利亚、巴西、秘鲁、南非、印度等国海运航线也十分顺畅，西北距唐山 95 千米，东北距秦皇岛 105 千米，西距天津 180 千米，是我国沿海的地区性重要港口，是能源、原材料等大宗物资专业化运输系统的重要组成部分，是河北、北京、华北及西北部分地区经济发展和对外开放的重要窗口之一。

5.2.3 秦皇岛港

秦皇岛港地处渤海之滨，扼东北、华北之咽喉，是我国北方著名的天然不冻港。秦皇岛港是世界第二大能源输出港，是我国北煤南运大通道的重要枢纽港，担负着我国南方“八省一市”的煤炭供应。秦皇岛港地处华北、东北两大经济区的接合部，是我国煤炭、原油运输的主要港口，也是其他进出口货物的集散口岸，有能源运输枢纽之称。

5.2.4 黄骅港

黄骅港位于河北黄骅的渤海之滨，恰置河北、山东两省交界处，环渤海经济圈的中部，海上距天津 111.12 千米，陆上 112 千米；东距龙口约 275.948 千米，陆上 280 千米；西距黄骅市 45 千米，朔黄铁路、邯黄铁路、黄万铁路、沧港铁路、黄大铁路（正建）直通港口，是河北沿海的地区性重要港口，也是我国的主要能源输出港之一。

内陆港是设在内陆经济中心城市铁路、公路交会处，便于货物装卸、暂存的车站，是依照有关国内运输法规、条约和惯例设立的对外开放的国内商港，也是沿海港口在内陆经济中心城市的支线港口和现代物流的操作平台，为内陆地区经济发展提供方便快捷的国内港口服务。口岸是由国家指定的对外经贸、政治、外交、科技、文化旅游和移民等来往的门户，并供往来人员、货物和交通工具出入国（边）境。目前，北京拥有首都国际机场空港口岸、北京西站铁路口岸、平谷国际陆港 3 个国家口岸和丰台货运口岸、朝阳口岸 2 个口岸功能区。

马驹桥物流园区和马坊物流园区的功能定位分别为公路—海运国际货运枢纽型物流园区和海运—公路枢纽型物流园区，其物流园区的发展与港口海运发展密切相关。

5.3 京津冀港口物流存在的问题

5.3.1 现有问题分析

天津港是我国北方地区最大的综合性港口，河北三大港口作为后起之秀，保持高增长态势，四大港口间竞争日益激烈，存在着许多突出的问题，主要从以下三个方面来看。

1. 从吞吐量变化来看

河北港口整体吞吐量没有大幅度变化，四大港口内部调整明显。近年来，唐山港大力发展港口运输，其货物吞吐量远远超过秦皇岛港货物吞吐量，并接近于我国北方最大的综合性港口天津港；黄骅港与秦皇岛港均以煤炭为主要货源，2016 年，黄骅港反超秦皇岛港。

四大港口间竞争不断，陆续扩展到自己优势不足的业务，增加了自身运营成本。2016 年，中国港口年鉴数据显示，天津港煤炭的泊位年通过能力为 9550 万吨，其吞吐量为 10970 万吨；天津港金属矿石的年通过能力为 2900 万吨，实际吞吐量为 16812. 35 万吨；秦皇岛港煤炭的泊位年通过能力为 19455 万吨，其吞吐量为 15900 万吨，均远超过实际通过能力。然而，黄骅港、唐山港吞吐量与年通过能力差距较大，各港口应根据自身条件重点发展优势业务，避免港口物流的过度集聚，推动港口在竞争中谋求共同发展。

2. 从货源结构来看

河北集装箱连续 4 年保持年增速 20% 以上，但是与周边省份相比仍然处于落后阶段。天津港除了集装箱业务外，主要以煤炭、石油天然气及制品、金属矿石为业务货源；唐山港以煤炭、矿石、钢材为主要货源，钢材业务较其他三港具有明显优势；秦皇岛港与黄骅港的货源相似，均以煤炭为主，近两年黄骅港大力发展矿石以及集装箱业务，煤炭运量也在增长。

3. 从腹地来看

津冀港口群发展中，普遍存在着为争取货源盲目降价，港口建设各成体系、各自为政，无序竞争等各种港口发展的突出问题。另外，港口经济腹地范围交叉、缺乏分工，导致港口功能、产业结构趋同，造成了港口结构性矛盾突出。

5.3.2 京津冀协同发展对物流口岸的影响分析

近年来，国内外学者注重研究沿海港口与内陆港的协同发展问题，从不同角度阐述两者间协同发展的重要性和必要性。

国外的专家参考动力模型解释沿海港口与内陆港间协同发展的动力成因，同时侧重考虑了交通因素对协同发展的作用；有的专家从沿海港口对内陆经济的影响和内陆经贸对沿海港口的制约两方面来分析沿海港口与内陆港之间的协同发展关系。而国内的专家注重深入研究沿海港口与内陆港协同发展的历史进程和制约两者协同的矛盾冲突，提炼良性的互动关系，提出相应的发展对策。

1. 港口与腹地互动发展格局仍未形成

腹地的优势资源或产业构成了港口的主要货源，因此腹地的经济水平影响着港口经济的发展水平。河北经济外向度较低，明显落后于我国其他沿海地区。河北港口对省内直接腹地的依赖度很低，省外腹地的大宗物资和原材料运输服务占吞吐量的80%以上，港口集装箱运输量偏小，杂货吞吐量增长率较低。目前河北港口面临着大港小城的问题，港口城市经济发展水平相差较大，同时临港产业尚未形成规模化产业群，各个产业之间关联度也不强，互相带动作用不够明显，绝大多数为过境出港物资，对港口的货源支撑不足，且货种单一，而港口对地方经济的带动作用有限。

2. 北京内陆港发展不足

北京内陆港体系尚待完善，内陆港发展受到地理位置的严重制约，口岸区域规划未完全实现，物流功能单一，缺少统一开放的内陆港公共信息服务平台，政策支持力度不够。

综上所述，不难发现，港口间存在货源争夺、无序竞争问题，甚至为了竞争扩展到自己优势不足的业务上，重复投资建设，造成资源浪费、增加建设成本；对于津冀港口群来说，港口群整体以煤炭、铁矿石、石油为主要货源，货种结构单一，货源的趋同容易引起货源争夺；各区域行政分割、腹地交叉重叠、功能上缺乏划分，阻碍了区域内资源的流动和跨地区合作，港口与腹地未形成互动发展。

5.4 港口竞争力分析

5.4.1 货源结构分析预测

1. 三次指数平滑法介绍

港口吞吐量是衡量港口发展程度的一个重要指标，吞吐量的预测与港口腹地经济的发展和我国经济竞争力等息息相关。指数平滑法的优点是对原始数据的要求低，处理起来相对简单，能够反映历史变化情况的统计方法，便于分析变量的演变趋势。

设时间序列为 y_1，y_2，…，y_t，三次指数平滑法的预测模型为：

$$y_{t+T}=a_t+b_tT+c_tT^2 \tag{5-1}$$

式中，a_t，b_t，c_t 分别为：

$$a_t = 3S_t^{(1)} - 3S_t^{(2)} + S_t^{(3)}$$

$$b_t = \frac{\alpha}{2(1-\alpha)^2}\left[(6-5\alpha)S_t^{(1)} - 2(5-4\alpha)S_t^{(2)} + (4-3\alpha)S_t^{(3)}\right] \tag{5-2}$$

$$c_t = \frac{\alpha^2}{2(1-\alpha)^2}[S_t^{(1)} - 2S_t^{(2)} + S_t^{(3)}]$$

y_{t+T}为吞吐量需求预测值，t、T 分别为预测的起始年份和预测周期。

$S_t^{(i)}$ 为第 t 期第 i 次指数平滑值，指数平滑值计算公式为：

$$S_t^{(1)}=\alpha y_t+(1-\alpha)S_{t-1}^{(1)}$$
$$S_t^{(2)}=\alpha S_t^{(1)}+(1-\alpha)S_{t-1}^{(2)} \tag{5-3}$$
$$S_t^{(3)}=\alpha S_t^{(2)}+(1-\alpha)S_{t-1}^{(3)}$$

α 为平滑系数，且 $0<\alpha<1$。

2. 货源结构分析预测

（1）津冀港口货物吞吐量。

科学合理的货物吞吐量预测是港口主管部门进行正确决策和规划的基础。通过查阅 2000—2016 年中国港口年鉴，整理 2000—2016 年津冀港口货物吞吐量情况，采用Excel对 2017—2020 年港口货物吞吐量进行三次指数平滑预测，如表 5－1 所示。

表 5－1　2000—2020 年津冀港口货物吞吐量　单位：亿吨

年份	天津港	唐山港	秦皇岛港	黄骅港
2000	0.9566	0.0902	0.9743	0.0074
2001	1.1369	0.1102	1.1302	0.0077
2002	1.2906	0.1465	1.1167	0.1687
2003	1.6182	0.2083	1.2562	0.3349
2004	2.0619	0.2602	1.5037	0.4599
2005	2.4069	0.3365	1.6900	0.6728
2006	2.5760	0.5170	2.0489	0.8143
2007	3.0946	0.6758	2.4893	0.8283
2008	3.5593	1.0852	2.5231	0.7925
2009	3.8111	1.7559	2.4942	0.8374

续 表

年份	天津港	唐山港	秦皇岛港	黄骅港
2010	4.1325	2.4609	2.6297	0.9438
2011	4.5338	3.1700	2.8770	1.1145
2012	4.7697	3.6458	2.7099	1.2500
2013	5.0063	4.4600	2.7260	1.7103
2014	5.4002	5.0080	2.7403	1.7600
2015	5.4051	4.9285	2.5309	1.6657
2016	5.5000	5.1600	1.8600	2.4474
2017	5.5768	5.0298	2.8059	2.6603
2018	5.7169	5.2746	2.8063	3.0418
2019	5.8510	5.5221	2.8066	3.4412
2020	5.9792	5.7723	2.8068	3.8583

注：2000—2016 年数据来源于 2000—2016 年中国港口年鉴；2017—2020 年数据来源于预测值。

由表 5-1 和图 5-2 所示，2000—2020 年天津港货物吞吐量始终保持领先优势和持续增长的态势；唐山港货物吞吐量上升趋势明显，从 2007 年开始，唐山港吞吐量突增，且保持快速增长的趋势，从 2013 年开始，唐山港与天津港的货物吞吐量值逐渐接近，预计至 2020 年，两者之间的差距会进一步缩小；黄骅港货物吞吐量保持逐渐增长的状态，逐渐赶超秦皇岛港；而秦皇岛港货物吞吐量处于波动状态，2015 年和 2016 年下降明显，2017 年有所回升，预计 2017—2020 年将保持平稳发展的状态。

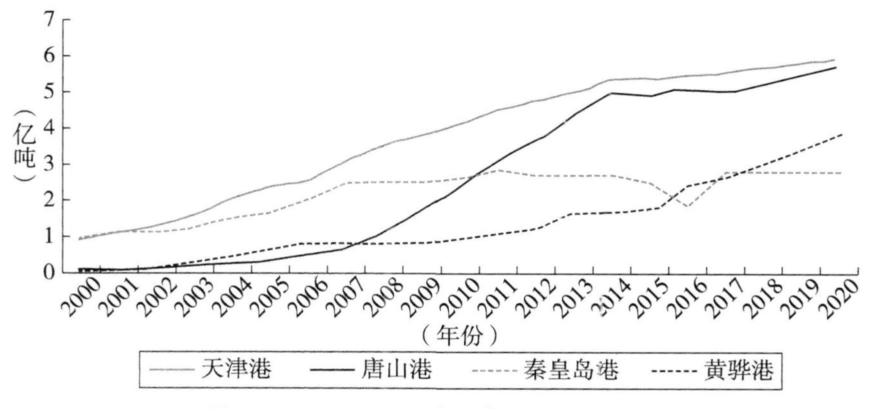

图 5-2　2000—2020 年津冀港口货物吞吐量

（2）津冀港口集装箱吞吐量。

港口集装箱吞吐量是增强港口竞争力、提升港口经济效益的一个重要影响因素。作为衡量港口能力的一个重要指标，集装箱吞吐量不仅体现了港口目前的发展水平，更反映出港口今后的发展潜力。随着世界经济的快速发展与增长，集装箱运输也在迅猛发展，而集装箱吞吐量又是各大港口之间竞争的核心，因此，港口集装箱吞吐量的科学预测对推动经济发展以及优化港口结构具有重大意义，对于港口的发展具有重要作用。2000—2020 年津冀港口集装箱吞吐量如表 5 - 2 所示。

表 5 - 2　　2000—2020 年津冀港口集装箱吞吐量　　单位：万 TEU

年份	天津港	唐山港	秦皇岛港	黄骅港
2000	170.88	0.63	1.35	—
2001	201.00	0.27	2.03	—
2002	240.80	0.28	4.43	—
2003	300.00	0.25	5.48	—
2004	381.60	0.54	8.23	—
2005	480.00	3.55	10.47	—
2006	595.00	9.51	20.00	—
2007	710.20	19.28	30.00	—
2008	850.00	24.00	40.22	—
2009	870.00	24.00	33.07	—
2010	1008.60	27.67	34.00	—
2011	1158.80	34.09	43.01	—
2012	1230.00	35.20	34.39	10.20
2013	1301.00	72.80	38.78	23.00
2014	1406.00	110.86	41.40	31.40
2015	1411.10	152.00	50.10	50.20
2016	1450.00	193.20	51.50	60.00
2017	1514.70	233.18	55.51	77.89
2018	1565.20	286.73	57.24	93.03
2019	1616.60	334.60	59.04	109.28
2020	1669.00	408.96	60.89	126.64

津冀港口间集装箱吞吐量差距较大，唐山港的集装箱业务起步落后于秦皇岛港，黄骅港的集装箱业务起步晚，2015—2020 年两者的集装箱吞吐量均

超过秦皇岛港，而秦皇岛港集装箱吞吐量处于缓慢增长的状态，虽然存在增长，可增长速度过慢，被唐山港和黄骅港两港口超越。

（3）津冀港口主要大宗货物吞吐量。

通过查阅2007—2016年中国港口年鉴、国家统计局网、中国港口网等，以及对各港口发展现状进行分析梳理可知，在津冀港口主要大宗货物运输中，煤炭和金属矿石的运输均占有相当重要的地位；唐山港的钢铁吞吐量占有明显优势；天津港、秦皇岛港、黄骅港的石油天然气及制品分别在各港口货物吞吐量中占有相当大的比重。不过，近几年，秦皇岛港的石油天然气及制品吞吐量存在下降的趋势，黄骅港的石油天然气及制品业务从2012年开始其吞吐量发展速度较快。2007—2015年津冀港口主要大宗货物吞吐量如表5－3所示。

表5－3　2007—2015年津冀港口主要大宗货物吞吐量　单位：万吨

年份	天津港			唐山港		
	煤炭	石油天然气及制品	金属矿石	煤炭	钢铁	金属矿石
2007	8997	3392	5382	1560	1101	3599
2008	9769	4305	6587	3967	1096	5057
2009	6499	4876	9352	6350	1314	9072
2010	8259	6151	7921	11136	2145	9577
2011	10400	5934	8730	13434	2961	12008
2012	9392	5495	9833	14494	3500	15159
2013	8962	5307	10817	18646	4027	17231
2014	10779	5256	11770	17805	5074	21247
2015	12413	5448	12840	15148	5598	22331
年份	秦皇岛港			黄骅港		
	煤炭	石油天然气及制品	金属矿石	煤炭	石油天然气及制品	金属矿石
2007	21445	768	1213	8173	—	80
2008	21800	890	1080	7842	—	90
2009	20680	891	1901	7853	—	305
2010	22476	931	1370	8934	—	361
2011	25400	977	733	9740	—	1376
2012	23791	970	655	10436	47	1796
2013	23828	880	616	13693	183	2720
2014	23964	767	609	14056	222	2614
2015	22234	740	554	12727	267	2778

在煤炭方面，秦皇岛港具有绝对优势，煤炭是其发展的主要特色，但出现了下滑的趋势，其他三大港口呈现波动增长的趋势，对秦皇岛港来说唐山港和黄骅港是两个巨大的竞争对手，其业务下滑与其他港口业务货源竞争存在很大的关系。2007—2015 年津冀港口群煤炭吞吐量如表 5 - 4 和图 5 - 3 所示。

表 5 - 4　　2007—2015 年津冀港口群煤炭吞吐量　　单位：万吨

年份	天津港	唐山港	秦皇岛港	黄骅港
2007	8997	1560	21445	8173
2008	9769	3967	21800	7842
2009	6499	6350	20680	7853
2010	8259	11136	22476	8934
2011	10400	13434	25400	9740
2012	9392	14494	23791	10436
2013	8962	18646	23828	13693
2014	10779	17805	23964	14056
2015	12413	15148	22234	12727

数据来源：2007—2016 年中国港口年鉴。

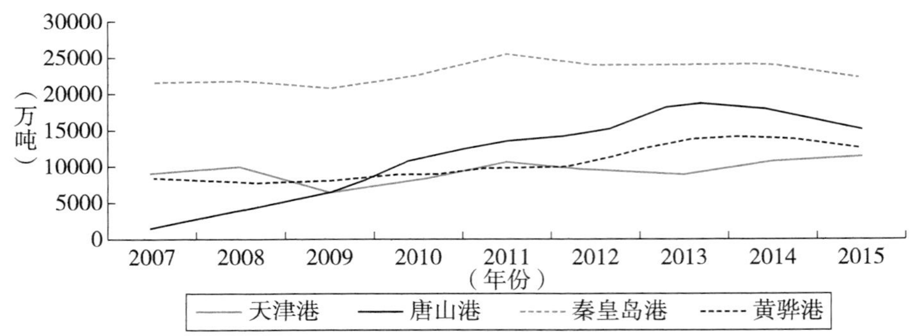

图 5 - 3　2007—2015 年津冀港口群煤炭吞吐量

在金属矿石方面，唐山港发展迅速，从 2010 年开始，唐山港的金属矿石吞吐量超过了天津港，并保持快速增长的趋势；同时，黄骅港的金属矿石吞吐量也在逐渐增长，从 2011 年开始，黄骅港的金属矿石吞吐量超过了秦皇岛港；而从 2011 年开始，秦皇岛港的金属矿石吞吐量出现下降趋势。2007—2015 年津冀港口群金属矿石吞吐量如表 5 - 5 和图 5 - 4 所示。

表 5－5 2007—2015 年津冀港口群金属矿石吞吐量 单位：万吨

年份	天津港	唐山港	秦皇岛港	黄骅港
2007	5382	3599	1213	80
2008	6587	5057	1080	90
2009	9352	9072	1901	305
2010	7921	9577	1370	361
2011	8730	12008	733	1376
2012	9833	15159	655	1796
2013	10817	17231	616	2720
2014	11770	21247	609	2614
2015	12840	22331	554	2778

数据来源：2007—2016 年中国港口年鉴。

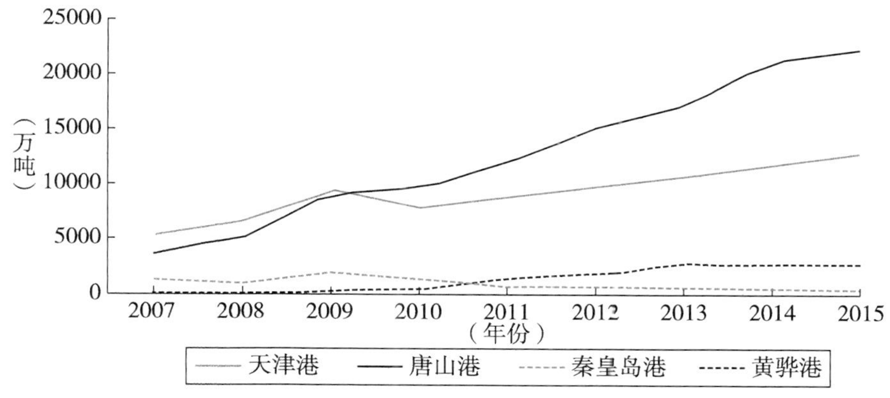

图 5－4 2007—2015 年津冀港口群金属矿石吞吐量

5.4.2 空间结构分析

港口物流空间布局是整合港口物流资源、促进港口竞合发展的重要方法，是提高港口物流竞争力和腹地影响力的重要途径。随着港口不断向外发展，腹地交叉、航线重合、争夺货源等问题日益严重，导致港口间无序竞争、同质化竞争激烈，实现港口物流空间合理布局对于推动区域港口一体化非常重要。

1. 港口物流集聚性

（1）基尼系数（Gini Coefficient）。

基尼系数是指在全部居民收入中，用于进行不平均分配的那部分收入所占的比例。基尼系数是一个比值，数值为 0 ~ 1。基尼系数的计算公式：

$$G(\text{基尼系数}) = A/(A+B) \quad (5-4)$$

在港口物流空间格局分析中，基尼系数通过测算港口货流分布状况，分析区域港口物流空间格局的集散程度。从原点 O 到对角点的曲线，被称为洛伦兹曲线，如图 5－5 所示，横轴为港口数所占的累计百分比，纵轴为港口货物吞吐量所占的累计百分比。

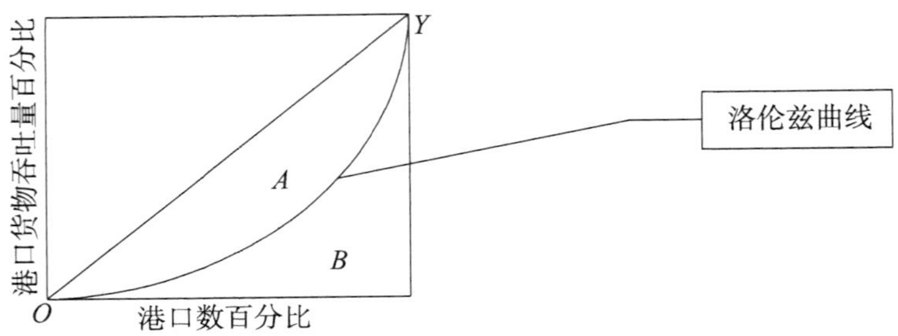

图 5－5　港口货流的洛伦兹曲线

面积 A 占面积 $A+B$ 的比例越大，港口货物吞吐量不均等程度就越大。基尼系数的计算公式：

$$G = 0.5\sum_{i=1}^{n} |x_i - y_i| \tag{5-5}$$

式中：n 代表港口群内港口数；x_i 代表 i 港口货物吞吐量占港口群货物吞吐总量的比重；y_i 代表在绝对均匀分布条件下，i 港口货物吞吐量占港口群货物吞吐总量的比重。

基尼系数 G 的取值越大，表明港口货流集聚程度越高，导致分布越不均衡，在空间上趋于集中状态；$G=0$ 表明各港口吞吐量相等，港口货流在空间上分布趋于绝对均衡，港口群空间结构趋于分散状态。

本研究将通过计算基尼系数，用港口货物吞吐量这一指标来分析津冀港口群货流的分布情况，进而分析港口物流空间格局的集散程度和港口间的竞合力状况。

（2）赫芬达尔指数。

赫芬达尔－赫希曼指数，简称赫芬达尔指数（Herfindahl－Hirschman Index，HHI），它是一种测量产业集中度的综合指数，用某特定市场上所有企业的市场份额的平方和来表示：

$$HHI = \sum_{i=1}^{n} (X_i/X)^2 = \sum_{i=1}^{n} S_i^2 \tag{5-6}$$

式中：X 代表市场的总规模；X_i 代表 i 企业的规模；$S_i = X_i/X$，代表第 i

个企业的市场占有率；n 代表该产业内的企业数。HHI 越大，表示市场集中程度越高，垄断程度越高。

在港口物流空间格局分析中，借鉴赫芬达尔指数的原理，测算、分析港口物流空间格局分布的集散程度，其公式为：

$$HHI = \sum_{i=1}^{n} P_i^2 \tag{5-7}$$

式中：HHI 代表反映港口货流的集中系数；P_i 代表各港口吞吐量在港口群中的比重；n 代表港口群内港口数。HHI 的数值范围为 $0 < HHI < H$（H 为介于 0 - 1 的一个数值），当 $HHI < H$ 时，物流空间格局趋于分散；$HHI > H$ 时，物流空间格局趋于集聚。

本研究将通过引入赫芬达尔指数来研究市场条件下港口物流的集中程度，引入基尼系数对港口群物流集聚性进行分析。为了保证结果的准确性，选择基尼系数和赫芬达尔指数两个模型。

2. 津冀港口群物流集聚性分析

基尼系数用来分析货流的分布状况和港口物流空间格局的集散程度，赫芬达尔指数用来说明市场的集中程度。根据公式（5 - 5）和公式（5 - 7），对四港口 2000—2014 年的货物吞吐量进行计算，得出津冀港口群的区位基尼系数和赫芬达尔指数的具体数值，如表 5 - 6 所示。

表 5 - 6　　2000—2014 年津冀港口群物流集聚状况

年份	天津港吞吐量（亿吨）	秦皇岛港吞吐量（亿吨）	黄骅港吞吐量（亿吨）	唐山港吞吐量（亿吨）	基尼系数	赫芬达尔指数
2000	0.9566	0.9743	0.0074	0.0902	0.4519	0.4551
2001	1.1369	1.1302	0.0077	0.1102	0.4506	0.4539
2002	1.2906	1.1167	0.1687	0.1465	0.3842	0.3997
2003	1.6182	1.2562	0.3349	0.2083	0.3411	0.3726
2004	2.0619	1.5037	0.4599	0.2602	0.3320	0.3698
2005	2.4069	1.6900	0.6728	0.3365	0.3024	0.3534
2006	2.5760	2.0489	0.8143	0.5170	0.2765	0.3316
2007	3.0946	2.4893	0.8283	0.6758	0.2878	0.3367
2008	3.5593	2.5231	0.7925	1.0852	0.2641	0.3289
2009	3.8111	2.4942	0.8374	1.7559	0.2086	0.3098
2010	4.1325	2.6297	0.9438	2.4609	0.1694	0.2993
2011	4.5338	2.8770	1.1145	3.1700	0.1587	0.2933
2012	4.7697	2.7099	1.2500	3.6458	0.1800	0.2935

续 表

年份	天津港吞吐量（亿吨）	秦皇岛港吞吐量（亿吨）	黄骅港吞吐量（亿吨）	唐山港吞吐量（亿吨）	基尼系数	赫芬达尔指数
2013	5.0063	2.7260	1.7103	4.4600	0.1809	0.2862
2014	5.4002	2.7403	1.7600	5.0080	0.1981	0.2918

数据来源：2000—2015 年中国港口年鉴。

为了更直观地反映集聚系数随时间的变化趋势，绘制了 2000—2014 年津冀港口群物流集聚状况图，如图 5 - 6 所示。

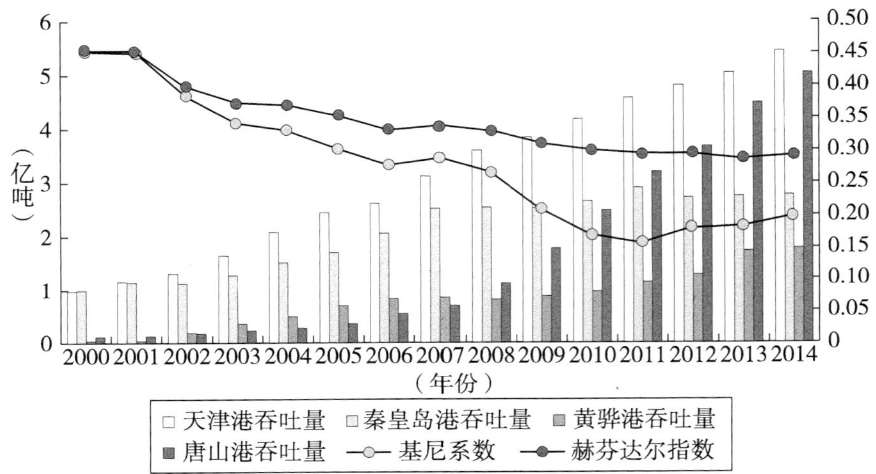

图 5 - 6　2000—2014 年津冀港口群物流集聚状况

由此看出，2000—2014 年津冀港口群的基尼系数和赫芬达尔指数大致保持一致下降趋势，说明港口物流空间布局整体出现了由集聚向分散的趋势。

从港口货物吞吐量来看，2000 年，天津港、秦皇岛港吞吐量均将近 1 亿吨，黄骅港和唐山港吞吐量之和不足 0.1 亿吨，天津港、秦皇岛港、黄骅港、唐山港的吞吐量分别占津冀港口群总吞吐量的 47.16%、48.03%、0.36%、4.45%；2014 年，天津港、秦皇岛港、黄骅港、唐山港的吞吐量分别占津冀港口群总吞吐量的 36.22%、18.38%、11.81%、33.59%。

基尼系数和赫芬达尔指数的取值均介于 0 ~ 1。当基尼系数的取值越大时，表明港口群内货流集聚程度越高，在空间上越集中，分布越不均衡；赫芬达尔指数同基尼系数类似，当 *HHI* 趋向于 0 时，物流空间格局趋于分散；*HHI* 趋向于 1 时，物流空间格局趋于集聚。2000 年，津冀港口群的基尼系数和赫芬达尔指数相差不大，介于 0.4 ~ 0.5 之间，集聚程度较高；2001—2006 年，两数值呈现快速下降的趋势，表明港口物流空间结构快速分散，发生明显变动；2007 年，两数值呈现小幅度回升；2008—2011 年，继续呈现下降趋势，基尼系数快速下降，赫芬达尔指数下降幅度较小；2012 年，两系数又出现小幅度回升，表明港口整体空间结构有小幅度的波动；2013—2014 年，两系数基本趋于平缓，基尼系数基本稳定在 0.2 左右，赫芬达尔指数在 0.3 左右变化。

结合集聚系数和港口货物吞吐量的变化情况，可见，津冀港口群物流空间格局由集聚趋于分散状态，由 2008 年以天津港和秦皇岛港为主导，逐步转变为以天津港和唐山港为主导。天津港和唐山港的货物吞吐量比重较大且增速较快，相比较而言，秦皇岛港和黄骅港增速缓慢，港口群的物流空间分布整体呈现均衡状态。

3. 港口物流空间联系强度分析

为了更全面地反映港口物流空间格局的实际情况，借鉴城市间经济吸引力计算的引力模型，本书选取港口泊位总数、港口货物吞吐量两个指标来分析港口物流空间联系强度问题。从港口间基础设施与货物运输相互联系的视角，采用港口泊位总数、货运量分别代替人口和经济指标，构建港口物流联系强度指数模型（L），计算港口间的相互作用力，公式如下：

$$L = k\frac{\sqrt{P_iV_i} \times \sqrt{P_jV_j}}{D_{ij}^2} \tag{5-8}$$

式中：P_i、P_j 分别代表某年港口群港口 i 和港口 j 的泊位总数；V_i、V_j 代表某年港口群港口 i 和港口 j 的货运量；D_{ij}代表港口 i 和港口 j 之间的距离，可用港口间的直线距离近似代替；k 为参数，取 $k = 100$。港口间直线距离和港口泊位数分别如表 5-7 和表 5-8 所示。

表 5-7　港口间直线距离　　单位：千米

j \ i	天津港	秦皇岛港	黄骅港	唐山港
天津港	—	189.5	83	108.6
秦皇岛港	—	—	235	97.4
黄骅港	—	—	—	139
唐山港	—	—	—	—

数据来源：百度地图。

表 5-8　　港口泊位数　　单位：个

港口	2008 年	2010 年	2012 年	2014 年
天津港	139	151	159	162
秦皇岛港	45	52	52	72
黄骅港	14	20	25	36
唐山港	38	44	63	89

数据来源：2008—2015 年中国港口年鉴。

港口间的相互作用力 L 值越大，表明港口间物流空间联系强度越大，港口间联系较多，相互之间影响较大。港口间的相互作用力如表 5-9 所示。

表 5-9　　港口间的相互作用力

港口 i—港口 j	2008 年	2010 年	2012 年	2014 年
天津港—秦皇岛港	0.660	0.813	0.910	1.157
天津港—黄骅港	1.075	1.575	2.235	3.417
天津港—唐山港	1.211	2.203	3.539	5.295
秦皇岛港—黄骅港	0.064	0.092	0.120	0.202
秦皇岛港—唐山港	0.721	1.283	1.896	3.126
黄骅港—唐山港	0.111	0.234	0.439	0.869

港口地域组合空间结构演化是港口群中港口间相互竞争与合作的结果。港口间的竞合发展会打破港口原有空间结构，促使港口资源重新分配，港口地域组合间泊位总数和货物吞吐量相互作用力的变化反映了津冀港口群地域组合空间结构的变化。

由表 5-9 可知，天津港与秦皇岛港、黄骅港、唐山港之间，秦皇岛港与黄骅港、唐山港之间，黄骅港与唐山港之间的相互作用力均呈现出不断增大的趋势。然而，天津港与黄骅港、唐山港之间，秦皇岛港与唐山港之间的相互作用力呈现出快速增长的趋势，天津港与秦皇岛港、秦皇岛港与黄骅港之间，黄骅港与唐山港之间的相互作用力呈现出缓慢增长的趋势。由此可推测出，天津港依然保持较强的综合实力，唐山港实力突飞猛进，而秦皇岛港和黄骅港增长程度相对较弱。

由上可知，港口地域组合之间联系不断加强。2008 年，天津港对外联系最广，2010 年之后，其他港口对外联系不断拓展。各港口间作用力不断增大，相互联系不断变多，对外竞争与合作也增多，相互之间产生更多的影响，由以天津港为主导的状态逐步向共同竞合的方向发展，各港口实力以及津冀港口群整体实力也在增强壮大。

4. 腹地状况分析

随着国家综合国力的提升，国际交往、对外合作与交流日益繁忙，首都北京的口岸经济体系在新时期、新形势下蓬勃发展，口岸设施建设步伐不断加快，口岸经济辐射作用逐步增强。以空港口岸为主导、内陆口岸为配套的全方位、多功能、海陆空立体交叉的口岸开放格局基本形成，为服务首都国际交往和对外贸易做出了卓越贡献。

（1）断裂点理论介绍。

断裂点理论是有关城市或城市间相互作用的理论。中心城市对相邻城市发展产生影响，但这种影响会由于各城市人口规模、经济规模等差异而不同，并随着距离的增加，中心城市对其下级城市的影响逐渐减弱，并被附近其他中心城市的影响取代。城市与城市之间存在辐射力的平衡点叫作断裂点。

通过对断裂点位置和辐射力的计算发现，在京津冀港口群中，天津港、秦皇岛港的腹地范围呈现缩小状态，而唐山港、黄骅港呈现不断扩大趋势，四港口的整体实力在竞争中增强，竞相发展对腹地的影响力。

由于影响港口物流发展的因素较多，考虑数据的可获取性，本书选取不同阶段港口货物吞吐量（X_1）、泊位数（X_2）、泊位长度（X_3）三个指标来代表港口物流综合实力，其公式为：

$$T_i = \sqrt[3]{X_1 \times X_2 \times X_3} \tag{5-9}$$

①断裂点计算。

j 为港口 i 的周边港口，k 为港口 i 与港口 j 的断裂点，港口 i 到断裂点 k 的距离计算公式为：

$$D_{ik} = D_{ij}/(1 + \sqrt{T_j/T_i}) \tag{5-10}$$

式中：D_{ik}代表港口 i 到断裂点 k 的直线距离；D_{ij}代表港口 i、j 间的直线距离；T_i、T_j 代表港口 i、j 物流的综合实力。D_{ik}变大说明港口 i 的腹地及物流影响力增大。

②场强计算。

根据港口 i 到断裂点 k 的距离，计算港口 i 在 k 点的辐射力大小，即港口 i 对 k 点的场强，其公式为：

$$F_{ik} = T_i/D_{ik}^2 \tag{5-11}$$

式中：F_{ik}代表港口 i 在断裂点 k 的辐射力大小（场强）；D_{ik}代表港口 i 到断裂点 k 的直线距离；T_i 代表港口 i 的物流综合实力。F_{ik}变大说明港口 i 在断裂点 k 的辐射力增大，其物流影响力也变大。

本研究将通过对津冀港口间断裂点位置的计算，分析各港口腹地范围的变动情况，通过计算场强来研究各港口对腹地辐射力与影响力的大小。通过对两个模型的分析，可以看出港口间的竞合状况。

（2）津冀港口群物流腹地影响力分析。

现代港口物流的发展促进了港口周边地区人流、物流、资金流和信息流等的流通，相邻港口间的腹地竞争呈现出动态性、阶段性特征。港口泊位长度如表 5－10 所示。

表 5－10　　港口泊位长度　　单位：米

港口	2008 年	2010 年	2012 年	2014 年
天津港	27715	31915	33978	35954
秦皇岛港	11310	12151	12151	15928
黄骅港	3156	4204	5570	8761
唐山港	9561	10901	16628	23715

数据来源：2008—2015 年中国港口年鉴。

根据公式（5－10）和公式（5－11），港口物流断裂点位置如表 5－11 所示，分析各港口物流对腹地的影响力，可以反映出港口物流发展和竞争格局的变动。

表 5－11　　港口物流断裂点位置　　单位：千米

地区	2008 年	2010 年	2012 年	2014 年
距天津港（天—黄）	60. 5972	59. 3618	57. 8185	54. 9577
距唐山港（唐—天）	38. 6933	41. 7461	45. 7383	49. 3721
距秦皇岛港（秦—唐）	53. 4767	50. 0893	45. 4446	43. 8001

从港口物流断裂点位置来看，津冀港口群物流腹地发生了较大变动，腹地范围呈动态变化。具体如下。

天津港物流腹地范围呈现缩小趋势，天津港与黄骅港间的断裂点位置由 2008 年距天津港的 60. 5972 千米减小到 2014 年的 54. 9577 千米，相比较而言，其腹地范围仍保持较大状态。

天津港与黄骅港之间的距离不变，断裂点位置与天津港之间的距离在缩小，则断裂点位置与黄骅港之间的距离在增大，可以看出黄骅港的腹地范围呈现增大趋势。

秦皇岛港的物流腹地范围呈现明显缩小趋势，秦皇岛港与唐山港间的断裂点位置由2008年距秦皇岛港的53.4767千米减小到2014年的43.8001千米，变化较大。

唐山港的物流影响力呈现扩大趋势，唐山港与天津港之间的断裂点由2008年距离唐山港的38.6933千米增大到2014年的49.3721千米，唐山港整体呈现增大趋势，唐山港与天津港间、唐山港与秦皇岛港间、断裂点位置与天津港和秦皇岛港之间的距离在减小，天津港和秦皇岛港曾经的大港优势和腹地影响力在弱化。

在津冀港口群中，天津港、秦皇岛港的腹地范围呈现缩小趋势，而唐山港、黄骅港呈现不断扩大趋势，四港口的整体实力在竞争中增强，竞相发展对腹地的影响力。

根据公式（5－11），可计算出港口物流的辐射力（场强）大小，如表5－12所示，断裂点处港口物流的辐射力在不断增强。

表5－12　　港口物流的辐射力（场强）

地区	2008年	2010年	2012年	2014年
天津港—黄骅港	0.0652	0.0769	0.0884	0.1045
唐山港—天津港	0.0465	0.0606	0.0747	0.0900
秦皇岛港—唐山港	0.0380	0.0472	0.0579	0.0763

从横向看，天津港与黄骅港间的断裂点场强由2008年的0.0652增大到2014年的0.1045，唐山港与天津港间的断裂点场强由2008年的0.0465增大到2014年的0.0900，秦皇岛港与唐山港间的断裂点场强由2008年的0.0380增大到2014年的0.0763，表明其港口物流的辐射力增强。

从纵向看，将天津港—黄骅港与唐山港—天津港进行对比，2008年，天津港—黄骅港断裂点的场强0.0652大于唐山港—天津港的0.0465，2014年，两者之间的差距缩小；将唐山港—天津港与秦皇岛港—唐山港进行对比，2008年，唐山港—天津港断裂点的场强0.0465大于秦皇岛港—唐山港的0.0380，2014年，两者之间的差距增大。可以看出，唐山港的快速发展使得唐山港—天津港、秦皇岛港—唐山港的港口物流的辐射力均有明显增强。

可见，最初以天津港和秦皇岛港为主导的津冀港口群，港口间相互竞争，辐射力不断增强，港口自身实力得到提高，集聚趋势弱化并向着均衡化的方向发展。

5.4.3 津冀港口群物流能力评价

物流能力是一个物流系统，其中，物质结构所体现的客观能力、管理者在物流运作过程中的组织能力和管理能力就是物流能力。

1. 数据收集

为了更加直观、准确地比较津冀各港口的物流能力，本书选取天津港、唐山港、秦皇岛港、黄骅港进行港口物流能力评价，主要从2000—2017年中国港口年鉴、中国港口网、国家统计局网等收集了相关具体的统计数据。考虑到指标数据的可获得性，选择了10个易于收集数据且可以较好地反映津冀港口物流能力的指标。

2. 效度分析

一般在因子分析时，需要先对因子分析条件（原有变量是否相关）进行研究，本书选用KMO（Kaiser－Meyer－Olkin）检验。

KMO检验统计量是用于比较变量间简单相关系数和偏相关系数的指标，运用SPSS软件对港口物流能力的各指标进行效度分析检验，KMO＝0.524＞0.5，且Sig.＝0.000＜0.05，如表5－13所示，变量间相关性不显著，因此可以进行因子分析。

表5－13　　KMO和Bartlett的检验

取样足够度的Kaiser－Meyer－Olkin度量		0.524
Bartlett的球形度检验	近似卡方	112.778
	df	45
	Sig.	0.000

3. 因子提取和命名

根据原有变量的相关系数矩阵，采用主成分分析法提取因子，并选取大于1的特征根。根据软件SPSS的运行结果得出因子方差贡献率，由总方差贡献率大于85%原则，提取三个因子时的累计方差贡献率，为87.048%，提取因子结果如表5－14所示，即总体87.048%的信息可以由这三个公共因子来解释。

表 5 – 14 提取因子结果

成分	初始特征根			提取的平方和载入		
	合计	方差的百分比	累加百分比	合计	方差的百分比	累加百分比
1	5.533	55.331	55.331	5.533	55.331	55.331
2	2.374	23.745	79.076	2.374	23.745	79.076
3	0.797	7.972	87.048	0.797	7.972	87.048

通常某个特征根占特征根总和的比例是方差贡献率的主要成分，当主成分的累计方差贡献率为85%以上时，少数几个主要成分可以选为最终的主成分，除此之外，还可以考虑特征根的大小，当特征根不小于 1 时可以选为主成分。

可以看出，第二列因子初始特征根的前两个因子的总特征根都不小于 1，且累计方差贡献率达到 87.048%，因此适合将其选取为特征根，特征根按顺序排列分别为 5.533、2.374、0.797。因子分析过程中相应提取的三个主成分是 F_1、F_2、F_3。

方差最大正交旋转矩阵如表 5 – 15 所示，该表中给出了 10 个指标的数据和主成分经标准化后的前 3 个所提取的主成分的因子负载。通过矩阵数据结果可以看出，腹地地区生产总值、综合通过能力、堆场面积、集装箱吞吐量、货物吞吐量、万吨级泊位数、泊位总数在第一个因子上具有较高的载荷，第一个因子主要解释这两个变量，可解释为港口物流规模及基础设施因子；地区生产总值增速、集装箱吞吐量增速在第二个因子上具有较高的载荷，第二个因子主要解释这个变量，可解释为港口物流发展增速；港口固定投资在第三个因子上具有较高的载荷，第三个因子主要解释这个变量，可解释为港口建设投资因子。

表 5 – 15 方差最大正交旋转矩阵

	成分		
	1	2	3
腹地地区生产总值	0.916	–0.052	0.079
港口固定投资	0.580	0.269	0.713
综合通过能力	0.718	0.667	–0.028
堆场面积	0.826	0.370	–0.175

续 表

	成分		
	1	2	3
集装箱吞吐量	0.780	-0.418	0.304
货物吞吐量	0.878	-0.153	-0.186
万吨级泊位数	0.914	-0.329	-0.207
泊位总数	0.777	-0.399	-0.241
地区生产总值增速	0.562	0.597	-0.072
集装箱吞吐量增速	-0.167	0.946	-0.134

4. 计算因子得分

根据表5-16的成分得分矩阵可推算京津冀四大港口的得分情况，再结合因子权重加权汇总得出以下综合判断公式（F为港口物流能力总得分）：

$$F=\frac{y_1}{y_1+y_2+y_3}F_1+\frac{y_2}{y_1+y_2+y_3}F_2+\frac{y_3}{y_1+y_2+y_3}F_3 \quad (5-12)$$

在上述公式中，y为每个因子对应的特征根，$y_1=5.533$，$y_2=2.374$，$y_3=0.797$，因此，计算公式为：

$$F=0.636F_1+0.273F_2+0.092F_3 \quad (5-13)$$

津冀港口群物流能力得分矩阵如表5-16所示。

表5-16　津冀港口群物流能力得分矩阵

	F_1	F_2	F_3	F	综合排名
天津港	1.6795	0.5203	0.3867	1.2454	1
唐山港	0.0798	1.6391	-0.3506	0.4663	4
秦皇岛港	-0.2051	0.1206	-1.3631	-0.2216	7
黄骅港	-1.3858	1.7650	0.2630	-0.3765	9
大连港	1.5481	-0.2191	-0.2895	0.8984	2
营口港	0.3391	-1.2662	-0.9748	-0.2187	6
丹东港	-1.1476	-1.1716	1.2167	-0.9390	11
锦州港	-0.9924	-0.8945	-0.3682	-0.9089	10
青岛港	0.5397	-0.1487	2.0429	0.4886	3
烟台港	-0.1946	-0.1111	0.3583	-0.1215	5
日照港	-0.2606	-0.2338	-0.9213	-0.3134	8

通过因子分析，天津港、大连港、青岛港三大港口在港口物流规模及基础设施因子 F_1 上的得分较高；港口物流发展增速因子 F_2 得分较高的是黄骅港、唐山港、天津港，结合近几年港口发展实际情况，黄骅港和唐山港的发展突飞猛进；在港口建设投资因子 F_3 中，秦皇岛港偏低，应加强基础设施建设。从整体来看，津冀四大港口整体发展向好；从津冀港口内部来看，物流能力由高到低排序为天津港、唐山港、秦皇岛港、黄骅港，最初以天津港和秦皇岛港为主导的津冀港口群发展趋势不断变化，唐山港和黄骅港发展势头猛进，秦皇岛港地位衰退。

研究发现，津冀港口群物流空间格局发生了显著变化：港口集聚程度明显减弱，物流空间分布整体趋于均衡状态，港口间联系明显加强，呈现不断增长的趋势，竞争与合作并存，天津港和秦皇岛港的腹地范围及辐射力呈现缩小趋势，唐山港和黄骅港的腹地范围及辐射力则呈现不断扩大的趋势。由于许多因素很难定量评价，指标选取存在限制，以及考虑到数据可得性等原因，因此还需要对其进行进一步的深入研究。

5.5 物流合作研究

港口物流的横向一体化整合主要表现为港口群内部各港口之间的合作，该方式尤其适合港口自身不具备竞争优势的情况，通过加强港口间相互战略合作，充分利用各种资源，从而实现多方利益主体共赢。港口物流发展模式中的经典合作模式可以成为津冀港口物流的借鉴模式，例如，成立“港务局”，整合“一条龙”服务和合并港口等。目前京津冀区域内部分港口间已初步达成了一定程度的合作，但尚未形成全面的战略合作计划和具体实施方案，本节主要研究如何通过建立港口合作联盟的港口利益分配模型，对津冀港口群物流横向合作进行博弈分析，从而有助于建立港口间战略合作。

5.5.1 港口物流合作博弈分析

1. 港口横向合作博弈模型的假设

Shapley 的应用需要满足三条公理，即有效性、对称性和可加性。规定港口横向合作博弈模型的三条基本假设如下。

（1）当一个港口与其他港口进行合作时构成港口合作联盟，其联盟产出是有效的，对应的效用函数为非零；否则，认为其无效，规定单独的某一个港口的效用函数为零。

（2）当任意港口与其他港口合作时，其效用函数需要满足超可加性原理，当港口参与两项合作时，其收益是这两项合作收益分配之和。

（3）为了简化研究问题，对于效用函数的描述基于港口资源发展能力、港口物流规模能力和港口可持续发展能力三个主要因素展开。

2. 港口横向合作博弈模型的建立

就津冀港口群而言，天津港、唐山港、黄骅港、秦皇岛港是港口合作博弈的参与者。设港口集合 $N=\{1, 2, \cdots, n\}$，其中，n 代表港口集合数目，港口 $i \in N$。通过不同港口合作构成了港口联盟，港口联盟是港口集合的非空子集，用 S 表示博弈策略集。港口横向合作博弈效用函数 V 是指港口联盟参与者所能实现的最大收益，具有超可加性。

津冀港口群四大港口合作博弈按照参与联盟港口的收益贡献率来进行利益的分配，可表示如下。

存在变量 $X=(x_1, x_2, x_3, x_4)$，满足以下条件。

（1）$\sum x_i = V(N)$。

（2）$x_i \geqslant V(i)$，$i=1, 2, 3, 4$。

其中：$V(N)$ 表示某个港口合作联盟的收益总和，$V(i)$ 表示港口 i 未参与任何联盟的收益。（1）中说明合作联盟的各参与者所分配的收益总和等于所有参与者的最大收益总和。（2）中说明各参与者从联盟中所分配到的收益大于等于不参与任何港口合作联盟时的收益。

建立港口效用函数公式如下：

$$V_i = R_i S_i T_i \tag{5-14}$$

其中：$R_i = \sum_{j=1}^{4} R_{ij}$，$S_i = \sum_{j=1}^{4} S_{ij}$，$T_i = \sum_{j=1}^{2} T_{ij}$ 代表港口 i 分别在港口资源发展能力、港口物流规模能力和港口可持续发展能力三方面的物流能力值。

3. 津冀港口群横向合作博弈实例分析

采用 Shapley 值法，按照参与合作联盟的港口贡献率探讨津冀港口群合作联盟的利益分配问题。

运用合作博弈的 Shapley 值法，津冀港口群各港口的利益分配计算步骤如下。

津冀港口群物流能力值如表 5-17 所示。

表 5 – 17　　　　津冀港口群物流能力值

一级指标	二级指标	天津港	唐山港	秦皇岛港	黄骅港
港口资源发展力	腹地地区生产总值比例（%）	61. 54	21. 7	4. 61	12. 16
	港口固定投资比例（%）	31. 60	33. 60	0. 80	34. 00
	综合通过能力比例（%）	26. 25	30. 86	14. 30	28. 59
	堆场面积比例（%）	26. 38	32. 98	12. 44	28. 20
	总港口资源发展能力	145. 77	119. 14	32. 15	102. 95
港口结构发展力	集装箱吞吐量比例（%）	84. 83	9. 14	3. 01	3. 02
	货物吞吐量比例（%）	37. 20	33. 92	17. 42	11. 46
	泊位长度比例（%）	43. 25	29. 17	17. 79	9. 78
	万吨级泊位数比例（%）	46. 12	27. 13	17. 05	9. 69
	总港口物流规模能力	211. 41	99. 36	55. 27	33. 96
港口可持续发展力	地区生产总值增速比例（%）	29. 32	22. 15	22. 80	25. 73
	集装箱吞吐量增速比例（%）	0. 34	31. 72	17. 93	50. 43
	总港口可持续发展能力	29. 66	53. 87	40. 73	76. 16
港口效益（万元）		91. 39	63. 77	72. 38	26. 62

（1）津冀港口群中港口合作联盟创造的效用公式如下：

$$V(\{1,2,\cdots,n\}) = R_1S_1T_1 + R_2S_2T_2 + \cdots + R_nS_nT_n \tag{5-15}$$

两个港口间合作效用如表 5 – 18 所示。

表 5 – 18　　　　两个港口间合作效用

港口 i	天津港	唐山港	秦皇岛港	黄骅港
天津港	—	155. 16	98. 63	118. 01
唐山港	—	—	71. 01	90. 39
秦皇岛港	—	—	—	33. 86
黄骅港	—	—	—	—

由表 5 – 18 可以看出，当两个港口间进行合作时，天津港与唐山港的合作将会产生最大的经济效益；秦皇岛港与黄骅港的合作产生的经济效益最小。效用值排序从高到低依次为天津港—唐山港 > 天津港—黄骅港 > 天津港—秦

皇岛港 > 其他。可见，与天津港形成合作联盟的利益优势很大。

由表 5－19 可以看出，当三个港口间进行合作时，天津港、唐山港、黄骅港合作联盟的效用值最大，由此再一次看出秦皇岛港被黄骅港赶超。另外，三个港口合作联盟时效用值间的差距不如两个港口合作联盟时效用值间的差距大。四个港口合作联盟创造的效用值为 189.02，四个港口间合作效用的情况与天津港、唐山港、黄骅港三个港口间合作的效用值相近，推测三个港口、四个港口所组成的合作联盟的意义低于两个港口间的联盟，还需根据联盟的实际情况进行具体分析。

表 5－19　　三个港口间合作效用

<table>
<tr><th>港口 i</th><th>天津港、唐山港</th><th>秦皇岛港、黄骅港</th></tr>
<tr><td>天津港</td><td rowspan="2">—</td><td>125.25</td></tr>
<tr><td>唐山港</td><td>97.63</td></tr>
<tr><td>秦皇岛港</td><td>162.40</td><td rowspan="2">—</td></tr>
<tr><td>黄骅港</td><td>181.78</td></tr>
</table>

（2）计算港口联盟的效用函数值。

不同港口联盟的效用函数值的计算结果如下。

①一个港口公式如下：

$$V(\{1\}) = V(\{2\}) = V(\{3\}) = V(\{4\}) = 0;$$

②两个港口公式如下：

$$V(\{1,2\}) = 155.16, V(\{1,3\}) = 98.63, V(\{1,4\}) = 118.01,$$
$$V(\{2,3\}) = 71.01, V(\{2,4\}) = 90.39, V(\{3,4\}) = 33.86;$$

③三个港口公式如下：

$$V(\{1,2,3\}) = 162.40, V(\{1,2,4\}) = 181.78,$$
$$V(\{1,3,4\}) = 125.25, V(\{2,3,4\}) = 97.63;$$

④四个港口公式如下：

$$V(\{1,2,3,4\}) = 189.02$$

根据公式：

$$\varphi_i[v] = \sum_{S \in N} \gamma_n(S)[v(S) - v(S - \{i\})], i = 1,2,3,4 \qquad (5-16)$$

得出：

$$\varphi_1 = \frac{0!3!}{4!}[V\{1\} - V\{\varphi\}] + \frac{1!2!}{4!}[V\{1,2\} - V\{2\}] +$$

$$\frac{1!2!}{4!}[V\{1,3\} - V\{3\}] + \frac{1!2!}{4!}[V\{1,4\} - V\{4\}] +$$

$$\frac{2!1!}{4!}[V\{1,2,3\} - V\{2,3\}] + \frac{2!1!}{4!}[V\{1,2,4\} - V\{2,4\}] +$$

$$\frac{2!1!}{4!}[V\{1,3,4\} - V\{3,4\}] + \frac{3!0!}{4!}[V\{1,2,3,4\} - V\{2,3,4\}] = 76.68$$

同理可得：

$$\varphi_2 = 58.26, \varphi_3 = 20.58, \varphi_4 = 33.50$$

（3）港口合作联盟利益分配问题分析。

港口合作联盟利益分配问题的计算过程如下：

$40.57\% = \varphi_1 / (\varphi_1 + \varphi_2 + \varphi_3 + \varphi_4)$

$= 76.68 / (76.68 + 58.26 + 20.58 + 33.50) \times 100\%$

$30.82\% = \varphi_2 / (\varphi_1 + \varphi_2 + \varphi_3 + \varphi_4)$

$= 58.26 / (76.68 + 58.26 + 20.58 + 33.50) \times 100\%$

$10.87\% = \varphi_3 / (\varphi_1 + \varphi_2 + \varphi_3 + \varphi_4)$

$= 20.58 / (76.68 + 58.26 + 20.58 + 33.50) \times 100\%$

$17.72\% = \varphi_4 / (\varphi_1 + \varphi_2 + \varphi_3 + \varphi_4)$

$= 33.50 / (76.68 + 58.26 + 20.58 + 33.50) \times 100\%$

由计算得出：由天津港、唐山港、秦皇岛港及黄骅港合作构成的津冀港口联盟中的利益分配分别为40.57%、30.82%、10.87%、17.72%。

通过津冀港口群港口联盟利益分配的计算过程分析，可以看出以下几点。

（1）从单个港口角度来看。

在津冀港口群中，天津港的效用明显大于其他三港的效用，天津港的地位几乎不可撼动，而天津港的可持续发展力方面却不及其他三港，原因主要是地区生产总值发展变缓，港口吞吐量几近饱和，增速同样放缓。

从表5－17可以看出，从高到低顺序依次是天津港、唐山港、黄骅港、秦皇岛港，秦皇岛港的效用低于黄骅港的效用，秦皇岛港的发展慢慢落后于黄骅港，说明港口效用随时间变化其发展力也会出现变化，从而影响港口最终的效益和地位。黄骅港较秦皇岛港在港口投资建设、发展增速方面具有明显优势，充分说明港口资源发展力和港口可持续发展力的重要性。

（2）从多港口合作角度来看。

从两个港口及多个港口的合作博弈来看，港口间的合作联盟创造的价值远远大于单个港口自身创造的价值。从以上的计算可以看出，津冀的四个港口合作创造的联盟效用最大，但与天津港、唐山港、黄骅港三个港口间合作的效用值相近。这也充分说明了港口间的合作联盟必不可少，但也并非参与联盟的港口数量越多越有利于港口的快速发展，合作将会实现港口资源的优势互补，港口结构的优化完善，港口可持续发展力的不断增强等诸多实际目标，同时也要综合考虑衡量其投入与产出比。

（3）从津冀港口群整体的角度来看。

在津冀港口群中，天津港占据绝对优势和地位，其产生的效用远远大于其他三个港口。但是，在分配港口合作联盟博弈的利益时，应该综合考虑各方面因素，考虑到唐山港在集装箱吞吐量增速和腹地经济 GDP 增速方面的潜力，应合理分配各港口效用，从而保证津冀港口群整体利益的最大化。

5.5.2 港口物流动态博弈分析

在京津冀区域经济总量相对稳定的条件下，津冀港口群内的某个港口的需求不仅取决于自身港口竞争策略组合，还受区域内其他港口竞争策略组合的影响，因此，在制定策略时，需要考虑其他港口对自身的影响。

津冀港口群组织架构如表 5－20 所示。集装箱运输的整体发展呈现稳健、持续的特征，其发展促进了现代物流的快速增长，充分发挥了重要推动作用，因此，选择港口集装箱运输作为研究指标。津冀港口群货源腹地交叉，考虑到天津港和唐山港间与断裂点的距离相差不大，假设两港口的内陆运输条件和成本基本相似，则港口间的竞争主要表现在港口的价格和服务质量上。

表 5－20　津冀港口群组织架构

港口群	服务区域	港口	运输系统
以天津港为主，包括唐山港、秦皇岛港、黄骅港等港口	服务于京津、华北及其西向延伸的部分地区	以秦皇岛港、天津港、黄骅港、唐山港为主	布局专业化煤炭港口
		以天津港、唐山港、秦皇岛港为主	布局大型、专业化的石油天然气、铁矿石和粮食等大宗货物的中转、储运设施
		以天津港为主，布局集装箱干线港，相应布局唐山港、秦皇岛港和黄骅港等支线或喂给港	组成集装箱运输系统

1. 港口动态博弈模型假设及建立

假设两港口仅采用价格策略、提升服务质量策略来吸引客户。

设定天津港的期望收益是 E，运输需求是 D（D_1 是天津港运输需求，D_2 是天津港争夺唐山港的运输需求），港口运输需求与服务价格 P 呈负相关，与服务质量 Q 呈正相关，因此公式为：

$$D=(D_1, D_2(P, Q))=D_1-\alpha P+\beta Q \quad \alpha, \beta>0 \tag{5-17}$$

设定天津港的成本是 M（M_1 是天津港常规运营成本，M_2 是天津港为提升服务质量而争夺唐山港运输需求的成本），服务质量的提升一般伴随投入成本的增加，服务成本与服务质量呈正相关，因此有 $M_2=FQ$，其中，F 是参数，$F>0$。

天津港的期望收益函数为：

$$E=PD-M=P(D_1-\alpha P+\beta Q)-M_1-FQ \tag{5-18}$$

同理，唐山港的期望收益函数为：

$$e=p(d_1-\alpha p+\beta q)-m_1-fq \tag{5-19}$$

2. 天津港和唐山港的两港间博弈分析

两个港口间是博弈关系，策略选择有两种，即相互合作和刚性竞争。两个港口间博弈期望收益矩阵如表 5-21 所示。

表 5-21 两个港口间博弈期望收益矩阵

唐山港＼天津港	刚性竞争	相互合作
刚性竞争	$(P(D_1+D_2-d_2)-M_1-FQ,$ $p(d_1+d_2-D_2)-m_1-fq)$	$(P(D_1-d_2)-M_1,$ $p(d_1+d_2)-m_1-fq)$
相互合作	$(P(D_1+D_2)-M_1-FQ,$ $p(d_1-D_2)-m_1)$	(PD_1-M_1, pd_1-m_1)

天津港和唐山港间的动态博弈，通过以下四种情况来分析其均衡解。

（1）两港均选择刚性竞争。

天津港的运输需求是 $D_1+D_2-d_2$，则期望收益为 $P(D_1+D_2-d_2)-M_1-FQ$，同理，唐山港的运输需求和期望收益分别是 $d_1+d_2-D_2$ 和 $p(d_1+d_2-D_2)-m_1-fq$。由于两个港口之间直接对抗，服务价格（P，p）降低，服务质量（Q，q）增加，因此，$P(D_2-d_2)<FQ$，$p(d_2-D_2)<fq$，此时两港

收益最低。

（2）天津港选择刚性竞争，唐山港选择相互合作。

天津港的运输需求增加 D_2，唐山港的运输需求减少 D_2，天津港和唐山港的期望收益分别为 $P(D_1+D_2)-M_1-FQ$ 和 $p(d_1-D_2)-m_1$。此时，无唐山港对抗，$PD_2>FQ$，天津港收益最大，唐山港收益最低。

（3）天津港选择相互合作，唐山港选择刚性竞争。

天津港的运输需求减少 d_2，唐山港的运输需求增加 d_2，天津港和唐山港的期望收益分别为 $P(D_1-d_2)-M_1$ 和 $p(d_1+d_2)-m_1-fq$。此时，无天津港对抗，$pd_2>fq$，唐山港收益最大，天津港收益最低。

（4）两港均选择相互合作。

此时，两港互不争夺货源，D_2、$d_2=0$，FQ、$fq=0$，两港的期望收益分别为 PD_1-M_1，pd_1-m_1。

综上所述，相互合作是两个港口间动态博弈的最优解。但是，考虑港口发展的实际情况，当两港口管理者各自站在自身利益角度时，任何一方一旦采取“刚性竞争”则会导致另一方的失败。因此，选择“相互合作”或者“刚性竞争”需要权衡各方面因素，降低风险。

运用合作博弈理论构建港口横向合作博弈模型，运用利益分配经典方法 Shapley 值法计算横向合作联盟的利益分配，津冀的四个港口合作创造的联盟效用无疑最大，两个港口间合作时其效用值排序依次为天津港—唐山港 > 天津港—黄骅港 > 天津港—秦皇岛港 > 其他。另外，运用动态博弈，针对两港间的合作问题进行讨论，合作有利于共赢，在现实情况中要权衡利弊，选择最为安全的经营方法。当然，本书用来度量港口的效用函数及联盟效用的指标体系不能涵盖所有内容，还需要进一步深入研究。

5.5.3 合作模式研究

1. 现有港口物流发展模式

港口物流发展模式主要分为内向型和外向型。内向型物流发展模式主要立足于港口内部发展，考虑港口内部资源的利用与整合，侧重于管理；而外向型则不仅仅局限于港口内部发展，从港口发展所涉及的对象着手，侧重于经营，其中包括国际航运中心模式、港口区域物流体系模式、虚拟供应链战略联盟模式、港口物流网络经营模式等。

港口供应链模式形成“合作与竞争”的关系，强调各港口集中资源发展其核心业务和竞争力，将非核心业务通过外包或企业间协作的方式实现。港口供应链战略联盟模式的形式主要分为两种，即水平型的横向联盟和垂直型的纵向联盟。横向联盟是指同一行业内业务相似或相近的不同企业间的联盟，主要表现为港口与港口间通过合作而建立战略联盟关系，主要有三种合作形式：合资经营，即通过参股、合资合作等结成港口群利益共同体，有利于资源互补、平衡港口经营决策权、共担风险；战略联盟，即跨港口进行布点并建立港口物流网络，有利于低成本扩大市场占有率，充分利用外部资源，完善联盟网点的布局，带动处于弱势地位的港口的发展；并购，即合并兼并型联盟，以资产重组为纽带，收购合作联盟成员，可以短期内实现资源整合，共同发挥合作联盟的整体效应。例如，上海港在长江沿岸港口投资，形成“长江战略”联盟，大连港和青岛港在威海港投资等。纵向联盟是上下游物流供应链间建立的联盟关系，包括港货联盟、港航联盟、港区联盟。本节主要就港口群物流横向竞合问题展开研究。

2. 协同竞争

协同竞争是指企业在自身不具备竞争优势的情况下，通过与其他企业合作，整合价值、创造活动，以合作的态度处理与竞争者的关系。

（1）协同竞争模式不用采取投资这种高风险的办法加强基础设施建设，可以与其他企业或进出口量大的企业进行合作，通过提供完整的服务或其他方式来让企业进行投资，这样既可以减少投资的风险性，同时也可以保证港口有固定的合作伙伴。例如北台钢铁集团与丹东港之间的战略合作，真正做到了互惠互利、合作共赢。

（2）协同竞争模式可以解决由于港口设施不够健全、分类不明确而导致产品缺乏多样性的问题，港口之间可以通过合作进行合理分工，从而扩大港口的经营范围，提高港口效益。例如，营口港与大连港之间可以进行合作，在辽宁地区，鞍山和本溪钢铁运输量较大，作为主要枢纽港的大连港拥有较为专业的设施与信息系统，而营口与鞍山、本溪距离较近，可节约成本，如果营口与大连港进行合作，既可以节约成本，又能提高运输与服务效率，同时也可以减少港口之间的竞争，还能提高港口的整体实力。

因此，中小港口通过协同竞争模式可以有效提高港口的运输效率，增强港口的服务能力。对于物流资源整合的研究，推动京津冀口岸一体化发展，提出以下发展思路：首先，建立京津冀口岸发展协调机制，推进河北沿海港口与北京空港、陆港的合作；其次，实现京津冀海关通关一体化，集成海关监管优势、打破关区界限，并为三地搭建良好的海关通关监管服务平台；最后，围绕承接首都产业转移，支持河北临港空产业发展，加快京津冀物流一体化进程。

3. 港口物流发展模式研究

从建立合作联盟和资源整合两个角度综合提出津冀港口群物流竞合发展的相关建议，包括合作联盟对象选择，港口合作联盟模式选择，合作利益分配问题；要发挥港口优势带动作用，合理定位港口功能，调整港口群集聚状态。

天津港利用其集装箱枢纽港的优势，发展唐山港、秦皇岛港和黄骅港作为其支线布局，以及作为散杂货的转移地。

唐山港利用其金属矿石优势、地理位置优势、深水港优势等，重点发展秦皇岛港和黄骅港作为其金属矿石业务的支线布局，承接集装箱和散杂货业务。

黄骅港与内地腹地距离近，应重点发展煤炭运输，在坚持做大做强、做专业化煤炭港口的基础上承接集装箱和原油业务。

秦皇岛港以煤炭运输为主，同时扩展集装箱运输和散杂货运输。

在港口物流横向竞合范围内，应进一步优化津冀两地港口的分工合作，从整体的角度提升津冀港口群物流的发展，并创新研究港口物流资源合作新模式。

5.6 发展对策与建议

港口间的过度竞争会导致资源的浪费、运作效率的下降、大规模重复建设等，从而严重阻碍港口结构升级，影响整个港口群的竞争力水平。结合各港口物流现状和各自优势与劣势，相对优势和劣势具有互补性，再综合港口竞合理论研究来看，各港口间从竞争关系过渡到合作关系是必然趋势。在津冀港口间竞争与合作共存。为了更好地促进港口间竞合发展，提升津冀港口群整体实力，缓解港口间存在的突出问题，进行了以下分析。

5.6.1 整合京津冀港口物流资源

1. 发挥港口优势带动作用，谋求港口间业务合作

发挥港口各自优势，培育港口的核心竞争力，通过加强港口间的联系实现优势互补，带动相对弱势港口的同时扩大市场范围。浙江沿海港口推进跨区域合作，从而带动整个港口群、港口物流以及临港产业的发展。

由港口间的相互作用力可以看出，港口地域组合之间的联系在不断加强，各港口对外竞争与合作不断增多。四大港口在自然环境、基础设施、业务领域等方面存在很大的互补性，应处理好河北港口与天津港的关系。天津港在集装箱产业发展、港口业务多元化、物流运输体系建设方面均具有明显优势。例如，天津港的集装箱业务优势明显，近年来增速放缓，发挥其优势业务寻求合作，有助于实现双赢；唐山港钢铁运输业务量逐年增长，其他三个港口钢铁业务零散，可以将其作为钢铁中转港，既可以完成自己的钢铁业务，又可促进唐山港业务量的增长，从而可以改善货源结构单一问题，且降低运输成本。

由津冀港口群集聚情况和各港口货物吞吐量可以看出，各港口竞相发展，实力不断增长，港口物流空间格局由集聚状态趋于分散状态，建议在港口承载能力范围内发展港口的核心竞争力，推动港口优势做大做强，形成集聚状态，同时要带动处于相对弱势地位的港口在此方面的发展，促进港口综合发展。例如，培育港口物流枢纽，建立唐山港的钢铁中转港等。同时，考虑港口的承载力、年通过能力等是十分必要的，还要提高港口的物流竞争力，如货物吞吐量、集疏运能力、管理服务能力、增值服务能力等。

2. 港口功能合理定位，加快专业基础设施建设

应明确各港口在京津冀区域物流网络中的定位，建立和完善港口基础设施和港口群物流集疏运网络，优化配置港口生产要素，合理分工，降低运输成本，提高物流效率。例如，大宗货物中煤炭、金属矿石、石油天然气的运输分工，尤其是占四个港口吞吐量相当大比重的煤炭运输问题的划分；由港口物流断裂点位置和物流辐射力的大小可以看出，京津冀地区港口物流腹地呈现动态变化趋势，港口腹地范围、港口物流辐射力的扩大导致腹地重叠问题严重，因此应协调港口间的腹地划分，以尽可能少的运营成本获得较大的整体利益。

在明确港口功能合理定位的基础上，加快专业化基础设施建设是提高港口竞争力的关键。例如，加快唐山港曹妃甸港区的矿石和原油码头的建设，加快黄骅港专业化码头的建设，加速提高大型专业化码头、集装箱码头和深水航道等的建设保障。

3. 加强港口与内陆港间的战略合作

在既竞争又合作的环境下，每个港口可以根据资源条件、港口腹地经济状况、产业布局等的不同，打造自己的特色，发展自己的核心竞争力，从而实现资源的最大效用，进而提升港口群的整体竞争力。

4. 充分发挥京津冀经济圈的优势，发展外向型经济

港口之间的竞争归根到底是对货源的争夺，内向型经济的河北对港口的货源提供明显不足，而保证各个港口都有充足的货源的有效途径是发展外向型经济。河北最大的地理特征是“一省嵌两市”，京津两大直辖市嵌于河北之中，这也是河北发展经济的最大优势，河北应充分依靠京津双核型城市发展过程中对周边的辐射效应。随着京津冀一体化的推进，北京、天津的产业向河北转移，这有利于河北产业结构的调整，河北应加快外向型经济的发展。同时令唐山港服务于北京等内陆无水港，将大大增加唐山港的货源，同时避免与省内其他港口的重复竞争。

5. 尽快申报自由港，全面提升国际竞争力

自由港是一种扩展的保税区，它享有多项优惠政策，全部或绝大多数外国商品可以免税进出港口，企业在进入自由港时也不需履行烦琐的准入手续，有利于搞活港区及所在地经济，同时可促进港口向多功能、综合性方向发展以及促进港口所在地区向外向型经济发展。河北是内向型经济，而三个港口城市中只有唐山的经济是最为发达的，且外向型经济相对发达，并且唐山处于京津环中，应该抓住这个得天独厚的经济区位优势，努力成为自由港。如果把唐山港设为自由港区，将会为河北吸引外商资本，有利于河北向外向型经济发展，同时也有利于以开放促进产业转型升级。为促进港口和地区经济的发展，河北应该牢牢抓住战略时机，积极地为唐山港申报自由港，全面提升港口物流竞争力。

5.6.2 建立京津冀港口横向合作联盟

1. 合理选择合作联盟对象

合作联盟对象的选择关系港口未来的发展，好的合作联盟有利于发展，反之，可能阻碍其发展。津冀港口群内，两个港口间进行合作，如唐山港与天津港进行合作将会产生最大的经济效益，而秦皇岛港与黄骅港进行合作产生的经济效益最小。合作要综合考虑其利是否大于弊，所增加的经济效益是否值得建立合作联盟等问题。

在进行合作联盟对象选择时，应注意：一方面，港口横向合作联盟对象的选择要考虑对象的区位特点，选择处于同一经济区域内的港口，综合分析自身所处的经济区域、辐射范围，选择具备合作条件的港口结成联盟；另一方面，合作联盟对象间具有相似的发展方向、经营战略等共同点或者彼此存在劣势互补点，可以更大限度地保障港口间相互融合、相互促进，从而结成稳定的合作联盟。

根据吞吐量预测，黄骅港集装箱业务呈现快速增长并有望呈现更快速增长的发展趋势。2016 年，河北港口集团有限公司（简称河北港口集团）与天津港（集团）有限公司（简称天津港集团）签署推动黄骅港集装箱产业发展的合作协议，未来就集装箱问题继续深入合作，引进天津港的优势资源，将有助于集装箱产业发展；2007—2015 年，天津港、唐山港、黄骅港的金属矿石业务增长明显，秦皇岛港呈下降趋势，四个港口可以就金属矿石业务形成合作联盟，根据各港口在金属矿石业务方面的优势和劣势协调业务管理，降低运营成本。

2. 综合衡量合作利益分配问题

一个港口应分得的利益应当以其对所参与的港口联盟的贡献力量来衡量。以天津集装箱港口为例，不能单纯凭借其集装箱吞吐量优势、广阔的经济腹地就分得最大的利益，而应该综合考虑港口各方面发展因素。

另外，根据港口物流博弈分析得出，港口间的合作联盟创造的价值远大于单个港口自身创造的效用，但是，一旦合作对象选择刚性竞争将会带来巨大损失，所以在选择相互合作还是刚性竞争时要均衡利益与风险等影响因素。在选择港口间合作时，每一个合作联盟参与者的收益都应该大于未参与联盟时的收益，这样才能提高联盟参与者的积极性，实现合作联盟的价值。

5.6.3 加强落实港口间的战略合作

在国内外激烈的竞争环境下，在京津冀协同发展的背景下，港口间竞合发展是目前港口物流发展的重要趋势，接下来将分析四港口间四种可能形成的合作。

1. 唐山港曹妃甸港区与天津港间的战略合作

唐山港中的曹妃甸港区距离天津港仅有 70.376 千米，距离优势明显，且唐山港是北方最大的天然深水大港，天津港在集装箱运输方面是面向东北亚、辐射中西亚的干线港，优势突出，应积极发展曹妃甸港区与天津港间的战略合作。目前，天津港散货已逐渐向唐山港转移。近年来，唐山港的集装箱业务虽有提升，但与天津港相比仍有很大差距，2017 年，其集装箱业务仅约占天津港的八分之一。唐山港可以充分利用天津港的集装箱优势地位，在集装箱运输方面作为天津港的深水外港，挂靠天津港的国际航线，同时带动港口的集装箱和杂货发展。

在金属矿石方面，唐山港优势地位突出，而天津港是航道不宽、泊位不深的人工港，不适宜大型原材料船舶运输，唐山港应加快基础设施建设和建设矿石码头，让天津港成为其支线港，在减轻天津港的清淤成本的同时，充分发挥自身深水港优势，建设成北方的金属矿石主枢纽港。

2. 秦皇岛港与天津港间的战略合作

2014 年，天津港（集团）有限公司和秦皇岛股份有限公司共同出资成立发展公司，标志着津冀港口间合作的开始，秦皇岛港将借助天津港集团在港口物流、航线资源及港口金融方面的优势，加快集装箱、杂货等业务发展。

秦皇岛港与天津港间的合作先于唐山港，秦皇岛港以煤炭运输为主，同时扩展集装箱运输和散杂货运输，与天津港落实相关业务合作。但是效果却不明显，由港口间相互作用力分析可以看出两港间增加幅度最小，而近年来唐山港的吞吐量快速上升，可见，港口间的战略合作要落到实处。

3. 黄骅港、秦皇岛港与唐山港间的战略合作

唐山港位于津冀港口群的中心位置，与黄骅港、秦皇岛港相比具有位置优势，唐山港业务吞吐量快速发展，积极发展黄骅港、秦皇岛港与唐山港间的战略合作有利于带动黄骅港、秦皇岛港的发展。由港口间相互作用力分析可以看出黄骅港与唐山港、秦皇岛港与唐山港间的相互影响明显增强。

在金属矿石方面，唐山港的业务量远远超过其他港口，应充分利用其地理位置优势，考虑发展天津港、秦皇岛港、黄骅港作为支线港，壮大其北方金属矿石主枢纽港的地位。在散杂货方面，唐山港、黄骅港、秦皇岛港积极承接天津港业务，做好三港内部的协调工作。

4. 秦皇岛港与黄骅港间的战略合作

随着经济结构调整以及进口煤炭冲击国内市场等因素的影响，下游煤炭需求增加有限，煤炭运输整体呈现港口运能大于铁路运能、铁路运能大于下游实际需求的形势。秦皇岛港和黄骅港同为我国主要的煤炭运输港，且腹地存在重叠，这意味着港口对煤炭的竞争将更激烈。

面对未来煤炭运输需求强度的走低趋势，两港可以通过联盟合作机制避免腹地和货种的过度竞争，承接天津港的煤炭和散货分流，同时可采取互相租赁泊位的方式，提高设施利用率，避免重复无效建设，达到资源动态优化配置的目的。

5.6.4 京津冀港口物流竞合发展模式

借鉴国内外现有的港口物流发展模式，结合港口竞争与合作研究，对津冀港口群实现整合运营，以港口合作联盟为切入点，促进整个港口群的发展。

1. 平台

这里的平台指港口联盟合作平台，旨在促进港口间务实合作，依托现代信息技术拓展合作方式和平台促进京津冀区域港口合作信息网等网络合作平台建设。主要包括信息中心、交易中心、物流中心、金融服务中心四大部分内容。信息中心是开放式平台，不设定浏览人群，交易中心、物流中心、金融服务中心是特定的交互式平台，只针对达成港口合作联盟的港口集团企业开放。通过平台的建设提升了交流信息的透明度和资源的共享性，进一步提高了合作的效率与质量。

2. 港口联盟

参与者包括政府、行业协会、港口联盟对象及第三方物流企业，通过信息共享、相互协作、协同监管，可形成港口联盟合作机制。港口联盟对象根据自身发展和业务需求，建立港口合作联盟。

3. 港口物流园区

港口物流园区指临近并依托港口，具有港口物流服务组织与运营管理、金融、保险等配套增值服务功能的物流专业设施群，是众多专业化港口物流企业的集结地，目的是降低综合物流成本、提高物流保障水平。在津冀港口群中，港口间业务合作的物流园区多数是由政府鼓励建设或合作双方共同出资建设的，可充分实现资源的共享性，发挥综合协调和基础作用。

4. “园区＋平台＋港口联盟”竞合发展模式优势

建立津冀港口物流竞合模式，分别以平台、园区为虚拟信息和实体物流的节点，以信息传递、资源共享、港口联盟为连接线，实现津冀港口间竞合发展。具体体现在以下几个方面。

在基础设施方面，整合四大港口资源，新投入的港口基础设施应在资源整合的基础上进行，避免重复建设。

在平衡运力方面，通过建立港口联盟，共建信息平台和合作园区，改变原有各自为营的经营方式，统筹港口吞吐能力、自身货源结构优势、腹地范围等，实现最经济可行的港口间合作，港口联盟对象应自觉遵守事先达成的规定，由政府和行业协会监督。

在市场导向方面，政府多次强调市场在资源配置中的作用，以交易中心作为市场的新型工具，促进津冀沿海港口的资源配置同时，也作为政府和企业之间的纽带，帮助协调港口联盟对象、交易中心间的关系。

6 北京物流交通状况、分析及对策

城市交通设施的建设和发展是国民经济与社会发展的必然结果，也是城市化与现代化的必然要求。交通的发展与整个国家的政治、经济、文化等方面密切相关。北京作为我国首都，是政治、文化、教育和国际交流中心，是全国重要的交通枢纽和全国性的物流节点城市。同时作为京津冀一体化的核心城市，其交通资源的有效配置对于京津冀一体化的深入发展至关重要，同时也有利于缓解北京的交通压力。

下面对北京交通运输情况进行研究分析。首先，对历年北京交通运输数据进行整理汇总。其次，运用相关理论方法对数据进行分析。最后，根据分析结果找出北京交通运输存在的问题，并据此提出针对性的政策建议，从而使北京交通运输资源得到优化配置。

6.1 北京物流交通现状

北京位于中国东北部，属于内陆城市，全市总面积 1.64 万平方千米。作为全国重要的交通枢纽城市，其具有以铁路、公路和航空为基础的较为发达的交通网络。截至 2016 年年底，全市常住人口 2172.9 万人，全市机动车拥有量 571.8 万辆，如此庞大的人口以及机动车辆给北京市交通带来较大压力。下面将对北京铁路、公路以及航空交通运输现状进行分析。

6.1.1 北京铁路交通运输现状

铁路运输业是经济和社会发展过程中的基础行业之一，同时也在城市交通运输业中占据重要地位。铁路作为大众化的交通工具，具有运力大、污染小、安全性高、能耗低等特点。铁路里程、基础设施投资、铁路货运量以及客运量等指标是反映城市铁路发展的重要指标。

北京作为全国重要的交通枢纽，有诸多铁路干线汇聚于此，例如京秦铁路、京哈铁路、京沪铁路、京九铁路、京广铁路、京原铁路、京包铁路、京承铁路、京津城际高铁、京沪高铁等。截至2016年年底，北京拥有铁路线路56条，铁路营业线路里程1248.1千米，较2000年上涨了10%左右。同时，国家对于铁路的基础设施投资也在不断增加，2000年，铁路基础设施投资额为0.3亿元，2016年，铁路基础设施投资额增加到了252.8亿元。北京铁路里程及基础设施投资额变化趋势如图6－1所示。

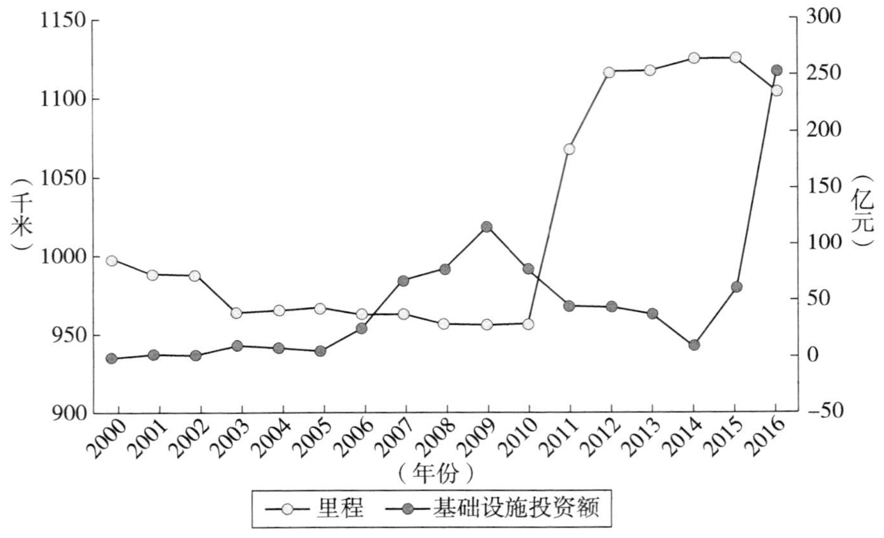

图6－1　北京铁路里程及基础设施投资额变化趋势

北京市铁路基础设施投资额及铁路里程总体呈现增长趋势。铁路基础设施投资额在2006年至2009年以及2014年至2016年增长速度较快，铁路里程在2010年至2012年增长速度较快，主要是因为铁路基础设施投资额对铁路里程的影响具有一定的滞后性。从图6－1中数据可以知道近年来北京铁路交通发展较好。

随着铁路交通的发展，北京铁路客运量从2000年的4458万人猛增到2016年的13380万人，17年以来增长约为原来的3倍，年均增长率为7.11%。然而铁路货运量却从2000年的2612万吨减少到2016年的725万吨，年均减少率为8.34%。货运周转量与货运量息息相关，虽然近年来货运量不断下降，但是货运周转量却大致呈现上升趋势，尤其2009—2013年增长趋势较为明显。北京铁路货运量及货运周转量变化趋势如图 6 -2 所示。

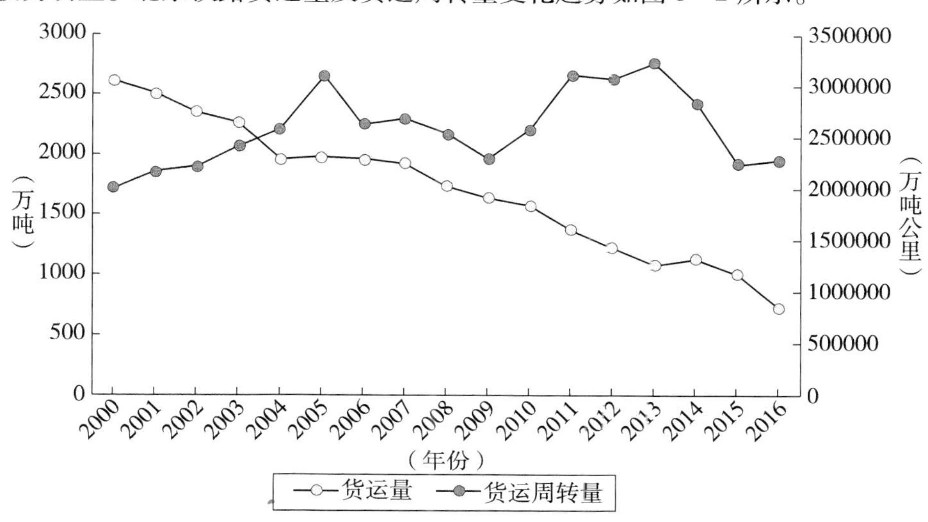

图 6 -2　北京铁路货运量及货运周转量变化趋势

通过图 6 -2 可以看出，北京市货运量呈现下降趋势，而货运周转量呈现上升趋势，根据货运量与货运周转量的关系可以了解到北京铁路货运距离整体呈现增长趋势。这符合铁路运输适合中长距离运输的特点，但是铁路运输运力大的特点并没有发挥出来。通过对铁路交通各项指标的分析可知，铁路交通发展现状良好，但仍需要在货物运输方面将铁路运输的优势充分挖掘出来。

6.1.2　北京公路交通运输现状

北京城区的公路网结构以矩形环状为主，道路多以此为依托，与经纬线平行网状分布，先后依托城市扩展，建设了二、三、四、五以及六环路。总长度超过五百千米的北京新“七环路”已经形成半圆。截至 2016 年年底全市公路里程达 22026 千米，相比于 2000 年的 13500 千米增加了 63.16%。公路基础设施投资额从 2000 年的 32.2 亿元增加到 2016 年的 135.3 亿元。同时在高速公路方面，西北方向的京藏、京新，东北方向的京承，正东方向的京哈、京平、通燕，东南方向的京沪、京津，正南方向的大广，西南方向的京港澳等高速汇聚于此，形成四通八达的公路网络体系。

2000—2016 年，北京公路客运量从 13009 万人增加到 48040 万人，货运量从 28010 万吨减少到 19972 万吨，货运周转量从 826438 万吨公里增加到 1613192 万吨公里。北京公路货运量及货运周转量变化趋势如图 6 -3 所示。

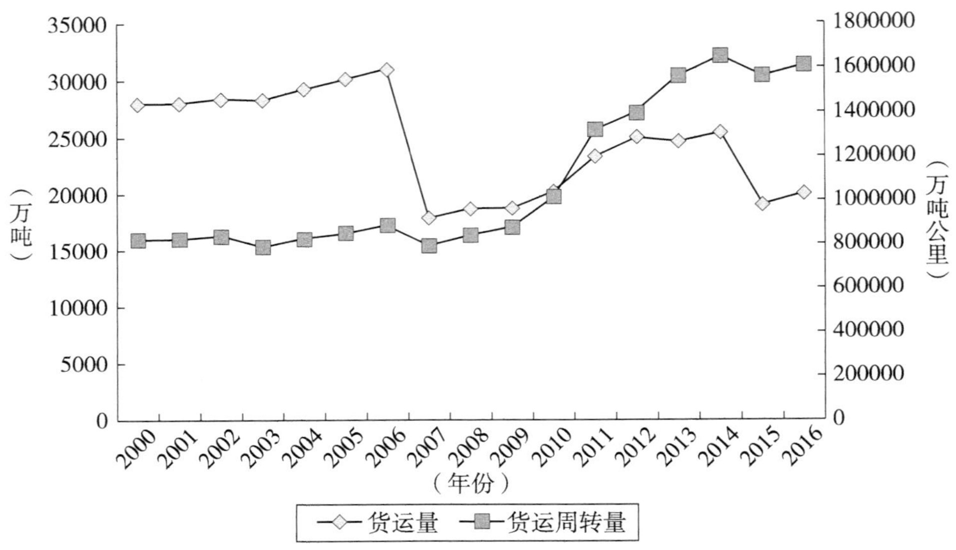

图 6－3　北京公路货运量及货运周转量变化趋势

从图 6－3 可以看出，货运周转量几乎逐年呈现增长趋势，而货运量呈现两段式增长，2000—2006 年以及 2007—2014 年均为增长趋势，2006—2007 年则急剧下降。公路运输适合中短距离的货物运输，具有“门到门”的货物运输优势，同时也有运力小的缺点。因此在进行公路货运时应充分利用公路运输的特点。

6.1.3　北京航空交通运输现状

北京首都国际机场是亚洲第一国际机场，目前已经开通 200 多条国际国内航线，通往世界主要国家及地区和国内大部分城市。2016 年全年北京航空客运量达到 7872 万人，是 2000 年 929 万人的近 9 倍；货运量为 163 万吨，是 2000 年 35 万吨的近 5 倍。同时政府对于航空基础设施的投入也在逐年增加。北京历年航空客运量、货运量变化趋势如图 6－4 所示。

从图 6－4 中可知北京历年来航空客运量和货运量基本处于逐年递增趋势，相比于客运量的增长速度，航空货运量增速较为平缓。由于航空运输速度快、运量小、运费高等特点，一般情况下航空运输在货物运输方面发展远落后于客运发展。从北京历年航空客运量以及货运量变化趋势不难看出，北京航空运输发展中客运发展远高于货运发展。同时，政府对于航空交通运输业的发展也较为重视，对航空基础设施的投资也处于递增趋势。

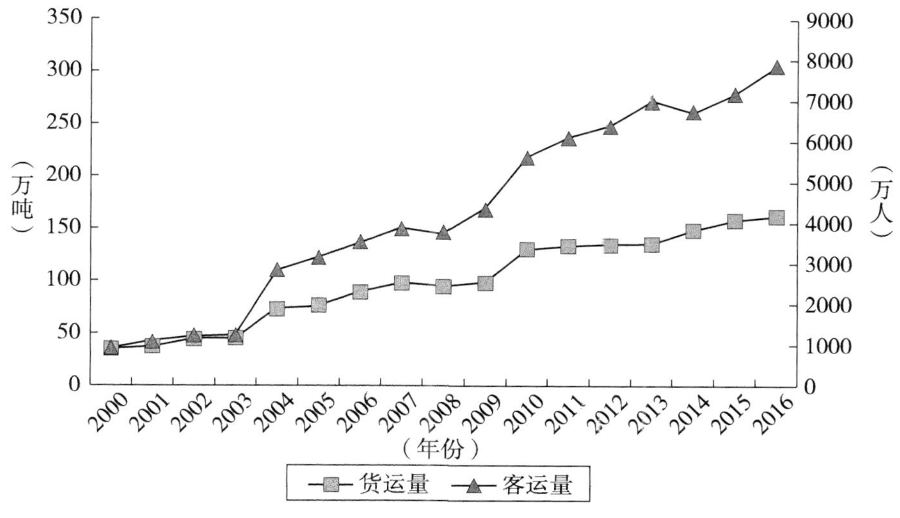

图 6-4　北京历年航空客运量、货运量变化趋势

6.1.4　北京铁、公、航横向比较分析

通过对北京铁路、公路及航空现状的分析可知，在货运量方面，公路货运和航空货运总体呈现上升趋势，铁路货运相反，总体递减，截至 2015 年年底，北京全年货运量中（除管道货运量外），公路货运量占比高达 94.25%，而铁路和航空货运量占比分别为 4.97%、0.78%。但是在货运周转量方面，铁路运输的货运周转量则占比 50.53%，公路货运周转量和航空货运周转量占比分别为 35.15% 和 14.32%。由此可知，北京全市的货物运输基本靠公路运输，而对于中长距离的货物运输则以铁路运输为主，航空运输在货物运输中处在末端。不合理的货运比例不仅使不同货运方式的运能得不到充分的发挥，而且还使公路交通压力增大。由于航空运输有重要作用，政府对航空基础设施投资力度较大。2015 年全年交通基础设施投资中（不包含管道基础设施投资）航空基础设施投资占比高达 67.29%，铁路和公路占比分别为 13.10% 和 19.61%。北京不同运输方式历年比例如表 6-1 所示。

从表 6-1 中可以看出，历年来公路货运量所占比重居高不下，而且还有上升的趋势，而铁路货运量所占比重则呈现下降趋势，航空货运量所占比重虽在 2008 年有所下降，但总体呈现逐年上升趋势，但其所占比重仍不足 1%。在货运周转量方面，公路和航空货运周转量比亶大致为上升趋势，铁路则大

表6-1　　北京不同运输方式历年比例

年份	货运量比例（%）			货运周转量比例（%）			基础设施投资额比例（%）		
	铁路	公路	航空	铁路	公路	航空	铁路	公路	航空
2000	8.52	91.37	0.11	66.82	27.58	5.60	0.87	93.88	5.25
2001	8.20	91.68	0.12	68.59	26.16	5.25	2.66	93.78	3.55
2002	7.63	92.23	0.14	68.21	25.76	6.03	1.28	97.45	1.28
2003	7.38	92.47	0.15	70.71	23.18	6.11	11.57	68.78	19.65
2004	6.26	93.51	0.23	70.17	22.46	7.37	7.37	39.10	53.53
2005	6.16	93.60	0.24	73.22	20.14	6.64	3.52	36.73	59.75
2006	5.93	93.80	0.27	68.25	23.03	8.73	10.55	59.10	30.35
2007	9.68	89.83	0.49	69.67	20.57	9.76	19.17	55.31	25.53
2008	8.45	91.10	0.45	67.92	22.53	9.56	19.55	43.92	36.53
2009	7.98	91.54	0.48	65.02	24.91	10.07	42.30	49.63	8.06
2010	7.18	92.22	0.59	63.21	24.94	11.85	24.98	31.52	43.51
2011	5.57	93.90	0.53	63.39	26.94	9.67	13.30	32.85	53.86
2012	4.69	94.80	0.51	61.97	28.16	9.87	13.47	30.75	55.78
2013	4.17	95.31	0.53	61.14	29.55	9.31	11.29	39.00	49.71
2014	4.24	95.20	0.56	56.32	32.72	10.97	3.47	32.59	63.94
2015	4.97	94.25	0.78	50.53	35.15	14.32	13.10	19.61	67.29
2016	3.48	95.74	0.78	50.06	35.26	14.68	39.08	20.92	40.01

致为下降趋势。三种运输方式的基础设施投资额比例变化趋势较为明显，公路基础设施投资额比例从2000年的93.88%急剧下降到2016年的20.92%，而航空基础设施投资额比例则从2000年的5.25%增长到2016年的40.01%，铁路基础设施投资额总体呈现上升趋势，从2000年0.87%上升到2016年的39.08%，与公路、航空相比，变化波动较小。

6.2 北京综合交通运输系统协调发展研究

6.2.1 综合交通运输系统协调发展理论

1. 综合交通运输系统概念

综合交通运输系统的形成是交通运输业发展到一定时期，逐渐走向成熟的重要体现。交通运输业是国民经济发展的基础，是社会生产、人民生活有序进行的重要保障。随着社会经济的发展以及科学技术的进步，交通运输业也随着时代的潮流不断演进。目前，交通运输业将新科技、新技术广泛融合到本行业中，逐渐向着基础设施和运输工具现代化以及多种交通运输方式分工协作、相互促进、协调发展的方向发展。

综合交通运输系统可以从不同的方面对其进行定义：从运输市场的性质来看，综合交通运输系统是指各种交通运输方式在开放的运输市场空间内，发挥不同的技术经济特点，通过分工协作，有机结合形成的连接贯通、布局合理的完整运输体系；从各种交通运输方式之间的关系来看，综合交通运输系统是指不同交通运输方式发挥各自的优势，相互协调，相互促进，共同发展；从空间发展的角度来看，综合交通运输系统是指不同地域之间的交通运输相互衔接，协调发展。

综上所述，综合交通运输系统是社会经济发展到一定时期，在科技和制度创新的作用下产生的现代交通运输组织形式，是为了满足经济、社会的发展需求以及客货运输的需求，将公路、铁路、航空、水运及管道五种运输方式作为一个有机整体进行系统研究、规划和建设，从而形成整体的交通运输系统，并以市场经济为导向，以新科技、新技术为基础，在充分发挥各种交通运输方式的比较优势下，为经济发展、社会进步和客货运输提供快速、安全、便捷、舒适等优质服务的综合运输系统。

2. 协调发展理论

协调是对系统的各种因素和属性的动态相互作用关系及程度的反映，是指为实现系统总体演进目标，各子系统或各元素之间相互协作、相互融洽、相互促进而形成的一种良性循环态势。

从协调的内涵可以了解到，协调具有两方面的含义：一是把协调当作事物发展的一种态势，具体指协调系统各要素之间的关系，使系统整体达到最佳；二是把协调当作一个过程，对系统各要素以及各要素之间的相互关系加以控制和管理，最大限度地减少系统内部的矛盾，使各要素合理共同发展，进而促进整体目标的实现。

协调具有以下几个特点：第一，协调以实现系统总体目标为目的，协调的目的不是系统内各元素的最优，而是系统的总体最优。系统总体的最优通过系统总体的规模水平、速度、数量等得以体现。第二，协调通过有关现象或事物形成多层次、多方面的协调体系。第三，协调以各种现象或事物之间的关系为前提。各子系统和元素通过彼此的联系，协调配合形成一个完整的系统，相互间的联系是形成系统的前提。事物之间没有联系，就无法组织其进行协调配合。第四，协调以组织各系统、各事物在实现总体目标过程中的相互适应、相互配合、相互协作为要求，正确处理各系统、各事物之间的关系，使得数量规模相互适应、发展速度相互配合、数量比例关系合理、工作进程相互促进，从而形成相互统一的力量。第五，协调是动态的，不是一成不变的。在实现总体目标的进程中，各子系统间关系随时不断进行调整，以保证系统总体目标不断优化。

发展是指系统或组成系统的要素从小到大、从简单到复杂、从低级到高级、从无序到有序的一种动态演进过程。某一系统或组成系统的要素的发展，是以其他系统或系统要素的衰败甚至消亡为发展条件的。社会的进步和科学的发展都要求我们要树立一种兼顾各个方面、共同提高的多元发展观念。

协调发展是在“协调”和“发展”的基础上发展起来的，是“协调”与“发展”的交集。所谓协调发展，是指系统之间或系统内要素之间在和谐一致、配合得当、良性循环的基础上由低级到高级、由简单到复杂、由无序到有序的总体演化过程。它不是单个系统或要素的增长，而是多系统或要素在协调这一有益的约束和规定之下的综合发展，强调了系统的整体性、综合性和内在性。从系统的整体性分析，协调发展是指发展过程的各个因素在相互适应和相互制约的基础上共同发展，从而促进系统整体的稳定发展。协调发展追求的是一种齐头并进、整体提高、全局优化、共同发展的美好前景。

3. 综合交通协调发展内涵

综合交通运输系统是由公路、铁路、航空、水运以及管道五个运输子系统构成的。从系统构成来看，构成综合交通运输系统的各个子系统都是一个自成体系的复杂系统。从系统构成要素关系来看，各子系统之间相互竞争、相互配合，共同实现整个系统的协调发展。综合交通运输系统不是孤立、封闭的系统，而是与外界环境广泛联系、互动的开放系统，它不断与外界进行物资和能量交换。虽然综合交通运输系统本身就是一个庞大复杂的系统，但同时也是社会大系统的一个小系统，它的发展和演进离不开社会这个整体环境。

综上分析可知，综合交通运输系统协调发展是指构成交通运输系统的各要素按照经济、社会发展需求，在资源环境承载力的范围内，各运输子系统相互配合、实现互补和完善，协作完成交通运输系统任务的动态过程和状态。研究综合交通运输系统协调发展就要从综合交通运输系统子系统内部协调发展、综合交通运输系统子系统之间协调发展以及综合交通运输系统与外部环境协调发展三个层次进行研究，是由点到线再到面的全面系统化研究。综合交通运输系统协调发展的三个层次包括综合交通运输系统子系统内部的协调发展、综合交通运输系统子系统间的协调发展，以及综合交通运输系统与外部环境的协调发展。

（1）综合交通运输系统子系统内部的协调发展。

不同的交通运输方式都有各自不同的特点和优势，这是不同的运输方式能在综合交通运输系统中一直存在并不断发展的基础。各种交通运输方式根据自身特点，发挥自身优势，完成一定的运输任务，这是交通运输子系统内部协调发展的目标，也是整个综合交通运输系统协调发展的基础。每个交通运输子系统为了完成各自的目标，需要投入一定的生产要素，如交通基础设施、运输设备、服务人员、网络布局等。交通运输子系统的投入和产出要素要具有一定的匹配度，最合理的投入会使投入产出率达到最大，经济效益达到最好，这是交通运输子系统内部协调发展的重要表现。

（2）综合交通运输系统子系统间的协调发展。

综合交通运输系统子系统之间合作与竞争的关系决定了交通运输子系统不是孤立静止的，而是相互影响、相互联系的。每一种交通运输方式的投入不仅仅关系自身的产出，同时也会影响其他交通运输方式的产出，这就为处理子系统之间的协调发展关系提出了高要求。在当今的时代背景下，各交通运输子系统在根据自身运输特点完成运输要求的过程中，应保持最佳的运输投入比例，合理地分配运输任务，相互配合、相互协作才能使各交通运输方式低投入、高效率地圆满完成运输任务，从而推动综合交通运输系统的建立。因此，交通运输子系统之间的协调发展研究对于整个综合交通运输系统协调发展也至关重要。

（3）综合交通运输系统与外部环境的协调发展。

交通运输与经济、资源、环境的协调是综合交通运输系统发展的目标。综合交通运输系统的直接、间接和潜在效益涵盖了国民经济、社会文化及人民生活的各个领域。同时，综合交通运输系统的发展也受到经济、社会、技术等环境以及自然环境的影响和制约。

交通运输系统与经济的协调发展是指交通运输的供给与经济发展需求在质和量两个层面均实现协调发展。交通运输业是国民经济的基础产业，对社会经济的发展具有至关重要的作用。同时，国民经济的发展也带来了运输需求，从而促进了交通运输业的发展。为了促进国民经济与交通运输业的良好发展，两者应保持相互促进、相互协调的发展关系。

综合交通运输发展是交通运输发展到一定程度的必然产物。很多国家的交通运输发展到一定阶段后，先后提出了“多式联运”“将用户置于运输政策的核心”“零换乘”等发展理念，并逐步进入综合运输体系的发展阶段。

综合交通运输系统由铁路运输系统、公路运输系统、水路运输系统、航空运输系统和管道运输系统共同组成。北京地处华北平原西北部，属于内陆城市，没有港口，无水路运输系统，同时由于管道运输技术性较强，与其他交通运输方式差异性较大，所以本书研究的北京综合交通运输系统主要包括铁路运输系统、公路运输系统和航空运输系统。北京“十二五”规划提出加快交通基础设施建设，强化交通综合管理，提升交通综合服务能力和服务水平，努力缓解中心城区特别是核心区的交通拥挤，确保首都交通整体安全性。本节从两个层次运用数据包络分析方法对北京综合交通运输系统协调发展（见图6-5）进行分析，分别是各交通运输系统子系统间的发展协调和各交通运输系统子系统内部各生产要素的协调发展。

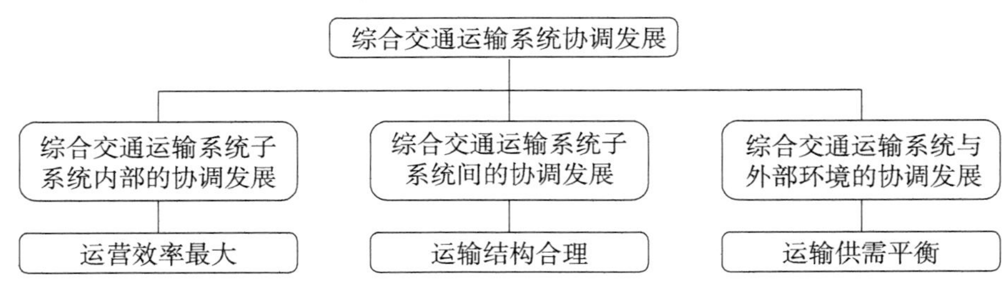

图6-5 综合交通运输系统协调发展示意

6.2.2 数据包络分析介绍

数据包络分析（Data Envelopment Analysis，DEA）是由美国著名运筹学家 Charnes（查恩斯）和 Cooper（库伯）等在“相对效率评价”概念基础上发展起来的一种非参数统计方法，是一种多输入、多输出的效率评价方法。它的基本思想是把每一个被评价单元作为一个决策单元（Decision Making Unit，DMU），然后再由多个 DMU 构成被评价对象群体，以每个 DMU 的投入产出比的权重作为变量进行评价运算，确定有效的生产前沿面，再根据每个 DMU 距离生产前沿面的距离判定该决策单元是否有效，同时还可以运用投影方法找出 DMU 有效或非 DMU 有效的原因，并据此提出针对性的改进策略。

设被评价群体有 n 个决策单元，为 DMU_j，$j=1$，2，3，…，n，DMU_j 的输入为 $X_j=(x_{1j},\ x_{2j},\ x_{3j},\ \cdots,\ x_{mj}>0)^{\mathrm{T}}$，输出为 $Y_j=(y_{1j},\ y_{2j},\ y_{3j},\ \cdots,\ y_{rj}>0)^{\mathrm{T}}$，输入和输出向量的权重分别是 V、U，其中 $V=(v_1,\ v_2,\ v_3,\ \cdots,\ v_n)^{\mathrm{T}}$，$U=(u_1,\ u_2,\ u_3,\ \cdots,\ u_r)^{\mathrm{T}}$，令 DMU_0 的效率指数为 h_0，以其取得最大值为目标，约束条件是所有决策单元 DMU_j 的效率指数 $h_j\leqslant 1$，从而构成 DEA 优化模型。其公式如下：

$$\max h_0=\frac{U^{\mathrm{T}}Y_0}{V^{\mathrm{T}}X_0}$$

$$\begin{cases}\dfrac{U^{\mathrm{T}}Y_j}{V^{\mathrm{T}}X_j}\leqslant 1,\ j=1,\ 2,\ 3,\ \cdots,\ n\\ U\geqslant 0,\ V\geqslant 0\end{cases}\tag{6-1}$$

分式规划形式需要通过 Charnes - Cooper 变换得到线性规划形式，公式如下：

$$\max h_0=\mu^{\mathrm{T}}Y_0$$

$$\begin{cases}\omega^{\mathrm{T}}X_j-\mu^{\mathrm{T}}Y_j\geqslant 0,\ j=1,\ 2,\ 3,\ \cdots,\ n\\ \omega^{\mathrm{T}}X_0=1\\ \omega\geqslant 0,\ \mu\geqslant 0\end{cases}\tag{6-2}$$

其中 $t=\dfrac{1}{V^{\mathrm{T}}X_0}$，$\omega=tV$，$\mu=tU$。再次转化为对偶规划模型：

$$\min\theta$$

$$\begin{cases}\sum\limits_{j=1}^{n}\lambda_j x_j\leqslant\theta x_0\\ \sum\limits_{j=1}^{n}\lambda_j y_j\geqslant y_0\\ \lambda_j\geqslant 0,j=1,2,3,\cdots,n\end{cases}\tag{6-3}$$

检验 DEA 有效性时，为了计算方便引入松弛变量 s^- 和剩余变量 s^+，$s^-=(s_1^-,\ s_2^-,\ s_3^-,\ \cdots,\ s_m^-)^{\mathrm{T}}$，$s^+=(s_1^+,\ s_2^+,\ s_3^+,\ \cdots,\ s_r^+)^{\mathrm{T}}$ 构成具有非阿基米德无穷小的 C^2R 模型（6 - 4）。

$$\min\left[\theta-\varepsilon\left(\hat{e}^{\mathrm{T}}s^-+e^{\mathrm{T}}s^+\right)\right]$$

$$
\text{s. t.}\begin{cases}\sum_{j=1}^{n}\lambda_j x_j + s^- = \theta x_0 \\ \sum_{j=1}^{n}\lambda_j y_j - s^+ = y_0 \\ \rho\sum_{j=1}^{n}\lambda_j = \rho,\ \rho = 0 \text{ 或 } 1 \\ \lambda_j \geqslant 0,\ j = 1,\ 2,\ 3,\ \cdots,\ n \\ s^- \geqslant 0,\ s^+ \geqslant 0\end{cases} \tag{6-4}
$$

其中，ε 为非阿基米德无穷小，后面运算中取值为 10^{-7}，$\hat{e}=(1,\ 1,\ \cdots,\ 1)^{\mathrm{T}}\in \boldsymbol{E}^m$，$e=(1,\ 1,\ \cdots,\ 1)^{\mathrm{T}}\in \boldsymbol{E}^r$，$\boldsymbol{E}^m$ 和 $\boldsymbol{E}^r$ 分别表示 m、r 阶单位列向量。

当 $\rho=0$ 时，该模型为 C^2R 模型，$\rho=1$ 时，为 C^2GS^2 模型。C^2R 模型是用来判定决策单元是否 DEA 有效的，即技术有效和规模有效是否同时存在。C^2GS^2 模型是用来判定决策单元的技术有效性，其主要用来确定决策单元非 DEA 有效的原因。

令模型（6-4）的最优解为 λ^*，s^{*-}，s^{*+}，θ^*。当 $\theta^*=1$，且 $s^{*-}=s^{*+}=0$ 时，DMU_0 为 DEA 有效，即技术有效且规模有效。当 $\theta^*=1$ 时，DMU_0 为弱 DEA 有效，且 $\sum_{j=1}^{n}\lambda_j^* < 1$ 时 DMU_0 规模效益递增，$\sum_{j=1}^{n}\lambda_j^* > 1$ 时规模效益递减，$\sum_{j=1}^{n}\lambda_j^* = 1$ 时规模效益不变。当 $\theta^* \neq 1$ 时，DMU_0 非 DEA 有效。当决策单元非 DEA 有效时存在投入剩余和产出亏空现象。令 $\hat{x}_0=\theta^* x_0 - s^{*-}$，$\hat{y}_0=\theta^* y_0 + s^{*+}$，$(\hat{x}_0,\hat{y}_0)$ 表示 DMU_0 对应的输入输出 (x_0,y_0) 在 DEA 有效面上的“投影”。即当输入量减少 $(1-\theta^*)x_0+s^{*-}$，输出量增加 $(\theta^*-1)x_0+s^{*+}$ 时，DMU_0 为 DEA 有效。

6.2.3 北京综合交通运输系统子系统内部协调发展研究

北京位于中国东北部，属于内陆城市，没有水路运输。北京货物运输方式主要有铁路、公路、航空以及管道。由于管道运输具有较强的特殊性，所以本书只对北京铁路、公路和航空交通运输系统内部协调发展情况进行研究分析。在对北京交通运输系统协调发展模型指标体系进行构建时，应遵循指标体系的科学性、可造性、相对完备性、相对独立性、主成分性以及针对性原则。同时本书主要研究的是北京货运交通系统，所以协调发展模型的输入指标是各交通运输方式的基础设施的投资额和运输线路长度，输出指标是对应交通运输方式的货运量及货运周转量。

1. 铁路货运系统内部协调发展研究

运用数据包络分析法对北京铁路交通运输系统协调发展进行研究时需要选择多个指标作为输入和输出指标。本书选择运输线路里程和铁路基础设施投资额作为输入指标，选择铁路货运量、货运周转量作为输出指标。根据北京市统计年鉴查阅北京铁路运输 2000—2015 年运输线路里程、基础设施投资额、货运量以及货运周转量，如表 6－2 所示。

表 6－2　　铁路货运系统输入输出指标

年份	输入指标		输出指标	
	基础设施投资额（亿元）	运输线路里程（千米）	货运量（万吨）	货运周转量（万吨公里）
2000	0.3	997	2612	2001875
2001	1.5	987	2505	2167201
2002	1.4	987	2348	2213728
2003	9.3	964	2265	2409620
2004	7.2	964	1959	2571459
2005	3.9	966	1976	3108137
2006	25.1	962	1956	2625718
2007	65.7	962	1925	2684862
2008	75.9	956	1733	2535247
2009	114.9	956	1635	2293902
2010	77.1	956	1572	2574567
2011	43.6	1067	1380	3113203
2012	43	1115	1232	3076143
2013	36.9	1116	1078	3231824
2014	9	1124	1132	2843623
2015	59.3	1124	1004	2247538

数据来源：2001—2016 年北京市统计年鉴。

基于以上数据，运用 DEA 计算软件 DEAP2.1 可以计算出 2000—2015 年铁路交通运输系统内部协调发展模型的协调效度、发展效度和综合效度各个参数。其中，Firm 表示年份，Crste 表示综合效率指数，Vrste 表示纯技术效率指数，Scale 表示规模效率指数，Mean 表示均值，最后一列表示规模效益情况，Drs 表示规模效益递减，Irs 表示规模效益递增，—表示规模效益不变。Crste = Vrste × Scale。铁路货运系统协调发展效率如表 6 – 3 所示。

表 6 – 3　　铁路货运系统协调发展效率

Firm	Crste	Vrste	Scale	
2000	1.000	1.000	1.000	—
2001	1.000	1.000	1.000	—
2002	0.963	1.000	0.963	Irs
2003	0.988	1.000	0.988	Irs
2004	0.923	1.000	0.923	Irs
2005	1.000	1.000	1.000	—
2006	0.931	1.000	0.931	Irs
2007	0.931	0.999	0.932	Irs
2008	0.859	1.000	0.859	Irs
2009	0.797	1.000	0.797	Irs
2010	0.837	1.000	0.837	Irs
2011	0.906	0.911	0.995	drs
2012	0.857	0.866	0.990	Irs
2013	0.900	1.000	0.900	drs
2014	0.786	0.858	0.916	Irs
2015	0.621	0.853	0.728	Irs
Mean	0.894	0.968	0.923	—

综合效率指数是评价模型 C^2R 的最优解，表示该年份或该决策单元铁路货运系统的整体协调性；C^2GS^2 最优解为纯技术效率，表示该年份铁路货运系统在此投入下，产出是否获得最大。纯技术效率指数为 1 时，则表示技术有效，即此投入下的产出为最大值；纯技术效率指数越小表示该投入下的产出与其产出最大值相差越大。当规模效率指数为 1 时，表示决策单元规模有效，规模效益不变；当规模效率指数小于 1 时，表示决策单元非规模有效，规模效益有可能递增也有可能递减，规模效益递增表示加大投入，产出会以更大的比例增加，此情况下建议加大投入，规模效益递减表示产出比例小于投入比例，不建议增加投入。

从表 6 – 3 中可以看出，2000—2015 年北京铁路交通运输系统协调发展在纯技术效率、规模效率以及综合效率方面总体呈现下降趋势。铁路货运系统综合效率指数下降表明铁路货运系统协调发展程度降低。2000 年、2001 年以及 2005 年综合效率指数为 1，即这三年铁路货物运输效率是 DEA 有效，既纯技术有效又规模有效。表明这三年铁路货运系统在基础设施投资与运营线路的投入及建设方面最为合理，在此投入下铁路货运系统的产出最大，投入产出比例最优，而且规模也最为合理。其他年份的综合效率指数均小于 1，表示这些年份均为非 DEA 有效，在这些年份中，当纯技术效率指数为 1 时则表示纯技术有效，当规模效率指数为 1 时则表示规模有效。当综合效率指数接近 1 时，虽然为非 DEA 有效，但其协调发展程度依然较高。例如 2003 年和 2002 年，分别达到 0.988 和 0.963，说明这两年铁路货运系统协调发展程度较好。但是也有个别年份的综合效率指数较低，例如 2009 年、2014 年以及 2015 年，这三年的综合效率指数均低于 0.8，尤其 2015 年仅为 0.621。这说明 2009 年、2014 年和 2015 年的铁路货运系统的协调发展程度有待提高，基础设施的投入和建设的合理性需要完善。

从纯技术效率方面来看，2000—2010 年以及 2013 年纯技术效率指数均为 1（2007 年为 0.999），即纯技术有效。在这些年份中只有 2000 年、2001 年和 2005 年综合效率指数为 1，说明 2002 年到 2010 年（除去 2005 年）以及 2013 年均为非 DEA 有效。纯技术有效表明这些年份的铁路货运系统投入产出比最为合理，这些年份铁路货运系统在基础设施投资额和线路总长方面的投入不能再减少，否则将会影响铁路货运的产出量，使其减少。2011 年、2012 年、2014 年和 2015 年的纯技术效率指数均低于 1，即这几年铁路货运系统出现投入冗余情况，应该适当减少投入。

从规模效率和规模效益方面来看，只有 2000 年、2001 年和 2005 年的规模效率指数为 1，即规模有效，规模效益不变。2002—2004 年、2006—2010 年（除去 2007 年）这几年纯技术效率指数均为 1，规模效率指数小于 1，且规模效益递增，说明这几年铁路运输效率非 DEA 有效是规模非有效导致的。这几年规模效益递增，即增加投入，产出会以高出投入比例的比例增加。2013 年纯技术效率指数为 1，规模效率指数低于 1，规模效益递减，说明 2013 年如果在铁路货运系统增加投入，则投入增加比例大于产出增加比例，建议应该减少投入，缩小规模。

2000—2015 年铁路运输系统效率评价模型中非 DEA 有效的年份中均存在投入冗余和产出亏空的情况，根据决策单元输入输出在 DEA 有效面上的“投影”可以得到非 DEA 有效年份的投入产出的调整方向及具体的调整数量，如表 6－4 所示。

表 6－4　铁路货运系统投入冗余及产出亏空

年份	投入冗余量		产出亏空量	
	基础设施投资额（亿元）	运输线路里程（千米）	货运量（万吨）	货运周转量（万吨公里）
2000	0. 000	0. 000	0. 000	0. 000
2001	0. 000	0. 000	0. 000	0. 000
2002	0. 000	0. 000	0. 000	0. 000
2003	0. 000	0. 000	0. 000	0. 000
2004	0. 000	0. 000	0. 000	0. 000
2005	0. 000	0. 000	0. 000	0. 000
2006	0. 000	0. 000	0. 000	0. 000
2007	26. 698	1. 150	0. 000	0. 000
2008	0. 000	0. 000	0. 000	0. 000
2009	39. 000	0. 000	98. 000	241345. 000
2010	0. 000	0. 000	0. 000	0. 000
2011	38. 348	94. 856	559. 220	0. 000
2012	34. 710	149. 600	719. 775	0. 000
2013	0. 000	0. 000	0. 000	0. 000
2014	1. 275	159. 251	835. 052	0. 000
2015	8. 708	165. 053	812. 254	301048. 860

从表 6－4 中可以了解到，在铁路基础设施投入方面主要是 2012 年、2011 年、2009 年和 2007 年投入冗余比较大，2014 年和 2015 年略微有投入冗余。在铁路运输线路里程投入方面，2011—2015 年中除 2013 年没有投入冗余外其他年份均存在投入冗余情况，且 2014 年、2015 年两年投入冗余量较大。货运量产出亏空的年份主要是 2009 年、2011 年、2012 年、2014 年和 2015 年，且出现亏空量增加的趋势。而货运周转量的亏空仅出现 2009 年和 2015 年。

通过对北京历年铁路交通运输系统发展现状的分析以及铁路货运系统内部协调发展情况的研究，我们可以了解到，从 2000 年以来，北京铁路货运系统协调发展程度呈现下降的趋势，铁路系统的投入产出比例的合理性也在降低。同时，本书也找出了铁路运营效率低的年份，并具体分析其原因，给出调整方向和具体的调整数量，希望对未来几年铁路货运系统的投入发展给予参考和借鉴。

2. 公路货运系统内部协调发展研究

从历年不同货运方式货运量所占比重可以了解到公路货运在北京货运总量中所占比重很大，基本都在90%以上，公路运输几乎承接了北京绝大部分的货物运输。公路货运运营是否良好事关北京货物运输能否有序进行。因此北京公路货运系统的协调发展研究显得尤为重要。按照评价模型指标的选取原则，公路货运系统协调发展评价模型输入指标是公路基础设施投资额和公路运输线路总长，输出指标为货运量和货运周转量。公路货运系统输入输出指标如表6－5所示。

表6－5　公路货运系统输入输出指标

年份	输入指标		输出指标	
	基础设施投资额（亿元）	运输线路总长（千米）	货运量（万吨）	货运周转量（万吨公里）
2000	32.2	13600	28010	826438
2001	52.8	13891	28007	826437
2002	107	14359	28375	835873
2003	55.3	14453	28361	789952
2004	38.2	14630	29256	822992
2005	40.7	14696	30050	854944
2006	140.6	20503	30963	885991
2007	189.6	20754	17872	792883
2008	170.5	20340	18689	840878
2009	134.8	20755	18753	878887
2010	97.3	21114	20184	1015944
2011	107.7	21347	23276	1323259
2012	98.2	21492	24925	1397736
2013	127.5	21673	24651	1561929
2014	84.6	21849	25416	1651938
2015	88.8	21885	19044	1563562

数据来源：2001—2016年北京市统计年鉴。

运用数据包络分析软件 DEAP2.1 对模型进行求解计算，得到北京公路货运系统协调发展模型的各项参数。将结果进行整理汇总后得到北京公路货运系统协调性评价的综合效率指数、纯技术效率指数、规模效率指数和规模效益，如表 6－6 所示。

表 6－6　　公路货运系统协调发展效率

Firm	Crste	Vrste	Scale	
2000	1.000	1.000	1.000	—
2001	0.979	0.979	1.000	—
2002	0.959	0.964	0.995	Drs
2003	0.953	0.954	0.999	Drs
2004	0.971	0.979	0.992	Drs
2005	0.993	1.000	0.993	Drs
2006	0.733	1.000	0.733	Drs
2007	0.553	0.655	0.844	Irs
2008	0.596	0.676	0.882	Irs
2009	0.604	0.681	0.888	Irs
2010	0.674	0.734	0.919	Irs
2011	0.844	0.870	0.970	Irs
2012	0.888	0.898	0.988	Irs
2013	0.958	0.967	0.991	Irs
2014	1.000	1.000	1.000	—
2015	0.945	0.958	0.986	Irs
Mean	0.853	0.895	0.949	—

为了方便观察北京公路货运系统协调度变化趋势，将协调度计算结果绘制成折线图。公路货运系统协调发展效率变化趋势如图 6－6 所示。

从图 6－6 中可以了解到北京公路货运系统协调性评价中综合效率指数和纯技术效率指数变化趋势几乎相同，规模效率指数变化趋势略有不同。2000—2005 年综合效率指数基本维持在 0.95 以上，2007 年综合效率指数急剧下降到最低点，2007 年至 2014 年逐年上升，并稳定在较高水平。说明 2000—2015 年北京公路货运系统协调发展程度先无明显变化，后急速下降，最后又缓慢回升，最终维持在较高水平。2000—2006 年纯技术效指数变化浮动较小，

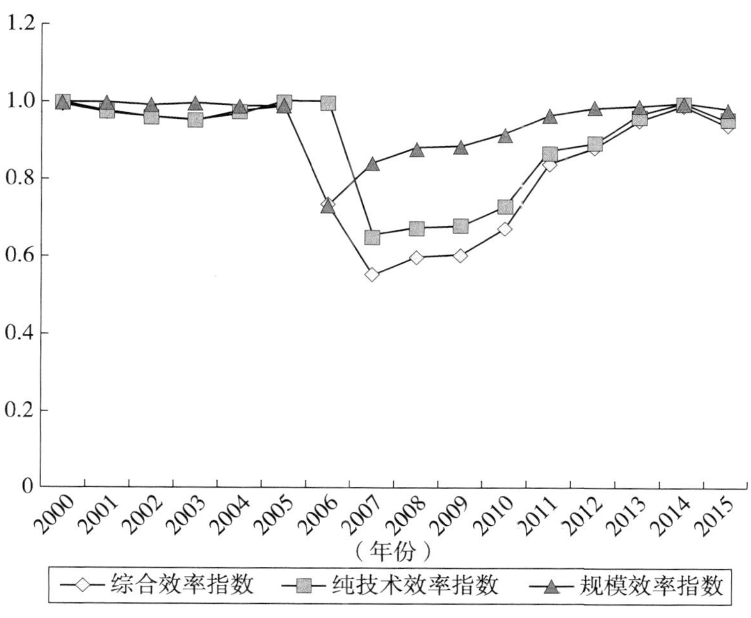

图 6－6　公路货运系统协调发展效率变化趋势

变化值在 0.05 以内，且都处在较高水平，2007 年纯技术效率指数降为最低，2015 年有所下降，总体呈上升趋势。表明北京公路货运系统投入产出比例合理性前期处于较好水平，之后合理性下降，最终又上升到较为合理的水平。规模效率指数变化趋势也呈现三段式，2000—2005 年微变化，2006 年下降到最低，2007—2015 年缓慢回升达到较高水平。

从公路货运系统协调发展效率表格中可具体了解到各个年份的综合效率指数、纯技术效率指数、规模效率指数和规模效益。综合效率指数为 1 的只有 2000 年和 2014 年，这两年的公路货运系统协调效率为 DEA 有效，纯技术效率和规模效率同时有效。表明这两年公路货运系统协调发展程度达到最优，投入产出比例及规模最为合理。其他年份综合效率指数均小于 1，即这些年份的公路货运系统协调发展模型为非 DEA 有效，在这些年份中公路货运系统协调发展程度有提升的空间。纯技术效率指数为 1 的年份有 2000 年、2005 年、2006 年和 2014 年，这四年公路货运系统协调发展为纯技术有效。表明这几年公路在基础设施投资和运输线路总长度的投入建设方面最为合理，在同等投入下，产出取得最大值。2001—2004 年、2013 年和 2015 年虽然均为非纯技术有效，但纯技术效率指数都在 0.95 以上，这几年的投入产出比例虽未达到最合理水平，但相比于2007年、2008年等纯技术效率指数较低的年份投入产出水平还是比较高的。其他年份的公路货运系统的协调性水平较低，投入合理性需要进一步完善。从规模效率方面，只有2000年、2001年和2014年规模效率指数等于1，即只有这三年为规模有效，规模效益不变，其他年份均为非规模有效。2002—2006年为规模效益递减，即这些年份应该缩小规模。2007—2015年（除2014年外）为规模效益递增，表明这些年份应该扩大规模，以提升经济效益。

公路货运系统协调性评价中非DEA有效的年份投入产出没有达到最合理水平，会出现投入冗余或产出亏空现象，根据相应计算公式可以算出各年份的投入冗余量和产出亏空量，如表6－7所示。

表6－7　公路货运系统投入冗余量及产出亏空量

年份	投入冗余量		产出亏空量	
	基础设施投资额（亿元）	运输线路总长（千米）	货运量（万吨）	货运周转量（万吨公里）
2000	0.000	0.000	0.000	0.000
2001	20.600	291.000	3.000	1.000
2002	72.961	514.399	0.000	0.000
2003	21.637	664.424	0.000	41390.709
2004	0.808	360.580	0.000	20857.018
2005	0.000	0.000	0.000	0.000
2006	0.000	0.000	0.000	0.000
2007	157.400	7154.000	10138.000	33555.000
2008	137.383	6595.705	9275.625	0.000
2009	99.270	6630.891	9092.188	0.000
2010	53.071	5620.317	7230.508	0.000
2011	43.964	2782.401	3172.821	0.000
2012	29.736	2183.172	1289.789	0.000
2013	48.614	723.436	1047.839	0.000
2014	0.000	0.000	0.000	0.000
2015	9.809	919.118	6649.707	0.000

从表6－7中可以了解到基础设施投资额和运输线路总长投入冗余量较大

的年份是 2007 年、2008 年和 2009 年，基础设施投资额冗余在 100 亿元左右，运输线路总长在 6000 千米到 8000 千米，其他年份的基础设施投资额冗余量各不相同，线路里程冗余量则相差较大。货运量和货运周转量的产出亏空差别较大，货运量产出亏空的年份有 2007 年到 2015 年（除 2014 年外），2001 年也有少量亏空，而货运周转量仅在 2003 年、2004 年和 2007 年（2001 仅亏空 1 万吨公里）有亏空。投入冗余量和产出亏空量总体上呈下降趋势。

3. 航空货运系统内部协调发展研究

航空运输是当代货运中最先进的一种货运方式，虽然航空货运起步较晚，但是发展迅速，2015 年北京航空货运量为 158 万吨，是 2000 年货运量的近 5 倍。航空运输具有快捷、运能小、费用高等特点，因此航空货运一般适合价值高、科技含量高、质量轻的货物。航空货运的发展对于高端产品的运输具有一定的影响。对于北京航空货运系统协调发展模型，其输入指标是航空运输基础设施投资额和航线条数，输出指标是航空货运量和航空货运周转量。通过北京市统计年鉴收集汇总指标数据，如表 6－8 所示。

表 6－8　　航空货运系统输入输出指标

年份	输入指标		输出指标	
	基础设施投资额（亿元）	航线条数（条）	货运量（万吨）	货运周转量（万吨公里）
2000	1.8	156	35	167691
2001	2	152	38	165832
2002	1.4	177	44	195792
2003	15.8	211	45	208058
2004	52.3	568	73	270182
2005	66.2	600	77	281672
2006	72.2	934	89	335693
2007	87.5	640	98	376074
2008	141.8	456	93	356744
2009	21.9	815	98	355257
2010	134.3	798	130	482467
2011	176.6	576	132	474856

续 表

年份	输入指标		输出指标	
	基础设施投资额（亿元）	航线条数（条）	货运量（万吨）	货运周转量（万吨公里）
2012	178. 1	611	134	489845
2013	162. 5	629	136	491861
2014	166	692	149	553661
2015	304. 7	756	158	637018

数据来源：2001—2016 年北京市统计年鉴。

运用 DEAP2. 1 计算出航空货运系统协调发展模型的综合效率指数、纯技术效率指数、规模效率指数和规模效益，如表 6 –9 所示。

表 6 –9　　航空货运系统协调发展效率

Firm	Crste	Vrste	Scale	
2000	0. 972	1	0. 972	Irs
2001	1	1	1	—
2002	1	1	1	—
2003	0. 891	0. 915	0. 974	Drs
2004	0. 514	0. 679	0. 758	Drs
2005	0. 513	0. 658	0. 78	Drs
2006	0. 381	0. 603	0. 632	Drs
2007	0. 612	0. 827	0. 741	Drs
2008	0. 816	0. 885	0. 922	Drs
2009	0. 481	1	0. 481	Drs
2010	0. 652	0. 882	0. 739	Drs
2011	0. 917	1	0. 917	Drs
2012	0. 877	0. 976	0. 899	Drs
2013	0. 865	0. 98	0. 883	Drs
2014	0. 861	1	0. 861	Drs
2015	0. 836	1	0. 836	Drs
Mean	0. 762	0. 9	0. 837	—

航空货运系统协调发展效率变化趋势如图6－7所示。

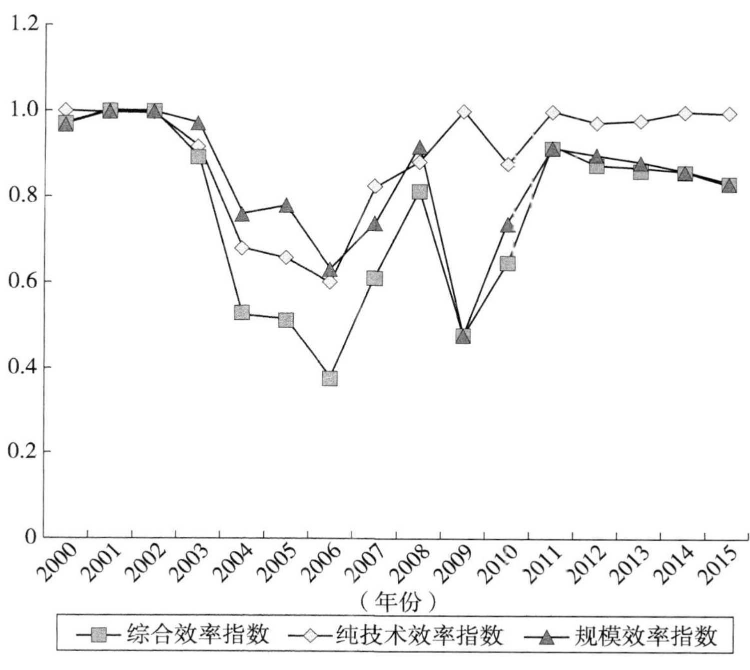

图6－7　航空货运系统协调发展效率变化趋势

从航空货运系统协调发展效率变化趋势中可以了解到历年来北京航空货运系统协调发展程度变化浮动比较大，协调发展程度最高的年份的综合效率指数为1，而协调发展程度最低的年份的综合效率指数还不到0.4，差距较大。综合效率指数、纯技术效率指数和规模效率指数三个指标均波动较大，时增时减，规律性差。综合效率指数和规模效率指数从2011年呈现下降趋势，纯技术效率指数变化较为平和且维持在较高水平。

北京航空货运系统协调发展模型中综合效率指数等于1的只有2001年和2002年，这两年为DEA有效，即航空货运系统投入产出和规模达到最合理水平。2006年综合效率指数仅为0.381，2004年和2005年也仅为0.5，说明2004—2006年三年的航空货运系统协调发展最不合理，应尽量避免这种现象的出现，否则容易出现资源浪费等。纯技术有效的年份较多，2000—2002年、2009年、2011年、2014年和2015年纯技术效率指数均为1。这些年份的航空货运投入都比较合理，使产出达到最大值，而且纯技术有效的发展趋势也比较好。规模有效的年份只有2001年和2002年。与铁路和公路货运系统相差较大的是航空货运规模效益递增的年份只有2000年，2003—2015年均为规模效益递减，应该适当缩小规模。

航空货运系统协调性评价中非DEA有效的年份投入产出没有达到最合理水平，会出现投入冗余或产出亏空现象，根据相应计算公式可以算出各年份的投入冗余量和产出亏空量，如表6-10所示。

表6-10　　航空货运系统投入冗余量及产出亏空量

年份	投入冗余量		产出亏空量	
	基础设施投资额（亿元）	航线条数（条）	货运量（万吨）	货运周转量（万吨公里）
2000	0.000	0.000	0.000	0.000
2001	0.000	0.000	0.000	0.000
2002	0.000	0.000	0.000	0.000
2003	5.969	17.904	2.169	0.000
2004	16.813	182.601	0.000	20091.489
2005	22.658	205.363	0.000	22918.440
2006	28.677	370.977	0.000	2581.242
2007	15.184	110.917	0.531	0.000
2008	37.517	52.494	0.000	0.000
2009	0.000	0.000	0.000	0.000
2010	15.837	94.104	0.130	0.000
2011	0.000	0.000	0.000	0.000
2012	4.337	14.878	0.000	0.000
2013	3.275	12.675	0.000	9872.245
2014	0.000	0.000	0.000	0.000
2015	0.000	0.000	0.000	0.000

从表6-10中可以了解到投入冗余较多的年份主要集中在2004—2008年，产出亏空主要是货运周转量的亏空，主要是2004—2006年以及2013年。2014年和2015年均未出现投入冗余和产出亏空现象，这给北京航空货运发展提供了借鉴意义，从而使航空运输能更加健康地发展，充分发挥航空运能。

6.2.4　北京综合交通运输子系统间协调发展研究

综合交通系统是由几个不同的交通运输子系统有机结合的统一整体，运输子系统功能的协调和有机统一会使整个系统功能更加完善，进而使交通运输系统整体功能大于各运输子系统功能之和，这样才能发挥综合运输体系的最优效能，形成和实现最优交通运输系统综合运输能力。本节将对北京公路、铁路、航空三种货运系统之间的协调发展程度进行研究分析。

1. 综合交通运输子系统间协调发展模型

运用数据包络分析法分析交通运输子系统之间协调发展情况时，需要构建交叉 DEA 的输入输出体系。对于 a、b 两个子系统，在 DEA 的评价模型中，输入指标设置为 a 系统的指标，输出指标设置为 b 系统的指标，如此即构成了 a 系统对 b 系统的协调发展的评价模型。具体规划模型为：

$$\max C_h(a/b)=\frac{U^{\mathrm{T}}Y_b}{V^{\mathrm{T}}X_a}$$

$$\begin{cases}\dfrac{U^{\mathrm{T}}Y_{bj}}{V^{\mathrm{T}}X_{aj}}\leqslant 1,\ j=1,2,3,\cdots,n\\ U\geqslant 0,\ V\geqslant 0\end{cases}\tag{6-5}$$

引入松弛变量 s^-、剩余变量 s^+ 和非阿基米德无穷小量 ε，对偶形式为：

$$\min[C_h(a/b)-\varepsilon(\hat{e}^{\mathrm{T}}s^-+e^{\mathrm{T}}s^+)]$$

$$\text{s. t.}\begin{cases}\sum\limits_{j=1}^{n}\lambda_{a/bj}x_j+s^-=C_h(a/b)x_0\\ \sum\limits_{j=1}^{n}\lambda_{a/bj}y_j-s^+=y_0\\ \rho\sum\limits_{j=1}^{n}\lambda_{\lambda_{a/bj}}=\rho,\rho=0\text{ 或 }1\\ \lambda_{a/bj}\geqslant 0,j=1,2,3,\cdots,n\\ s^-\geqslant 0,s^+\geqslant 0\end{cases}\tag{6-6}$$

其中，$s^-=(s_1^-,s_2^-,s_3^-,\cdots,s_m^-)^{\mathrm{T}}$，$s^+=(s_1^+,s_2^+,s_3^+,\cdots,s_r^+)^{\mathrm{T}}$，$\varepsilon=10^{-7}$，$\hat{e}=(1,1,\cdots,1)^{\mathrm{T}}\in\boldsymbol{E}^m$，$e=(1,1,\cdots,1)^{\mathrm{T}}\in\boldsymbol{E}^r$，$\boldsymbol{E}^m$ 和 $\boldsymbol{E}^r$ 分别表示 m、r 阶单位列向量。$C_h(a/b)$ 表示 a 系统对于 b 系统的协调效度，以反映两系统之间的协调程度，$D_h(a/b)$ 表示 a 系统对 b 系统的发展效度，$S_h(a/b)$ 表示 a 系统对 b 系统的协调发展综合效度。其计算公式为：

$$D_h(a/b)=\frac{1}{\sum\limits_{j=1}^{n}\lambda_{a/bj}}$$

$$S_h(a/b)=C_h(a/b)\times D_h(a/b)$$

如果求一个运输子系统 a 对其他两个运输子系统 b、c 的协调发展效度，只需将模型中的分子用 b、c 系统的输出组合表示，即可计算出 a 对 b、c 的协调效度 C_h（a/b，c）、发展效度 D_h（a/b，c）以及综合效度 S_h（a/b，c）。如果模型中分子为 a 的输出，分母为 b、c 的输出组合，则可计算出 b、c 系统对于 a 系统的协调效度 C_h（b，c/a）、发展效度 D_h（b，c/a）及综合效度 S_h（b，c/a）。

一个子系统对于另一个子系统的协调度 C_h（a/b）和 C_h（b/a），反映了该子系统的输入对另一个子系统输出的协调程度，但是这并不能反映这两个子系统之间的协调性。两个子系统之间的协调效度 C（a，b）、发展效度 D（a，b）、综合效度 S_h（a，b）的计算公式为：

$$C(a,b)=\frac{\min\{C_h(a/b),C_h(b/a)\}}{\max\{C_h(a/b),C_h(b/a)\}},\text{且 } C(a,b)=C(b,a)$$

$$D(a,b)=\frac{\min\{D_h(a/b),D_h(b/a)\}}{\max\{D_h(a/b),D_h(b/a)\}},\text{且 } D(a,b)=D(b,a)$$

$$S_h(a,b)=C_h(a,b)\times D_h(a,b)$$

三个子系统之间的协调效度 C（a，b，c）、发展效度 D（a，b，c）、综合效度 S_h（a，b，c）的计算公式为：

$$C(a,b,c)=\frac{C(a/b,c)C(b,c)+C(b/a,c)C(a,c)+C(c/a,b)C(a,b)}{C(a,b)+C(a,c)+C(b,c)}$$

其中，$C(a/b,c)=\dfrac{\min\{C_h(a/b,c),C_h(b,c/a)\}}{\max\{C_h(a/b,c),C_h(b,c/a)\}}$

同理可以计算出 C（b/a，c）和 C（c/a，b）

$$D(a,b,c)=\frac{D(a/b,c)D(b,c)+D(b/a,c)D(a,c)+D(c/a,b)D(a,b)}{D(a,b)+D(a,c)+D(b,c)}$$

其中，$D(a/b,c)=\dfrac{\min\{D_h(a/b,c),D_h(b,c/a)\}}{\max\{D_h(a/b,c),D_h(b,c/a)\}}$

同理，可以得到 D（b/a，c）和 D（c/a，b）

$$S_h(a,b,c)=C_h(a,b,c)\times D_h(a,b,c)$$

2. 北京公铁航货运系统之间协调发展研究

北京公路运输、铁路运输和航空运输三种运输子系统之间的协调效度分析包括两方面：一是三种货运子系统两两之间的协调效度，据此可以了解到北京协调性较好的两种运输方式以及历年来的变化趋势；二是三种货运子系统的协调效度分析，可以了解北京综合交通运输发展状况。

（1）两两子系统之间协调性分析。

两两子系统之间的协调发展研究是指研究两个交通运输子系统的投入和

产出之间的协调发展关系。例如研究公路和铁路两个交通运输子系统之间的协调发展情况，既包含公路系统的投入对铁路系统产出的协调发展研究，又包含铁路系统的投入对公路系统产出的协调发展研究。研究两两子系统之间的协调发展情况是建立在一个子系统对另一个子系统的协调发展的基础之上的。所以两两子系统之间的协调发展研究能够深入分析交通运输子系统之间的相互协调、相互影响、相互促进的情况，有利于子系统之间相辅相成，从而促进综合交通运输系统的协调发展。

同单一交通运输子系统内部协调发展分析一样，两两系统之间协调发展分析的输入指标为各子系统的基础设施投资额和线路里程，输出指标是各交通运输子系统的客运量、客运周转量、货运量及货运周转量，其中，用航空线路条数来代替航空里程。所有指标数据均来源于2001—2017年北京市统计年鉴。g 表示公路货运系统、h 表示航空货运系统、t 表示铁路货运系统；C（g，t）、D（g，t）、S（g，t）分别表示公路与铁路两系统之间的协调效度、发展效度、综合效度；C（g，h）、D（g，h）、S（g，h）分别表示公路与航空两系统之间的协调效度、发展效度、综合效度；C（h，t）、D（h，t）、S（h，t）分别表示航空与铁路两系统之间的协调效度、发展效度、综合效度。

在计算任意两两子系统之间的协调发展效度时需要先运用DEAP2.1计算出一个子系统对另一个子系统的协调发展效度和另一个子系统对该系统的协调发展效度。再根据相关计算公式计算出两子系统之间的协调发展效度。

汇总整理得到两两子系统之间的协调效度，如表6-11所示。

表6-11　两两子系统协调效度

年份	公路—铁路系统协调效度 C（g，t）	公路—航空系统协调效度 C（g，h）	铁路—航空系统协调效度 C（t，h）	平均协调效度
2000	1.000	1.000	1.000	1.000
2001	0.992	0.985	0.999	0.992
2002	0.962	0.966	1.000	0.976
2003	0.969	0.862	1.000	0.944
2004	0.968	0.703	0.530	0.734
2005	1.000	1.000	1.000	1.000
2006	0.693	0.770	0.433	0.632
2007	0.691	0.298	0.563	0.517

续 表

年份	公路—铁路系统协调效度 $C(g, t)$	公路—航空系统协调效度 $C(g, h)$	铁路—航空系统协调效度 $C(t, h)$	平均协调效度
2008	0.695	0.444	0.603	0.581
2009	0.699	0.576	0.329	0.535
2010	0.671	0.374	0.368	0.471
2011	0.721	0.897	0.962	0.860
2012	0.716	0.930	0.971	0.872
2013	0.986	0.920	0.938	0.948
2014	0.661	0.986	0.624	0.757
2015	0.647	0.834	0.227	0.569
平均协调效度	0.817	0.784	0.722	—

两两子系统协调效度变化趋势如图 6－8 所示。

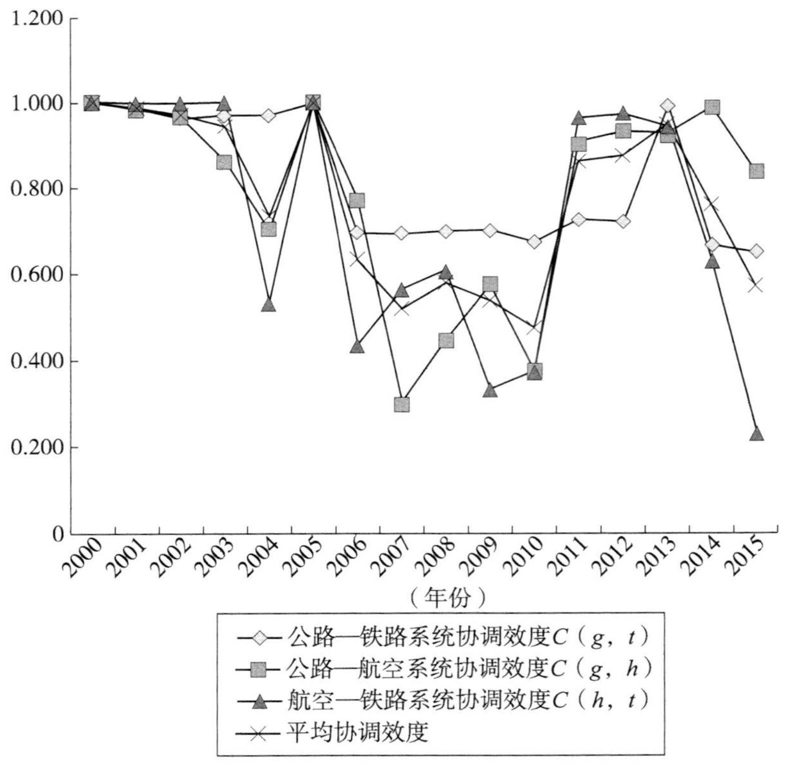

图 6－8 两两子系统协调效度变化趋势

从两两子系统协调效度变化趋势中可以了解到，历年中，两货运子系统之间协调效度变化趋势大致可以分为三段，第一段是2000—2005年，这几年两子系统协调效度较高，尤其是公路货运系统和铁路货运系统协调效度均接近于1。第二段是2006—2010年，这段时间两子系统协调效度普遍较低。第三段是2011—2015年，这段时间内两子系统之间的协调效度总体处于较高水平，但是波动较大，公路货运系统与铁路货运系统协调度最高的年份是2013年，为0.986，而最低的年份为2015年，仅为0.647。

从表6-11中可以了解到2000—2015年任意两子系统之间的协调效度。整体横向来看，公路系统与铁路系统之间的协调性最好，平均协调效度为0.817，航空系统与铁路系统的协调性最差，平均协调效度为0.722。从整体纵向来看，历年中2000年和2005年两两子系统平均协调度为1，说明这两年任意两种货运子系统之间的协调性达到最高水平，其次是2001年、2002年、2003年以及2013年，协调效度均在0.9以上，协调性水平较高。而协调性最差的是2010年，平均协调效度仅为0.471，2007—2009年以及2015年协调性水平也比较低，平均协调效度均不到0.6。

单独分析来看，公路货运系统和铁路货运系统协调性波动较小，且大致处于下降趋势，公路系统与航空系统协调性及航空系统与铁路系统协调性波动都较大，公路系统与航空系统变化趋势是先下降后上升，航空系统与铁路系统没有较为明确的上升或下降趋势，波动较大。而且2014年以来公路系统与航空系统的协调效度高于公路系统与铁路系统的协调效度，这表明近年公路系统与航空系统协调性较好。

汇总整理得到两两子系统间发展效度，如表6-12所示。

表6-12　两两子系统间发展效度

年份	公路—铁路系统发展效度 $D(g, t)$	公路—航空系统发展效度 $D(g, h)$	铁路—航空系统发展效度 $D(t, h)$	平均发展效度
2000	1.000	0.726	1.000	0.909
2001	0.985	0.445	0.766	0.732
2002	0.973	0.485	0.922	0.793
2003	0.962	0.620	0.544	0.709
2004	0.979	0.397	0.995	0.790
2005	1.000	0.272	0.375	0.549
2006	0.935	0.230	0.670	0.612
2007	0.733	0.852	0.723	0.769

续 表

年份	公路—铁路系统发展效度 D（g，t）	公路—航空系统发展效度 D（g，h）	铁路—航空系统发展效度 D（t，h）	平均发展效度
2008	0.826	0.829	0.935	0.863
2009	0.901	0.526	0.823	0.750
2010	0.957	0.733	0.633	0.774
2011	0.941	0.549	0.409	0.633
2012	0.970	0.523	0.417	0.637
2013	0.721	0.484	0.380	0.528
2014	0.932	0.440	0.462	0.611
2015	0.794	0.456	0.919	0.723
平均发展效度	0.913	0.535	0.686	—

两两子系统间发展效度变化趋势如图 6-9 所示。

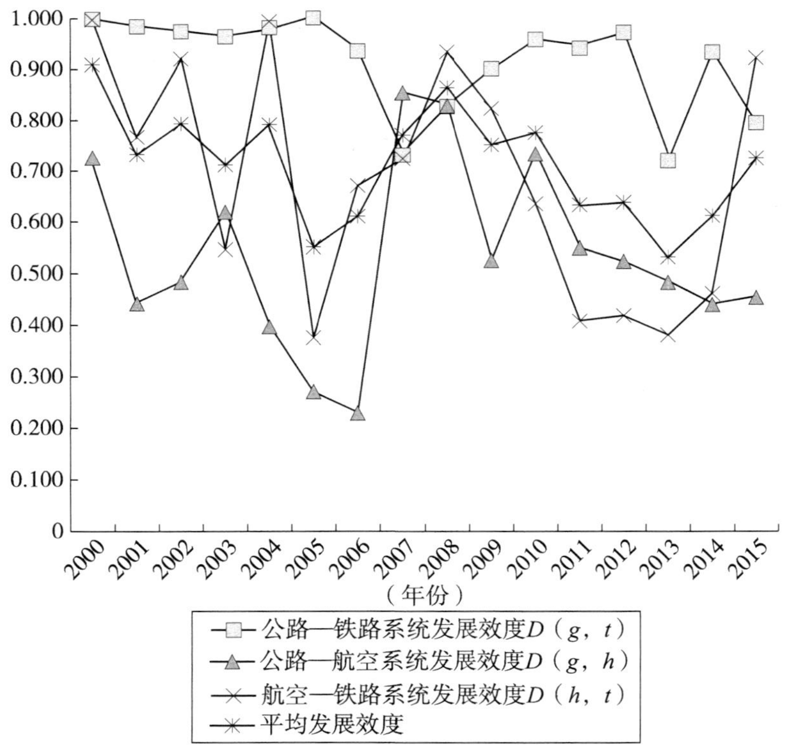

图 6-9　两两子系统间发展效度变化趋势

由北京公路、铁路、航空交通运输两两子系统间发展效度表和变化趋势图，对北京综合交通运输系统两两子系统之间发展效度进行分析。

横向分析来看，北京公路与铁路两子系统发展效度最好，大部分年份的发展效度值都在均值以上，而且除2007年、2008年等个别年份以外，大多数年份的发展效度均在0.9以上，由此可见公路与铁路两子系统发展性较好。公路与航空两子系统、航空与铁路两子系统的发展性都较差。历年来航空与铁路两子系统的平均发展效度为0.686，公路与航空之间的平均发展效度仅为0.535。纵向来看，2000—2015年北京两子系统之间发展效度总体呈现先下降、后上升、再下降的趋势。从历年两子系统平均发展效度可以看出，2000—2005年两系统平均发展效度呈现下降趋势，2005—2008年缓慢上升，2008年以后呈现先下降后上升的趋势。

汇总整理得到两两子系统间综合效度，如表6-13所示。

表6-13　两两子系统间综合效度

年份	公路—铁路系统综合效度 $S(g, t)$	公路—航空系统综合效度 $S(g, h)$	铁路—航空系统综合效度 $S(t, h)$	平均综合效度
2000	1.000	0.726	1.000	0.909
2001	0.977	0.438	0.765	0.727
2002	0.936	0.469	0.922	0.776
2003	0.932	0.534	0.544	0.670
2004	0.948	0.279	0.527	0.585
2005	1.000	0.272	0.375	0.549
2006	0.648	0.177	0.290	0.372
2007	0.507	0.253	0.407	0.389
2008	0.574	0.368	0.564	0.502
2009	0.630	0.303	0.271	0.401
2010	0.642	0.274	0.233	0.383
2011	0.678	0.493	0.393	0.521
2012	0.694	0.487	0.405	0.529
2013	0.711	0.445	0.356	0.504
2014	0.616	0.434	0.288	0.446
2015	0.514	0.380	0.209	0.368
平均综合效度	0.750	0.396	0.472	—

两两子系统间综合效度变化趋势如图 6－10 所示。

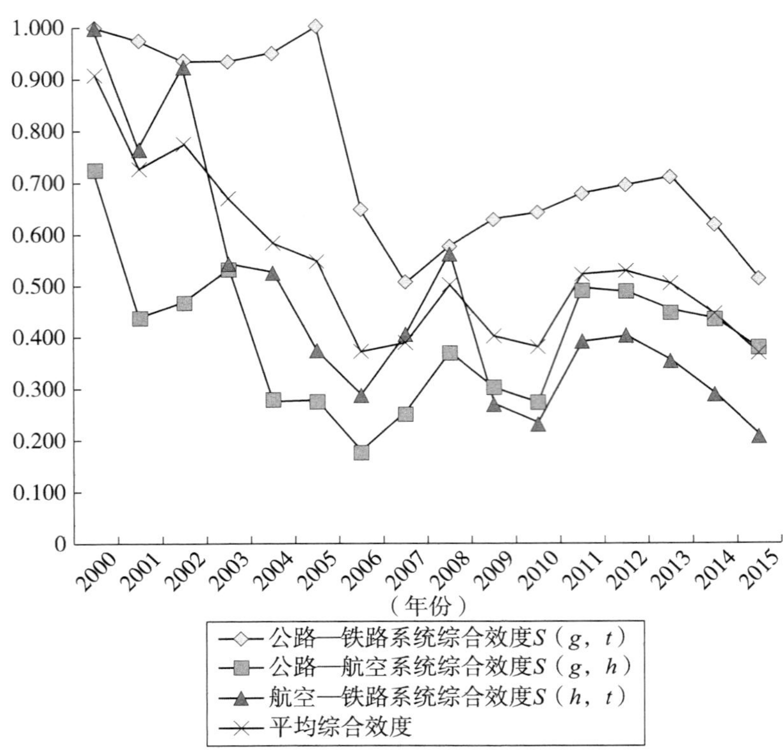

图 6－10　两两子系统间综合效度变化趋势

由北京公路、铁路、航空交通运输两两子系统间的综合效度表和变化趋势图，对北京综合交通运输系统两两子系统间综合效度进行深入分析。

总体横向来看，公路系统与铁路系统之间的综合效度值最高，几乎所有年份的综合效度值都高于公路与航空、航空与铁路两子系统之间的综合效度值。历年来公路与铁路平均综合效度值为 0. 750，相比较而言，公路与铁路两子系统之间的协调发展效果最好。其次是航空与铁路，两子系统平均综合效度值为 0. 472。两两子系统协调发展程度最差的是公路与航空系统，两系统的综合效度值仅为 0. 396。同时，从变化趋势图中可以了解到，航空与铁路两子系统之间的综合效度值前期高于公路与航空两子系统之间的综合效度值，但是 2009 年后，航空与铁路两子系统间的综合效度值普遍低于公路与航空之间的综合效度值。航空与铁路两系统间综合效度值波动性较大，说明两系统之间的协调发展稳定性较差。

总体纵向来看，从两两子系统之间综合效度平均值的变化趋势了解到，两两子系统之间的综合效度值总体呈现先下降后上升再下降的趋势。2000 年综合效度平均值为 0.909，处于最高水平，2015 年仅为 0.368，处于最低水平，2000—2006 年大致处于下降趋势，即两两子系统之间协调发展程度呈现下降趋势。2006—2012 年两两子系统协调发展程度有所回升，2012 年以后，协调发展程度又逐渐下降。

单独分析来看，公路与铁路两子系统之间综合效度值最高的年份是 2000 年和 2005 年，最低的年份是 2007 年，2000—2005 年都维持在较高的水平，2006—2007 年两年时间里迅速下降，并在 2007 年下降到最低点，2007 年以后逐渐回升，但是在 2014—2015 年又呈现下降趋势。公路与航空两子系统之间协调发展较好的年份是 2000 年，最差的年份是 2006 年，综合效度值仅为 0.177，且公路与航空两子系统协调发展程度普遍处于较低的水平。航空与铁路两子系统之间协调发展较好的年份是 2000 年和 2002 年，综合效度值均在 0.9 以上，其他年份的协调发展状况不是很好，综合效度值大多在 0.6 以下，尤其是 2014—2015 年综合效度值在 0.3 以下，这说明近年来航空与铁路两系统之间协调发展情况有待改善。

（2）两子系统协调度差异性分析。

公路和铁路系统的协调性最高，说明公路和铁路两种运输方式之间具有很好的协调关系。铁路运输具有运量大、连续性强、运输成本低、受环境影响小等特点，适合长距离、大规模的货物运输。公路运输机动灵活、适应性强，适合于短距离的货物集散运输。铁路运输承担货物的主线运输，公路运输承担支线末端配送，两者分工合作，可极大地提升货物运输能力。2015 年北京公路货运量与铁路货运量之和占北京货运总量的 99.22%，公路和铁路几乎承担了全市的货运量。北京拥有通州马驹桥物流园区、北京空港物流园区、平谷马坊物流园区、大兴京南物流园区等大型货物集散地。铁路局有丰台、丰台西、大红门、双桥等货运站点，铁路货运与公路货运相互配合，完成货物的“门到门”运输。铁路和公路运输系统不同的运输特点使得两者具有很好的互补性，所以公路系统与铁路系统的协调性最好。

公路货运系统与航空货运系统协调性较高，且在近几年公路系统与航空系统协调性高于公路与铁路协调性，原因在于北京经济发展状况和公路、航空运输系统的技术经济特性。作为全球商贸中心城市之一，北京经济活动频繁，第三产业占地区生产总值的比例逐年增加，2015 年第三产业所占比例高达 79.7%。城市经济的快速发展促进了航空业的发展。航空运输的特点是速度快、运行里程长、运量小、运费高，因此使用航空运输的一般都是价值高、时效性强的货物。航空货运的缺点是灵活性差，且机场位置一般地处郊区、距离城区较远。而公路运输的特点使公路运输对航空货运起到比较好的辅助作用。同时随着经济的快速发展，公路运输业带动航空运输业的发展，使得公路系统与航空系统协调性较高。

航空系统与铁路系统都适合长距离的运输且灵活性差，运输的货物类型差别较大，航空运输适用于价值高、质量轻的货物，铁路运输适合大宗货物，所以这两种货运系统协调效度小，协调性差。

（3）综合运输系统协调性分析。

北京公路运输系统、铁路运输系统和航空运输系统三者之间的综合协调效度反映了北京综合货运系统之间的协调性程度。要计算三个子系统之间的综合协调效度，需要先计算出一个子系统与其他两个子系统之间的协调效度。根据相应计算公式以及 DEAP2.1 软件可计算出任意一个子系统与另两个子系统之间的协调效度，其中 $C(g, th)$ 表示公路系统与铁路航空系统之间的协调效度，$C(t, gh)$ 表示铁路系统与公路航空系统之间的协调效度，$C(h, gt)$ 表示航空系统与公路铁路系统之间的协调效度。如表 6－14 所示。

表 6－14　　一个子系统与另两个子系统之间协调效度

年份	公路系统与铁路航空系统协调效度 $C(g, th)$	铁路系统与公路航空系统协调效度 $C(t, gh)$	航空系统与公路铁路系统协调效度 $C(h, gt)$	平均协调效度
2000	1.000	1.000	1.000	1.000
2001	0.991	0.999	1.000	0.997
2002	0.966	1.000	1.000	0.989
2003	0.969	1.000	1.000	0.990
2004	1.000	0.968	0.703	0.890
2005	1.000	1.000	1.000	1.000
2006	0.832	0.693	1.000	0.842
2007	0.996	0.691	0.563	0.750
2008	0.797	0.701	0.603	0.700
2009	0.798	0.672	0.563	0.678

续 表

年份	公路系统与铁路航空系统协调效度 $C(g, th)$	铁路系统与公路航空系统协调效度 $C(t, gh)$	航空系统与公路铁路系统协调效度 $C(h, gt)$	平均协调效度
2010	1.000	0.671	0.392	0.688
2011	0.990	0.976	0.967	0.978
2012	0.962	0.962	0.951	0.958
2013	1.000	0.986	0.952	0.979
2014	1.000	0.666	1.000	0.889
2015	0.967	0.633	0.834	0.811
平均协调效度	0.954	0.851	0.846	—

从表6-14中可以看出公路系统与铁路航空系统之间的协调效度最高，即公路系统与铁路航空系统协调性最好，这是由三种货物运输系统的技术经济特性以及北京货物运输结构决定的。铁路运输系统和航空运输系统运输灵活性都较差，而公路运输系统运输货物时机动灵活，能提供货运到门的运输服务，正好可以弥补铁路航空运输系统的不足，对两运输系统起到较好的辅助作用。

以一个子系统与另两个子系统之间的协调度为基础，根据相应公式可以计算出三种运输子系统之间的综合协调效度 $C(g, t, h)$。如表6-15所示。

表6-15　　　　北京综合运输系统综合协调效度

年份	2000	2001	2002	2003	2004	2005	2006	2007
综合协调效度 $C(g, t, h)$	1.000	0.997	0.988	0.989	0.859	1.000	0.837	0.745
年份	2008	2009	2010	2011	2012	2013	2014	2015
综合协调效度 $C(g, t, h)$	0.695	0.650	0.624	0.979	0.959	0.979	0.855	0.754

北京综合运输系统综合协调效度变化趋势如图6-11所示。

由图6-11可以了解到历年来北京公路交通运输子系统、铁路交通运输子系统和航空交通运输子系统之间协调效度的变化趋势，最初几年综合运输

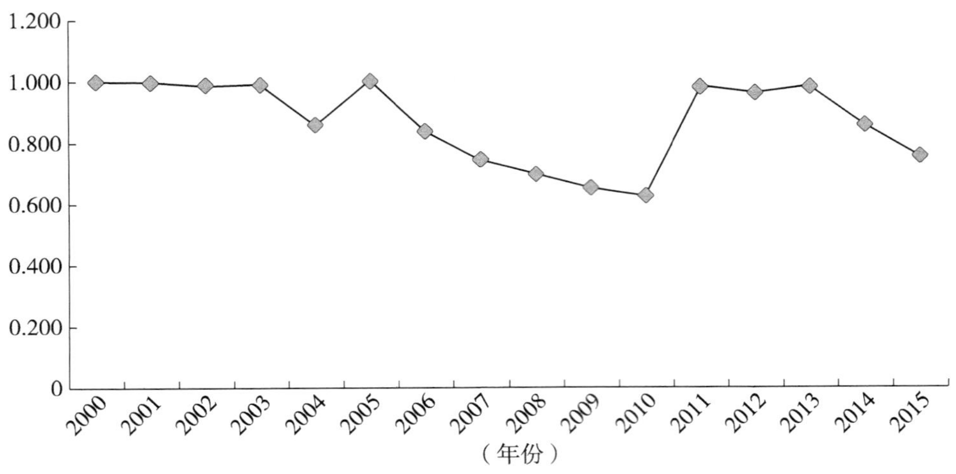

图6－11　北京综合运输系统综合协调效度变化趋势

系统综合协调效度较高，且较为平稳，表明2000—2005年北京综合交通运输系统之间协调性较好，且较为稳定。2006—2010年综合协调效度降低，即协调性下降。之后又恢复较高水平。其中尤以2000年和2005年协调效度最高，均为1，协调性最好。其次2001—2003年及2011—2013年的协调效度也都较高，均在0.95以上，这几年的协调性较好。综合协调效度比较低的年份是2008年、2009年和2010年，综合协调效度均低于0.7，这三年北京综合交通运输系统协调性较差。

6.2.5　北京综合交通运输系统与经济系统的协调发展研究

交通运输系统与经济系统是社会大系统的重要组成部分，两者的协调、健康、可持续发展对于社会进步具有至关重要的作用。交通运输和经济之间具有相互影响、相互促进和相互制约的关系。当交通运输业的发展与经济的发展相一致或适当超前时，都会促进经济的良好快速发展，同样，当经济的发展与交通运输业的发展相符或适当超前时，经济的发展也会带动交通运输业的健康快速发展。当两者发展差距较大时，会严重制约彼此的发展。因此，北京综合交通运输系统与经济系统的协调发展研究，对于促进北京经济与交通发展具有重要意义。

交通运输系统与经济系统的协调发展研究是指分析两个系统相互支持和利用的有效性。即将“综合交通运输系统—经济系统”当作一个互为输入输出的系统，利用交叉 DEA 模型度量综合交通运输与经济的协调发展效度。本节以 2000—2015 年北京交通运输与经济的指标数据为基础，利用相关理论及模型分析研究北京综合交通运输系统与经济系统的协调发展情况。

研究综合交通运输系统与经济系统之间的协调发展关系需要运用交叉 DEA 模型分别计算出交通运输业的投入对经济的产出以及经济的投入对交通运输业的产出的协调发展效度。对于两大系统的投入和产出指标的选取，本书根据指标选取的诸多原则，选择交通运输业基础设施投资额及在岗职工人数作为交通运输系统输入指标，选择货运量、货运周转量作为交通运输系统的输出指标。选择社会基础设施投资额及从业人员数作为经济系统的输入指标，选择地区生产总值及人均消费水平作为经济系统的输出指标。输入指标的选取分别代表了两大系统的资金和人力投入，输出指标的选取则代表了两大系统的相应产出。

查询 2001—2016 年北京市统计年鉴获取相关指标数据，并将其进行汇总整理，如表 6－16 所示。

表 6－16　　2000—2015 年北京交通运输和经济指标数据

年份	经济数据				交通数据			
	输入指标		输出指标		输入指标		输出指标	
	基础设施投资额（亿元）	从业人员数（万人）	地区生产总值（亿元）	人均消费水平（元）	基础设施投资额（亿元）	在岗职工人数（人）	货运量（万吨）	货运周转量（万吨公里）
2000	351.9	619.3	3212.8	9759	34.3	175243	30657	2996004
2001	356.4	628.9	3769.9	10179	56.3	171938	30550	3159470
2002	411.9	679.2	4396.0	12153	109.8	177149	30767	3245393
2003	417.8	703.3	5104.1	13470	80.4	284472	30671	3407630
2004	463.2	854.1	6164.9	15158	97.7	313897	31288	3664633
2005	610.7	878.0	7141.4	16591	110.8	330250	32103	4244753
2006	935.3	919.7	8312.6	18771	237.9	384142	33008	3847402
2007	1175.8	942.7	10071.9	21472	342.8	405372	19895	3853819
2008	1160.7	980.9	11392.0	23547	388.2	431052	20515	3732869
2009	1462.0	998.3	12419.0	25757	271.6	469420	20486	3528046

续　表

年份	经济数据				交通数据			
	输入指标		输出指标		输入指标		输出指标	
	基础设施投资额（亿元）	从业人员数（万人）	地区生产总值（亿元）	人均消费水平（元）	基础设施投资额（亿元）	在岗职工人数（人）	货运量（万吨）	货运周转量（万吨公里）
2010	1403.5	1031.6	14441.6	28925	308.7	477846	21886	4072978
2011	1400.2	1069.7	16627.9	32364	327.9	550454	24788	4911318
2012	1789.2	1107.3	18350.1	35385	319.3	555438	26291	4963724
2013	1785.7	1141.0	20330.1	39516	326.9	577387	25865	5285614
2014	2018.1	1156.7	21944.1	42166	259.6	589029	26697	5049222
2015	2174.5	1186.1	23685.7	45653	452.8	586448	20206	4448118

数据来源：2001—2016 年北京市统计年鉴。

计算交通运输系统与经济系统之间的协调发展效度时，需要分别计算出交通运输对经济的协调发展效度以及经济对交通运输的协调发展效度。交通运输对经济的协调发展效度以交通运输系统的投入作为输入指标，以经济系统的产出作为输出指标，利用交叉 DEA 模型计算得出。同理，经济对交通运输的协调发展效度计算的交叉 DEA 模型是以经济系统的投入作为输入指标，以交通运输系统的产出作为输出指标。

本书利用 DEAP2.1 对两个模型进行计算求解，分别求出交通运输系统对经济系统以及经济系统对交通运输系统的协调效度、发展效度。C_h（t/e）表示交通运输系统对经济系统的协调效度，C_h（e/t）表示经济系统对交通运输系统的协调效度，D_h（t/e）表示交通运输系统对经济系统的发展效度，D_h（e/t）表示经济系统对交通运输系统的发展效度，S_h（t/e）表示交通运输系统对经济系统的综合效度，S_h（e/t）表示经济系统对交通运输系统的综合效度，如表 6－17 所示。交通运输系统对经济系统及经济系统对交通运输系统协调发展效度变化趋势如图 6－12 所示。

以交通运输系统对经济系统以及经济系统对交通运输系统的协调发展效度为基础，运用两子系统之间协调发展效度计算公式计算出交通运输系统与经济系统之间的协调发展效度，如表 6－18 所示。

表 6-17 交通运输系统对经济系统及经济系统对交通运输系统协调发展效度

年份	C_h (t/e)	D_h (t/e)	S_h (t/e)	C_h (e/t)	D_h (e/t)	S_h (e/t)
2000	1.000	1.000	1.000	1.000	1.000	1.000
2001	1.000	0.922	0.922	1.000	1.000	1.000
2002	1.000	0.915	0.915	0.966	0.984	0.951
2003	0.778	0.992	0.772	0.990	0.975	0.965
2004	0.772	0.990	0.764	1.000	0.892	0.892
2005	0.787	0.986	0.776	1.000	0.962	0.962
2006	0.687	0.949	0.652	1.000	0.833	0.833
2007	0.734	0.927	0.680	0.836	0.973	0.813
2008	0.755	0.929	0.701	0.775	0.977	0.757
2009	0.762	0.970	0.739	0.715	0.984	0.704
2010	0.831	0.965	0.802	0.813	0.967	0.786
2011	0.818	0.964	0.789	0.978	0.934	0.913
2012	0.884	0.972	0.859	0.957	0.932	0.892
2013	0.930	0.995	0.925	1.000	0.922	0.922
2014	1.000	1.000	1.000	0.935	0.930	0.870
2015	1.000	1.000	1.000	0.784	0.953	0.747
Mean	0.859	0.967	0.831	0.922	0.951	0.875

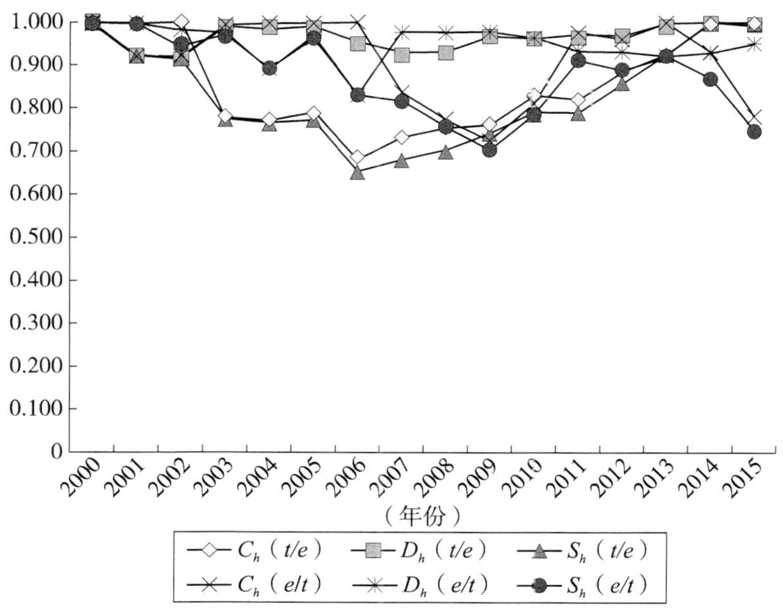

图 6-12 交通运输系统对经济系统及经济系统对交通运输系统协调发展效度变化趋势

表 6－18　北京交通运输系统与经济系统协调发展效度

年份	$C(t, e)$	$D(t, e)$	$S(t, e)$
2000	1.000	1.000	1.000
2001	1.000	0.922	0.922
2002	0.966	0.930	0.898
2003	0.786	0.983	0.772
2004	0.772	0.901	0.696
2005	0.787	0.976	0.768
2006	0.687	0.878	0.603
2007	0.878	0.953	0.836
2008	0.974	0.951	0.926
2009	0.938	0.986	0.925
2010	0.978	0.998	0.976
2011	0.836	0.969	0.810
2012	0.924	0.959	0.886
2013	0.930	0.927	0.862
2014	0.935	0.930	0.870
2015	0.784	0.953	0.747
Mean	0.886	0.951	0.844

交通运输系统与经济系统协调发展效度变化趋势如图 6－13 所示。

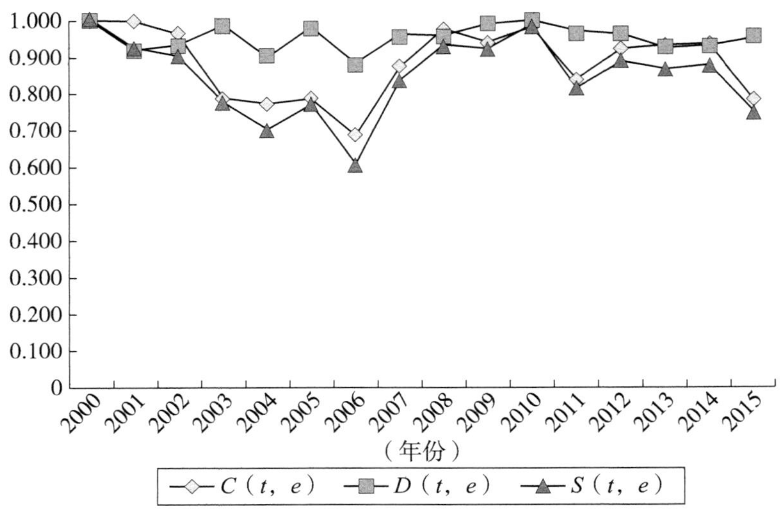

图 6－13　交通运输系统与经济系统协调发展效度变化趋势

根据以上图表，对于北京综合交通运输系统与经济系统之间的协调发展效度分析可以分为三个方面。第一，综合交通运输系统对经济系统的协调发展效度分析，分析综合交通运输系统的交通运能能否满足经济的发展需求。第二，经济系统对综合交通运输系统的协调发展效度分析，分析经济发展带来的运输需求对交通运输发展的带动效果。第三，综合交通运输系统与经济系统之间的协调发展效度分析，分析交通运输与经济之间的相互支持、相互利用的有效性。

1. 综合交通运输系统对经济系统协调发展效度分析

从综合交通运输系统对经济系统的综合效度值以及变化趋势来看，北京综合交通运输系统对经济的协调发展程度呈现先下降后上升的趋势（见图6－12）。2000 年、2014 年和 2015 年的综合效度值均为 1，这些年份综合交通运输系统在经济系统协调性以及发展性方面都处于最高水平。2000—2006 年综合效度呈现下降趋势，并在 2006 年下降到最低点，效度值仅为 0. 652。2006 年以后呈现上升趋势，并在 2014 年上升到最高点，而且维持在较高水平。

从协调效度来看，北京综合交通运输系统对经济系统的协调性也呈现先下降后上升的趋势。2000—2006 年呈现下降趋势，说明交通运输系统的投入对经济系统产出的协调程度在逐渐下降。2007—2014 年呈现上升趋势，2014 年以后维持在较高水平，说明 2007 年以后交通运输系统投入对经济系统产出协调程度在不断改善。2000—2002 年、2014—2015 年协调效度值为 1，说明这些年份北京综合交通运输系统的投入能获得与之相对协调的经济产出。2006 年协调效度值不到 0. 7，说明这一年交通运输系统对经济系统的协调性有待提高。

从发展效度来看，北京综合交通运输系统对经济系统的发展性一直都维持在较高水平。2000—2015 年发展效度值均维持在 0. 9 以上，最小值为 2002 年的 0. 915，而且发展效度值波动较小，这说明北京综合交通运输系统的规模对于经济发展较为合适，而且这种合适程度波动较小，较为稳定。

2. 经济系统对综合交通运输系统协调发展效度分析

从经济系统对综合交通运输系统的综合效度值以及变化趋势来看，北京经济对综合交通运输的协调发展程度总体处于较高水平。综合效度最高的年份是 2000 年、2001 年，协调效度值为 1，这些年份北京经济系统对综合交通运输系统协调性及发展性均处于最高水平。其他部分年份，例如 2011 年、2013 年等，综合效度值均在 0. 9 以上。而且经济系统对交通运输系统协调发展的综合效度值普遍高于交通运输系统对经济系统的综合效度值，这说明经济对交通运输的协调发展程度高于交通运输对经济的协调发展程度。

从协调效度来看，2000 年以来，北京经济系统对综合交通运输系统协调性较高。部分年份，例如 2000 年、2001 年、2004 年等，协调效度值为 1，说明这些年份经济的投入能带来与之相协调的交通运输的产出，经济对交通运输协调性最高。其他年份协调效度值大部分在 0.9 以上，经济对交通运输的协调性较高。经济对交通运输协调性最低的年份是 2009 年，协调效度值为 0.715。大多数年份经济系统对交通运输系统的协调效度值高于交通运输系统对经济系统的协调效度值，说明总体上经济对交通运输的协调程度更高，交通运输对经济的协调程度有提升的空间。

从发展效度来看，发展效度平均值为 0.951，且绝大多数年份的发展效度值都在 0.9 以上，这说明北京经济系统对交通运输系统发展效度处于较高水平，即对交通运输发展规模来说，经济规模较为合适。经济对交通运输的发展效度与交通运输对经济的发展效度大致同处一个水平，两者没有太大差别。

3. 综合交通运输系统与经济系统之间协调发展效度分析

综合效度反映了两系统之间的协调发展状况，综合效度值越高说明两系统协调发展情况越好。协调效度反映了两系统交叉投入产出的协调效度之间的差异化程度，协调效度值越大，说明差异性越小，一致性越高。相反，协调效度值越小，说明差异性越大，一致性越低。同理，发展效度反映了两系统交叉投入产出发展效度之间的差异化程度，发展效度值越大，差异化程度越低，发展效度值越小，差异化程度越高。

从综合交通运输系统与经济系统协调发展的综合效度值及其变化趋势可知，2000 年以来，北京综合交通运输系统与经济系统之间的协调发展程度呈现先下降后上升再下降的趋势，2001 年前后和 2010 年前后几年的协调发展程度较高，2003—2006 年协调发展处于低谷期。两个系统协调发展程度最低的年份是 2006 年，综合效度值仅为 0.603。2007 年以后两个系统的协调发展程度逐渐提高，并在 2010 年上升到最高点，综合效度值达到 0.976。总体来说，北京综合交通运输系统与经济系统之间的协调发展正逐渐向好的方向发展，两系统之间相互支持、相互利用、相互促进、协调发展程度逐渐加深。

从协调效度来看，北京综合交通运输系统与经济系统之间的协调性总体也呈现先下降后上升的趋势，2000—2006 年处于下降趋势，2007 年以后总体处于上升趋势。两系统协调性最高的年份是 2000 年、2001 年，协调效度值均为1，说明这两年北京交通运输与经济两系统交叉投入产出的协调效度之间一致性最高。其次是2002年、2008—2010年、2012—2014年，协调效度值在0.9以上，两系统协调性较高。两系统协调性较低的年份是2003—2006年，协调效度值在0.8以下，而且这些年份经济系统对交通运输系统的协调效度值大于交通运输系统对经济系统的协调效度值，说明这些年份交通运输的发展滞后于经济的发展，交通运输的交通运能不能满足经济带来的运输需求。

从发展效度来看，北京综合交通运输系统与经济系统之间的发展效度总体维持在一个较高的水平，说明两系统交叉投入产出发展效度差异化程度普遍较低，一致性较高。2000—2015年只有2006年的发展效度值低于0.9，为0.878。其他年份的发展效度值均在0.9以上，甚至2000年的发展效度值达到1，而且综合交通运输系统对经济系统的发展效度与经济系统对综合交通运输系统的发展效度均处于较高水平，这说明了两系统的发展规模相对彼此都较为合适。

6.3 北京物流交通发展趋势预测

货运周转量是指交通运输部门在一定时期内运送货物的数量与运送的距离的乘积。货运周转量是综合反映物流交通发展水平必不可少的指标，是交通部门制定运输通道发展规划的重要依据。货物的生产、加工、销售环节都与物流运输息息相关。货运周转量预测对区域交通的整体规划产生影响。交通作为现代经济社会发展的重要组成部分，在经济社会中扮演着运输、传递、连接不同区域的角色。精确地预测货运周转量，能够更加合理地对区域交通进行规划、合理地预测交通基础设施的投资力度，这也对缓解区域交通运输的拥挤状况起到重要作用，同时也保证了区域经济的快速、持续发展。本节立足北京历年货运周转量，运用合适的预测方法对北京货运周转量进行预测，根据货运周转量的变化趋势来分析北京货运物流交通的发展趋势。这对北京交通基础设施和物流服务体系的重构具有一定的指导作用，有利于充分利用北京的交通运能。

灰色预测适用于时间序列，具有时间短、数据资料少、波动不大等特点，对于短期、数据随时间呈指数式增长的时间序列的预测较为准确。其预测曲线是一条较为平滑的曲线，因此对于随机波动比较大的数据的拟合误差比较大，预测精度不高。相反马尔柯夫链预测的对象是一个随机变化的动态系统，其根据状态之间的转移概率来推测系统未来的发展变化。转移概率反映了随机因素的影响程度。灰色马尔柯夫 SCGM（1，1）c 模型则是结合两种预测方法的优势，取长补短，极大地提高了预测精度。本节使用的北京货运周转量的数据是2000—2015 年共16 年的数据，其增长趋势大致为指数增长，但也有个别年份数据波动较大，因此对于北京货运周转量的预测比较适合运用灰色马尔柯夫 SCGM（1，1）c 模型。

本书将结合单因子系统云灰色模型 SCGM（1，1）c 和马尔柯夫链理论的优点，应用灰色马尔柯夫 SCGM（1，1）c 预测模型，首先，拟合原始数据的总体趋势，将所得的相对误差序列作为一个随机波动过程；其次，用马尔柯夫预测来确定状态间的转移规律，通过计算相对误差来修正灰色模型预测值，以提高预测精度。

6.3.1 北京货运总量灰色马尔柯夫 SCGM（1，1）c 模型

1. 数据处理

本节对北京货运周转量进行预测，通过查阅《北京统计年鉴 2016》并进行汇总得到原始序列 $X^{(0)}$：

$$X^{(0)}=\{X^{(0)}(1),X^{(0)}(2),X^{(0)}(3),\cdots,X^{(0)}(n)\}$$

对 $X^{(0)}$进行积分变换，得 $X^{(1)}=\{X^{(1)}(1),X^{(1)}(2),X^{(1)}(3),\cdots,X^{(1)}(n)\}$，其中：

$$X^{(1)}(k)=\sum_{m=2}^{k}\overline{X}^{(0)}(m),m=2,3,4,\cdots,n$$

$$\overline{X}^{(0)}(k+1)=\frac{1}{2}\left[X^{(0)}(k)+X^{(0)}(k+1)\right]$$

2. 建立一次响应函数

设北京市货运周转量原始序列的积分生成序列 $X^{(1)}(k)$ 与非齐次指数离散函数$f_r(k)=be^{a(k-1)}-c$ 满意趋势关联，进而 $X^{(1)}(k)$ 的数据贴切拟合于 $f_r(k)$，则系统云灰色 SCGM（1，1）c 模型为：

其一次响应函数为：

$$X^{(1)}(k)=\left(X^{(1)}(1)+\frac{U}{a}\right)e^{ak}-\frac{U}{a}$$

其中：

$$a=\ln\frac{\sum_{k=3}^{n}\overline{X}^{(0)}(k)\overline{X}^{(0)}(k-1)}{\sum_{k=3}^{n}(\overline{X}^{(0)}(k-1))^{2}}$$

$$b=\frac{(n-1)\sum_{k=2}^{n}[e^{a(k-1)}X^{(1)}(k)]-[\sum_{k=2}^{n}e^{a(k-1)}][\sum_{k=2}^{n}X^{(1)}(k)]}{(n-1)\sum_{k=2}^{n}e^{2a(k-1)}-(\sum_{k=2}^{n}e^{a(k-1)})^2}$$

$$c=\frac{(\sum_{k=2}^{n}e^{a(k-1)})b-\sum_{k=2}^{n}X^{(1)}(k)}{n-1}$$

且 $X^{(1)}(1)=b-c$，$U=ac$。

对 $X^{(1)}(k)$ 进行还原处理，得原始数据的系统云灰色 SCGM（1，1）c 预测模型为：

$$\hat{X}^{(0)}(k)=2b\frac{1-e^{-a}}{1+e^{-a}}e^{a(k-1)}$$

相对误差为：

$$\varepsilon(k)=\frac{\hat{X}^{(0)}(k)-X^{(0)}(k)}{X^{(0)}(k)}\times 100\%$$

相对误差反映的是拟合值相对于原始值的偏离程度。

3. 马尔柯夫精确化预测结果

由于数据的波动性，运用系统云灰色 SCGM（1，1）c 模型进行预测具有一定的误差，因此本书以预测的相对误差为基础，运用马尔柯夫链预测原理对预测结果进行精确化处理。

（1）状态划分。

根据相对误差 $\varepsilon(k)$ 的分布情况将相对误差 $\varepsilon(k)$ 结果划分为 n 个状态，当 $\varepsilon(k)\in[a_{1i}, a_{2i}]$，$i=1, 2, 3, \cdots, n$，则表示第 k 年的相对误差处于第 i 个状态，且该状态的上下边界分别是 a_{1i} 和 a_{2i}。

在状态划分时，区间的个数要根据实际数据的情况而定。一般当原始数据较少时，划分的区间个数宜少不宜多，这样各状态间转移次数较多，进而较为客观地反映各状态间的转移规律。当原始数据较多时，区间应划分多一些，从而可以挖掘更多的信息，提高拟合预测精度。本节使用的数据是2000—2015 年北京货运周转量拟合相对误差值，根据经验划分为 5 个状态。

（2）构造状态转移概率矩阵。

令状态 E_i 经过 m 步转移到另一个状态 E_j 的概率为 $p_{ij}^{(m)}$，则 $p_{ij}^{(m)}=\frac{M_{ij}^{(m)}}{M_i}$。

其中，$M_{ij}^{(m)}$ 为状态 E_i 经过 m 步转移到达状态 E_j 的次数，M_i 为状态 E_i

出现的次数。

m 步转移概率 $p_{ij}{}^{(m)}$ 构成的矩阵称为 m 步转移概率矩阵，记为 $\boldsymbol{R}^{(\boldsymbol{m})}$，可表示为：

$$\boldsymbol{R}^{(\boldsymbol{m})}=\begin{bmatrix} p_{11}{}^{(m)} & p_{12}{}^{(m)} & \cdots & p_{1j}{}^{(m)} \\ p_{21}{}^{(m)} & p_{22}{}^{(m)} & \cdots & p_{2j}{}^{(m)} \\ \vdots & \vdots & \vdots & \vdots \\ p_{j1}{}^{(m)} & p_{j2}{}^{(m)} & \cdots & p_{jj}{}^{(m)} \end{bmatrix}$$

（3）预测结果精确化计算。

选取距离预测年份最近的 j 个年份，以这几年的北京货运周转量预测的相对误差所对应的状态为初始状态 E_i，按照距离预测年份由近到远的顺序，转移步数分别是 1，2，3，…，j，在转移步数对应的转移矩阵 $\boldsymbol{R}^{(\boldsymbol{m})}$ 中，取初始状态所对应的行向量 $\boldsymbol{p}_{\boldsymbol{i}}{}^{(\boldsymbol{m})}=p_{i1}{}^{(m)}$，$p_{i2}{}^{(m)}$，$p_{i3}{}^{(m)}$，…，$p_{ij}{}^{(m)}$，$i\in E_i$，组成新的概率矩阵：

$$\boldsymbol{R}=\begin{bmatrix} p_{11}{}^{(1)} & p_{12}{}^{(1)} & \cdots & p_{1j}{}^{(1)} \\ p_{21}{}^{(2)} & p_{22}{}^{(2)} & \cdots & p_{2j}{}^{(2)} \\ \vdots & \vdots & \vdots & \vdots \\ p_{j1}{}^{(j)} & p_{j2}{}^{(j)} & \cdots & p_{jj}{}^{(j)} \end{bmatrix}$$

对矩阵 $\boldsymbol{R}$ 进行列向量求和，即 $p_j=\sum_{m=1}^{j}p_{mj}$，取 max $\{p_j\}$，即为预测年份所处的状态，则该年份的北京货运周转量系统云灰色 SCGM（1，1）c 模型预测值精确化结果为：

$$\hat{y}(k)=\hat{X}(k)\times\left(1-\frac{a_{1i}+a_{2i}}{2}\right)$$

对于之后几年的预测，将前一年预测的状态计入数据序列重新构造马尔柯夫链，重复此方法步骤，直到预测到目的年份即可。

6.3.2 预测分析

以北京 2000—2016 年货运周转量数据为原始数据，首先，运用灰色 SCGM（1，1）c 模型对数据进行预测；其次，对预测结果进行误差分析；最后，以相对误差为基础建立马尔柯夫链，对预测值进行修正。查询北京、天津及河北相关统计年鉴得到三地货运周转量，2000—2016 年北京货运周转量如表 6 - 19 所示。

表 6－19　　2000—2016 年北京货运周转量

年份	2000	2001	2002	2003	2004	2005	2006	2007	2008
货运周转量（万吨公里）	2996004	3159470	3245393	3407630	3664633	4244753	3847402	3853819	3732869
年份	2009	2010	2011	2012	2013	2014	2015	2016	—
货运周转量（万吨公里）	3528046	4072978	4911318	4963724	5285614	5049222	4448118	4575043	—

数据来源：2000—2016 年北京市统计年鉴。

1. 建立灰色 SCGM（1，1）c 模型

以北京货运周转量为原始数据建立系统云灰色 SCGM（1，1）c 模型，计算出各参数如下：

$$\hat{X}^{(0)}(k)=2b\frac{1-e^{-a}}{1+e^{-a}}e^{a(k-1)}$$

其中，$a=0.02543468$，$b=130868406.9$。

即预测拟合模型为：$\hat{X}^{(0)}(k)=187769690e^{0.018815849(k-1)}$，据此可预测出各年份北京货运周转量。为了运用马尔柯夫链预测原理对预测结果进行精确化处理，根据相对误差计算公式计算出预测值的误差。

2000—2016 年北京货运周转量预测值及相对误差如表 6－20 所示。

表 6－20　　2000—2016 年北京货运周转量预测值及相对误差

年份	2000	2001	2002	2003	2004	2005
预测值	3532942	3600047	3668426	3738104	3909105	3881455
相对误差	17.92%	13.94%	13.03%	9.70%	3.94%	－8.56%
年份	2006	2007	2008	2009	2010	2011
预测值	3955180	4030304	4106856	4184861	4264349	4345346
相对误差	2.80%	4.58%	10.02%	18.62%	4.70%	－11.52%
年份	2012	2013	2014	2015	2016	—
预测值	4427881	4511984	4597685	4685013	4774000	—
相对误差	－10.80%	－14.64%	－8.94%	5.33%	4.35%	—

根据计算可知，运用系统云灰色 SCGM（1，1）c 模型预测模拟的结果准确性一般，绝对误差率达 9.61%。由各年份的原始数据以及预测误差可以看出，误差值比较大的主要存在于原始数据波动比较大的年份，例如 2000 年、2009 年和 2013 年等。其中，2009 年份误差值最大，达到 18.62%。因此，不能只运用这个模型对未来北京货运周转量进行预测，为了精确化模拟结果，应运用马尔柯夫链理论进行修正。

2. 马尔柯夫准确化处理

（1）状态划分。

本书模拟预测的数据有 16 组，划分为 5 个状态，分别是 E_1、E_2、E_3、E_4、E_5，分别表示预测拟合值较为偏小、微微偏小、微微偏大、稍微偏大、较为偏大。系统云灰色 SCGM（1，1）c 模型模拟误差范围为 -12.35% ~18.609%。根据马尔柯夫状态划分中要尽量使每个状态所包含的数据个数均等的原则，为使修正结果精确化程度更高，相对误差状态划分如表 6-21 所示。

表 6-21　相对误差状态划分

状态编号	E_1	E_2	E_3	E_4	E_5
状态区间	(-16%，-10%]	(-10%，0]	(0，5%]	(5%，10.5%]	(10.5%，20%]

根据每个年份的预测值的相对误差及状态区间的划分范围可得到各个年份所属的状态。

2000—2016 年所属状态如表 6-22 所示。

表 6-22　2000—2016 年所属状态

年份	2000	2001	2002	2003	2004	2005
相对误差	17.92%	13.94%	13.03%	9.70%	3.94%	-8.56%
状态	5	5	5	4	3	2
年份	2006	2007	2008	2009	2010	2011
相对误差	2.80%	4.58%	10.02%	18.62%	4.70%	-11.52%
状态	3	3	4	5	3	1
年份	2012	2013	2014	2015	2016	—
相对误差	-10.80%	-14.64%	-8.94%	5.33%	4.35%	—
状态	1	1	2	4	3	—

（2）构造状态转移概率矩阵。

根据状态转移概率计算方法可以计算出各状态之间经过1、2、3、4、5步的转移概率，进而求出$\boldsymbol{R}^{(1)}$、$\boldsymbol{R}^{(2)}$、$\boldsymbol{R}^{(3)}$、$\boldsymbol{R}^{(4)}$、$\boldsymbol{R}^{(5)}$概率矩阵。如果不能根据公式计算求出，则认为其转移到其他状态的概率相等。各概率矩阵如下所示：

$$\boldsymbol{R}^{(1)}=\begin{bmatrix} \frac{2}{3} & \frac{1}{3} & 0 & 0 & 0 \\ 0 & 0 & \frac{1}{2} & \frac{1}{2} & 0 \\ \frac{1}{4} & \frac{1}{4} & \frac{1}{4} & \frac{1}{4} & 0 \\ 0 & 0 & \frac{2}{3} & 0 & \frac{1}{3} \\ 0 & 0 & \frac{1}{2} & \frac{1}{4} & \frac{1}{4} \end{bmatrix},\ \boldsymbol{R}^{(2)}=\begin{bmatrix} \frac{1}{3} & \frac{1}{3} & 0 & \frac{1}{3} & 0 \\ 0 & 0 & 1 & 0 & 0 \\ \frac{1}{4} & 0 & \frac{1}{4} & \frac{1}{4} & \frac{1}{4} \\ 0 & \frac{1}{2} & \frac{1}{2} & 0 & 0 \\ \frac{1}{4} & 0 & \frac{1}{4} & \frac{1}{4} & \frac{1}{4} \end{bmatrix}$$

$$\boldsymbol{R}^{(3)}=\begin{bmatrix} 0 & \frac{1}{3} & \frac{1}{3} & \frac{1}{3} & 0 \\ 0 & 0 & 0 & 1 & 0 \\ \frac{1}{4} & 0 & \frac{1}{2} & 0 & \frac{1}{4} \\ \frac{1}{2} & 0 & \frac{1}{2} & 0 & 0 \\ \frac{1}{4} & \frac{1}{4} & \frac{1}{4} & \frac{1}{4} & 0 \end{bmatrix},\ \boldsymbol{R}^{(4)}=\begin{bmatrix} 0 & 0 & \frac{1}{2} & \frac{1}{2} & 0 \\ 0 & 0 & 0 & 0 & 1 \\ \frac{1}{4} & \frac{1}{4} & \frac{1}{4} & \frac{1}{4} & 0 \\ \frac{1}{2} & 0 & \frac{1}{2} & 0 & 0 \\ \frac{1}{4} & \frac{1}{4} & \frac{1}{2} & 0 & 0 \end{bmatrix}$$

$$\boldsymbol{R}^{(5)}=\begin{bmatrix} 0 & 0 & 1 & 0 & 0 \\ 0 & 0 & 1 & 0 & 0 \\ \frac{1}{2} & 0 & 0 & \frac{1}{4} & \frac{1}{4} \\ \frac{1}{2} & 0 & 0 & \frac{1}{2} & 0 \\ 0 & \frac{1}{2} & \frac{1}{2} & 0 & 0 \end{bmatrix}$$

（3）构造各年份状态转移概率矩阵。

本书数据从2000年开始，最多经过5步之后会到达2005年，因此本书预测状态年份应从2005年开始。预测2005年应处状态时，首先选择距离2005年最近的5个年份即2000—2004年，转移步数分别为5、4、3、2、1，在转移步数对应的转移矩阵$\boldsymbol{R}^{(5)}$、$\boldsymbol{R}^{(4)}$、$\boldsymbol{R}^{(3)}$、$\boldsymbol{R}^{(2)}$、$\boldsymbol{R}^{(1)}$中，取初始状态所对应的行向量，组成新的概率矩阵。2005 年的概率矩阵如下所示：

$$
\boldsymbol{R}^{(2005)}=\begin{bmatrix}\frac{1}{4} & \frac{1}{4} & \frac{1}{4} & \frac{1}{4} & 0\\ 0 & \frac{1}{2} & \frac{1}{2} & 0 & 0\\ \frac{1}{4} & \frac{1}{4} & \frac{1}{4} & \frac{1}{4} & 0\\ \frac{1}{4} & \frac{1}{4} & \frac{1}{2} & 0 & 0\\ 0 & \frac{1}{2} & \frac{1}{2} & 0 & 0\end{bmatrix}
$$

对 $\boldsymbol{R}^{(2005)}$ 进行列向量求和，即为 $\left\{\frac{3}{4},\ \frac{7}{4},\ 2,\ \frac{1}{2},\ 0\right\}$，取最大值 2 所对应的状态为状态 3，即为 2005 年的预测状态。同理可求出 2005—2016 年的预测状态，如表 6－23 所示。

表 6－23　　2005—2016 年预测状态

年份	2005	2006	2007	2008	2009	2010
预测状态	3	3	3	4	5	3
年份	2011	2012	2013	2014	2015	2016
预测状态	1	1	1	2	4	3

以 2005—2016 年系统云灰色 SCGM（1，1）c 模型预测结果以及马尔柯夫链预测状态为基础，运用精确化公式对预测结果进行精确化处理，2005—2016 年精确化预测结果如表 6－24 所示。

表 6－24　　2005—2016 年精确化预测结果

年份	2005	2006	2007	2008	2009	2010
原始值	4244753	3847402	3853819	3732869	3528046	4072978
修正值	3784419	3856300	3929547	3788575	3546670	4157740
相对误差	－10.84%	0.23%	1.97%	1.49%	0.53%	2.08%
年份	2011	2012	2013	2014	2015	2016
原始值	4911318	4963724	5285614	5049222	4448118	4575043
修正值	4910240	5003506	5098542	4827569	4321924	4654650
相对误差	－0.02%	0.80%	－3.54%	－4.39%	－2.84%	1.74%

精确化后得预测值的平均绝对误差是 4.4664%，精确度达到 95.5336%，尤其最近几年预测值精确度得到有效提高。可以用此方法对京津冀未来三年的货运周转量进行预测。根据 $\boldsymbol{R}^{(1)}$、$\boldsymbol{R}^{(2)}$、$\boldsymbol{R}^{(3)}$、$\boldsymbol{R}^{(4)}$、$\boldsymbol{R}^{(5)}$ 可以得到 2017 年状态转移概率矩阵：

$$\boldsymbol{R}^{(2017)}=\begin{bmatrix} \frac{1}{4} & \frac{1}{4} & \frac{1}{4} & \frac{1}{4} & 0 \\ 0 & \frac{1}{2} & \frac{1}{2} & 0 & 0 \\ 0 & 0 & 0 & 1 & 0 \\ 0 & 0 & \frac{1}{2} & \frac{1}{2} & 0 \\ 0 & 0 & 1 & 0 & 0 \end{bmatrix}$$

对 $\boldsymbol{R}^{(2017)}$ 进行列向量求和并取最大值，即为 $\max\left\{\frac{1}{4},\ \frac{3}{4},\ \frac{9}{4},\ \frac{7}{4},\ 0\right\}=\frac{9}{4}$，所以 2017 年所属状态为状态 3，将 2017 年的预测状态计入时间序列中，重新构造马尔柯夫链，可预测出 2018 年和 2019 年状态转移概率矩阵：

$$\boldsymbol{R}^{(2018)}=\begin{bmatrix} \frac{1}{4} & \frac{1}{4} & \frac{1}{4} & \frac{1}{4} & 0 \\ \frac{1}{4} & 0 & \frac{1}{4} & \frac{1}{4} & \frac{1}{4} \\ \frac{1}{2} & 0 & \frac{1}{2} & 0 & 0 \\ 0 & 0 & 0 & 0 & 1 \\ 0 & 0 & 1 & 0 & 0 \end{bmatrix},\quad \boldsymbol{R}^{(2019)}=\begin{bmatrix} \frac{1}{4} & \frac{1}{4} & \frac{1}{4} & \frac{1}{4} & 0 \\ \frac{1}{4} & 0 & \frac{1}{4} & \frac{1}{4} & \frac{1}{4} \\ \frac{1}{4} & 0 & \frac{1}{2} & 0 & \frac{1}{4} \\ \frac{1}{2} & 0 & \frac{1}{2} & 0 & 0 \\ 0 & 0 & 1 & 0 & 0 \end{bmatrix}$$

同理，对 2018 年和 2019 年状态转移概率矩阵进行列向量求和，预测出 2018 年和 2019 年均处于状态 3，根据计算出参数的灰色系统云 SCGM（1，1）c 模型以及预测 2017—2019 年的状态可以预测出这三年京津冀货运周转量。2017—2019 年北京货运周转量预测值如表 6－25 所示。

表 6－25　　2017—2019 年北京货运周转量预测值　　单位：万吨公里

年份	2017	2018	2019
预测值	4864677	4957077	5051232

北京货运周转量实际变化趋势及拟合预测变化趋势如图 6－14 所示。

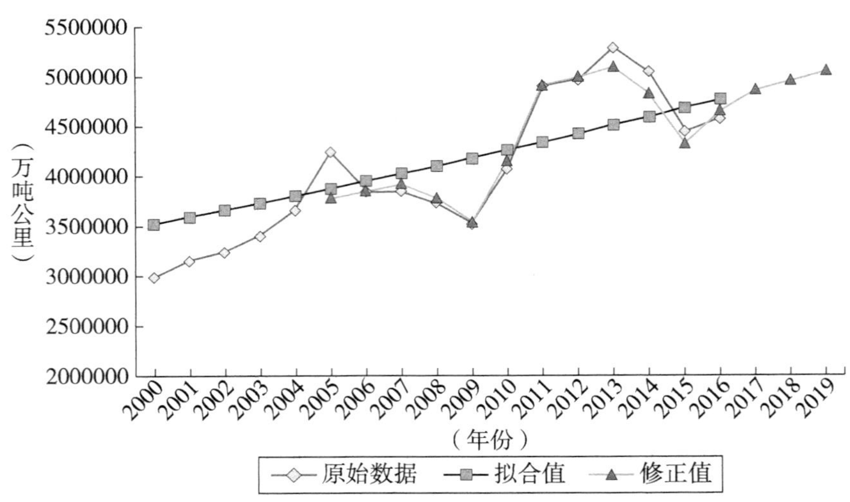

图 6-14　北京货运周转量实际变化趋势及拟合预测变化趋势

通过图 6-14 可以了解到，北京货运周转量的预测值（即修正值）的变化曲线与实际值（原始数据）的变化曲线拟合效果比较好，说明未来几年北京货运周转量的预测值可信度较高。从图中还能了解到北京历年来货运周转量的变化趋势，2000 年以来北京货运周转量总体变化趋势呈上升趋势，且上升幅度不大。根据货运周转量的变化趋势可以分析得到北京物流交通的发展趋势也大致呈现上升趋势。未来几年较为准确的预测值以及近年来的变化趋势对于北京交通运输规划具有重要的指导意义。北京物流交通需求的上升趋势使得相关部门对北京交通运输系统进行合理的投资建设以及实施便于货运的相关政策，以增加北京交通运能，满足北京货运周转需求，减缓交通压力，避免交通拥堵。

6.4　北京物流交通发展存在的问题

近年来，随着经济的不断发展，北京交通基础设施建设加快，综合交通运输快速发展，并取得了一定的成果。但是由于北京日益增长的货运需求以及综合交通运输系统存在的诸多问题，使得北京交通拥堵仍为常态。下面将对北京综合交通运输系统存在的问题进行分析总结。

6.4.1　货运交通运输结构不合理

货运交通运输结构是指各种交通运输方式完成的货运量在整个综合交通

运输系统的总货运量中所占的比重。交通运输结构合理化实质是指充分发挥各种运输方式的优势，形成分工合作、取长补短、协调发展的综合交通运输体系，以取得最大的综合运输效益，并与地区的实际情况和需求结构相适应。

在北京综合交通运输体系建设中，由于没有充分利用各种运输方式的技术经济特征，使得各种运输方式没能很好地协调发展，各种运输方式的交通运能没有充分发挥出来。北京市不仅公路交通发达，铁路运输和航空运输也同样较为发达，北京是中国北方最大的铁路枢纽，京九、京广、京沪、京哈等中国主要铁路干线都汇集在北京，截至2016年年底，北京铁路线路条数达到56条，铁路营运里程为1248.1千米。北京民航机场主要有首都国际机场和南苑机场，首都国际机场是中国的第一国门，拥有覆盖广的国内航线网络和日益强大的国际航线网络。

虽然北京铁路和航空运输系统也较为发达，但是历年来北京大力发展第三产业，强化创新性、高科技产业，疏散非首都功能性行业，使得北京货运系统运输的主要货物并非大宗工业原料及产品，由于铁路运输系统没有充足的货源，因此铁路运能不能充分发挥。一直以来，北京航空和铁路货运总量占货运总量的比例不足10%，而且近年来该比例还有下降趋势。这严重影响了整个综合交通运输体系的综合效益和综合交通运输能力的提高。同时，三种运输方式各自大力发展，交通协调发展的理念薄弱，且各种运输方式在规划时很少考虑与其他运输方式之间的协调配合。

6.4.2 交通基础设施配备不足

交通基础设施薄弱是各种交通运输方式发展过程中的通病，交通网络等硬件设施还有待进一步建设和完善。北京公路网密度和铁路网密度虽然在国内处于较高水平，但是与发达国家或地区相比仍有不小差距。同时航空货运站点和铁路货运站点少，公路货运集散地外迁，以及不同货运方式货运站点或货运集散地距离较远。这些都严重影响北京综合交通运输系统的协调发展，使得综合交通运输的整体功能和系统功能得不到充分发挥。加大基础设施投资、提高通道运能、优化通道结构、使通道和枢纽衔接配合等仍然是未来交通运输发展的主要任务。

6.4.3 交通运输管理体制不健全

由于历史原因，交通运输存在多头管理的现象，在交通规划、建设、运营等方面未能从交通整体优势、有利于国民经济的大局出发，而是从各部门本身角度出发，只追求自身的快速发展，形成各自相对独立的运输网络，各运输方式不能形成有效配合，从而对综合交通运输的协调发展造成不利影响。

管理条块不明确，未能建立统一的行业主管部门，将严重影响行业的宏观调控和各种运输资源的优化配置，难以形成高效运转的综合交通运输体系。在专业管理层面上，三种交通运输方式各自为政。不同运输方式所面临的政策环境不同，例如对于公路系统来说，为了缓解交通压力，大型货车难以进入四环以内，而对于铁路系统来说，要使用铁路进行货物运输需要办理极为复杂的相关手续，而且一般铁路货运系统很少承接民营货物的运输。这些都严重阻碍了公路、铁路货运交通的发展。同时还有些政策环境缺乏对运输方式之间及同一运输方式内部合理竞争的政策引导，不利于运输方式之间的和平竞争，从而降低综合交通运输效率。各种运输方式的诸多领域均存在非交通部门分管的问题，难以构成发展、协调、统一的管理体系。

6.4.4 交通运输服务和信息流通等运输“软件”有待提高

北京综合交通运输“软件”建设仍处于较低水平，尚不能为用户提供更为安全、快捷、方便、舒适的服务。突出表现有以下几点：一是信息化服务程度比较低，信息流通不畅，信息不能及时更新，用户无法及时了解相关货运信息，造成货主有货却无车运输、有车却无货物运输的现象。二是相关服务人员素质不高，服务能力有限，服务效率较低。三是运输中转衔接不协调，货物代理机制不健全。大部分货物中转需另行办理相关手续，不能实现中转直通。交通运输服务和信息流通等的不足很大程度上阻碍了货运交通的高效运行。如部分物流园区或货物集散地没有实现信息共享、信息化服务能力有限以及服务人员素质较低，致使空载率较高、周转效率较低、交通运能没有充分发挥。所以，在运输服务及信息流通等运输“软件”方面有待进一步提高和加强。

6.5 北京综合交通运输体系协调发展对策建议

综合交通运输体系的建立及协调发展需要各管理部门共同努力，以综合交通运输体系的建设引导各种运输方式的发展，同时各运输方式的建设又应以促进综合交通运输体系协调发展为宗旨。在综合交通运输体系的建设中，各运输方式既要充分发挥自身优势，又要协调发展，与其他运输方式优势互补，最终促进综合交通运输体系的协调发展，充分发挥综合交通运输体系的交通运能。

6.5.1 改善交通运输结构

交通运输结构的调整是一个复杂的大系统工程，从宏观上讲，涉及整个区域的经济结构，从微观上讲，关系运输企业、各级相关部门，只有各个部分共同努力才能有效改善交通运输结构。

首先，对国民经济各个部门进行调整，使交通运输能适应经济发展的需求。各种运输方式的发展战略、规划和政策统筹以及政府对交通运输的投入必须符合综合运输体系发展的要求、社会经济系统发展的要求，各种运输方式的投入和规划不能各自为政和恶性竞争，要形成合理的、与经济系统发展协调一致的综合运输体系。

其次，对三种交通运输方式进行调整，既要注重交通运输各子系统内部的协调发展，即各种运输方式绝大部分能在自身合理的运距内运输适合自身运输的货物；也要注意与其他运输子系统的相互衔接和统一，使交通运输各子系统之间协调配合，提高时效，同时引入先进技术，改善管理模式，做到各运输方式之间衔接更加合理，促进运输子系统之间的协调发展。

最后，大力发展联运、联营，实行运输代理和一票到底的“门到门”运输。以运输为纽带，将生产、分配、运输和销售各个环节有机结合。从而有利于运输结构的优化和综合交通运输体系的建立。

6.5.2 加快交通运输系统设施建设

为了满足北京未来交通运输需求，必须加快基础设施建设。通过前面的量化分析可知北京基础设施投资建设仍然需要加大力度，加快建设，以便尽早满足交通运输需求。对于不同的运输方式，应根据其技术经济特性采取不同的发展方式。在铁路方面，应增加铁路货运站点，增大铁路交通运能。在公路方面，应增加公路货运专线，释放公路货运能力。在航空方面，应建设航空货运站点，提高航空货运效率。建设和完善重要的铁路货运枢纽、公路货运枢纽等后方货运集散运输通道设施，提高枢纽通过能力，使公路、铁路、航空交通运输方式的配套交通设施实现有机衔接。

同时应积极采用先进的现代信息和通信技术，加快交通智能系统的开发和研究，提高运输效率。另外，需要提高交通科技含量，大力发展现代交通体系，加快发展高速、重载技术和现代物流技术，提高运输效率，降低资源损耗。

6.5.3 深化交通体制改革

综合交通运输效率的提升在很大程度上取决于管理体制的配套。综合交通运输体系的协调发展，需要政府在管理方式和管理机制上的正确引导，需要把综合交通运输管理体制作为制度性的保障。建立和完善综合交通运输管理体制是提高综合运输效率的一个基本方向。

综合交通运输管理体制改革不仅仅是管理部门的合并或分离，而且包括如何建立新型综合交通运输管理体制，从而可以充分发挥政府管理效能和宏观调控功能。北京综合交通运输管理体制改革的方向是建立完善、统一、协调的综合交通运输管理体系，对全市综合交通运输进行综合、统一管理。从宏观上统筹和协调各种运输方式的相互关系，实现交通运输基础设施的统一规划、统一布局，促进交通运输网络向结构合理、布局得当、衔接协调的方向发展，发挥综合交通运输体系的综合功能和整体利益。

6.5.4 加强对交通运输系统工程专门人才的培养

综合交通运输系统的协调发展面临很多问题，人才问题是关键，人才是建立和完善北京综合交通运输系统的重点。加强对交通运输系统人才的培养既包括对交通系统技术型人才的培养，也包括对交通运输系统管理型人才的培养。技术和管理的同时提高才会更大限度地促进综合交通运输系统的协调发展。对此，北京市政府应加大交通相关部门人员关于综合交通运输系统的理论、专业知识及技能的培训，提高工作人员对综合交通运输的认识与管理能力。同时对于货物集散地、中转中心等衔接节点工作人员进行信息化、系统化等相关知识和技能培训，以提高人员的工作效率，加强不同货运系统之间的协调性发展。

6.5.5 努力发展城市共同配送

城市共同配送是一种高度集约化的配送模式。共同配送是为了提高物流效率、整合资源，供应链上下游企业根据企业资源、需求情况以及配送货物特点，最大限度地将配送资源进行优化组合，满足多样化的配送服务。共同配送是在充分共享配送资源和物流信息的基础上建立的利益联盟，采用不同模式的合作，实现多方在资源和成果上的共享，可最大限度地提高配送设施使用效率，实现单位产品的配送成本最低。共同配送能有效利用交通运输资源，充分发挥交通运输方式的交通运能，减少城市交通负担和环境污染，促进综合交通运输系统的协调发展。

在北京非核心功能疏解的背景下，北京应有序疏解物流中心，在城市内部留存一部分物流中心，同时本着统筹发展的原则，充分利用物流资源，避免众多物流企业各自利用自身设施，造成物流设施重复建设，在北京周边及河北打造保障民生的北京城市共同配送体系是十分必要和迫切的。具体可以概括为以下四点。

（1）北京城市共同配送符合现代物流的发展方向，对降低物流成本、提升物流企业规模化和集约化水平、推动北京物流产业的转型升级发展具有重要作用。

（2）北京城市共同配送贯彻首都发展的战略要求，对改善城市配送基础设施、提升城市配送效率、增强城市配送服务保障能力具有重要作用。

（3）北京城市共同配送创新首都物流的服务模式，对提高一体化物流运作、网络化经营能力，提升信息化和供应链管理水平及保障城市高效运转具有重要作用。

（4）北京城市共同配送可增强首都可持续的发展能力，对缓解城市交通拥堵、促进节能减排和提升应急响应速度具有重要作用。

中关村国家创新示范区需要立足于产业发展和城市民生物流保障体系，从传统的物流企业各自构建网络，从而减少成本，发展低端的仓储设施，向集约化、高效率、协同性的城市共同配送发展。共同配送的社会经济效益主要包括社会效益与企业效益两个方面。

从社会角度，实现共同配送主要有以下好处：①减少北京社会车流总量，改善北京交通拥堵状况；②通过集中化处理，有效提高车辆的装载率、节省物流处理空间和人力资源，实现北京物流资源的共享和有效利用；③可整合制造业者、批发业者、农业生产者及一般零售业者，有效强化弱势生产供应者，健全商业渠道，维护公平竞争的环境；④整体规划建立物流专业园区，解决企业土地需求困境，提升商业物流环境，进而改善整体社会生活品质。

从企业角度，实现共同配送主要有以下好处：①达到配送作业的经济规模，提高物流作业的效率，降低企业营运成本；②不需独立投资物流系统建设，可以节省企业的资源；③企业可以集中精力经营核心业务，促进业务的成长与扩散；④能够利用更大的销售网络，与同行业者共存共荣。

共同配送的实质是企业之间为了实现资源共享，在互信互利的合作基础上，对不同商品进行优化组合后再进行配送，以此来提高物流服务水平，降低配送成本，快速反馈信息，促进北京城市商品高效流通的配送，其核心思想是在资源共享的理念下，建立企业联盟。共同配送并不仅限于几个企业物流作业环节的联合，还包括物流资源、物流设施及设备、物流管理的共同化。

6.5.6 大力发展集装箱多式联运

运输业是物流产业的重要组成部分，集装箱多式联运是由两种及以上的交通工具相互衔接、转运而共同完成的运输过程，集装箱多式联运是综合利用各种运输方式技术经济特点，最大限度地发挥各种运输方式的优点，实现了运输一体化、集约化、高效率的运输模式，既节能环保，又具有高效率、低成本和“门到门”服务的优势，京津冀地区发展集装箱多式联运，对推动北京物流产业降本增效和转型升级具有重要意义。

1. 发展多式联运已上升为国家战略层面

2017 年 1 月 4 日，交通运输部等 18 个部门下发了《关于进一步鼓励开展多式联运工作的通知》，将多式联运发展上升为国家战略层面。多式联运是依托两种及以上运输方式有效衔接，提供全程一体化组织的货物运输服务，具有产业链条长、资源利用率高、综合效益好等特点，对推动北京物流业降本增效和交通运输绿色低碳发展具有积极意义。当前，我国多式联运发展水平仍然较低，协同衔接不顺畅、市场环境不完善、法规标准不适应、先进技术应用滞后等问题较为突出。为进一步加快多式联运发展，应构建高效顺畅的多式联运系统。

面对我国大力发展集装箱多式联运的新时期，中关村国家创新示范区物流产业应创新营销组织方法，充分发挥集装箱多式联运的经营网络和平台，大力开展“门到门”全程物流服务模式，积极探索建立面向市场的营销服务体系，以及面向客户进行设计并提供原材料采购、生产供应、产品包装、商品配送、顾客信息反馈等一整套的物流增值服务。

2. 京津冀地区具有发展集装箱多式联运的优势，发展的重点在于公铁水集装箱联运

北京作为全国重要的交通枢纽，已基本形成公路、铁路、航空互为补充的综合立体交通网络。北京作为一个国际性大都市，对外交往扩大，国际物流量不断增加，京津冀都市圈经济区域规划和全国大市场、大流通进程加快，为集装箱多式联运提供了广阔的市场空间。

北京作为国家铁路网和公路网的中心，大量铁路干线和高速公路经由该地。天津及周边的海运港口与京津塘高速公路快捷的短途运输相结合，为北京提供了近海、远洋运输和开展国际多式联运的有利条件。从地区特点看，目前，北京铁路局拥有近 2 万千米的营业线路，同时还有铁路与港口、大型生产企业相连接的专用线，形成覆盖华北两省两市、以首都为中心辐射全国、连接水路（天津、秦皇岛港口）、陆路枢纽的发达铁路运输网络。北京高速公路便捷畅通，公路运输在中短途运输中占有明显优势。目前，铁路开行的 80 多条集装箱班列运行线，经由北京地区的集装箱“五定”班列（定点、定线、定车次、定时、定价）有 10 多条。天津港—二连、天津港—阿拉山口、天津港—满洲里等国际集装箱班列则贯通亚欧大陆，实现了海铁联运。

7 北京物流资源优化配置的思路

7.1 物流园区资源优化配置

在京津冀物流一体化发展的过程中，北京不但要充分利用现有的资源，还要对物流资源进行科学合理的优化配置，在改善北京物流环境的同时更好地服务于京津冀大环境。

7.1.1 明确各区物流功能定位，优先消化内部资源

北京物流园区规划已逐渐具有区域特色，在京津冀协同发展战略实施下，脏、乱、差的物流集散中心和批发市场已经逐渐被迁移或者清除，这对北京物流园区整体管理起到了协同作用。北京物流园区主要分布在通州区、顺义区、大兴区、房山区、平谷区，每个区域物流都有自己的功能定位和特色。在整合物流园区资源时，应首先结合物流园区地理位置特点，分析周围产业布局情况。比如通州物流基地依托交通优势，为北京进出货物的集散和大型厂商在环渤海地区、全国其他地区采购和分销提供物流平台，定位于公路—海运国际货运枢纽型物流基地；而北京空港物流园区是北京唯一的航空—公路国际货运枢纽型物流园区。只有明确各区物流功能定位，在对各区进行资源疏解和优化配置时，才能使资源配置最优。

各区物流功能定位带动物流园区内企业的强强联合，内部资源的有效利用是总体资源优化配置的前提；从动态性上分析，资源优化配置可以理解为资源输入和资源输出，只有物流园区内部资源得到优化处理，才能承接更多的外部资源，整体上实现北京的物流资源优化配置。

7.1.2 形成区域物流产业集群，促进企业之间合作

物流业作为联结生产、销售等商务活动最重要的纽带，只有各个企业之间相互合作，区域经济才能形成竞争力。物流园区的发展趋势正慢慢向产业集群供应链态势靠拢，生产制造企业、原材料供应商、包装企业、运输企业、销售企业、其他第三方服务企业入驻物流园区，构成了商业活动供应链生态圈，每一个环节的成熟也会吸引更多的企业入驻物流园区。对北京企业进行招商应该从企业角度出发，提供最大化的便利条件，从政策、基础设施、合作企业等方面吸引投资商；对北京企业进行优化重组时，要考虑企业之间的相互利害关系，主动为企业之间的合作“搭台子”，促进企业之间的合作。

7.1.3 建设公共物流信息平台，打破信息不对称

公共物流信息平台建设丰富了物流一体化管理机制。根据对北京物流园区的发展现状的总结可知，北京物流服务业在近年的发展中虽然取得了一定的成就，但是仍有许多突出问题需要解决，比如资源利用率低、运作效率低、行业标准不统一，而这些问题都可以通过信息化手段解决。信息技术的引进可以逐渐统一行业标准，以服务于区域物流，促进区域物流一体化。要实现物流一体化完全可以借助于信息平台的建设，集成各类企业，进行业务梳理和资源优化配置。目前以效益最大化和效率最优化为目标进行信息化建设受到各层面的日益重视。尤其是在京津冀地区，完整的物流信息平台不仅能使资源优化，还能降低各物流园区的成本，提高运作效率和管理水平，达到“降本增效、精益管理”的目的。

7.1.4 政府提供政策支持，建立良好发展氛围

物流资源作为市场活动的基本因素，具有动态性和不可控性；政府的监控监管可以为物流资源的优化配置提供一个健康的市场氛围，通过一定的政策导向，为天津、河北和北京确定经济发展方向。

从整体规划上，政府综合分析北京经济发展特征、产业布局及未来经济趋势，从而可预测北京物流的流量流向和天津、河北的物流需求，在统筹考虑综合交通现状、规划的基础上，对北京的物流园区进行合理布局，考虑物流园区的数量、功能定位、土地批复，避免重复建设和同质化竞争，充分利用已有交通节点设施，投入基础设施建设，促进物流园区转型。

对列入发展的物流园区，支持其开发、建设，协调企业进行园区开发所需的资金需求、建设园区内的物流设施，配套建设物流园区周边疏运道路；参与物流园区运营管理，对建设规模较大或具有示范作用的物流园区，可以共同组成管理委员会，开展招商引资活动，协调公共资源共享，不断提升物流园区综合竞争力。

7.2 港口物流资源优化配置

津冀港口间是竞争与合作共存。为了更好地促进港口间竞合发展，提升津冀港口群整体实力，缓解港口间存在的突出问题，提出如下建议。

7.2.1 建立津冀港口群横向合作联盟

1. 合作联盟对象选择

合作联盟对象的选择关系港口未来发展，好的合作联盟有利于发展，反之，可能阻碍其发展。津冀港口群内，两个港口间进行合作，如唐山港与天津港的合作将会产生最大的经济效益，而秦皇岛港与黄骅港的合作，产生的经济效益最小。合作要综合考虑其利是否大于弊，所增加的经济效益是否值得建立合作联盟等问题。

在进行合作联盟对象选择时，应注意：一方面，港口横向合作联盟对象的选择要考虑对象的区位特点，选择处于同一经济区域内的港口，综合分析自身所处的经济区域、辐射范围，选择具备合作条件的港口结成联盟；另一方面，合作联盟对象间应具有一定相似的发展方向、经营战略等共同点，或者存在劣势互补点，从而可以更大限度地保障港口间的相互融合、相互促进，结成稳定的合作联盟。

根据吞吐量预测，黄骅港集装箱业务呈现快速增长并有望更快速增长的发展趋势。2016 年，河北港口集团与天津港集团签署推动黄骅港集装箱产业发展的合作协议，未来就集装箱合作问题将与天津港继续深入合作，吸收引进天津港的优势资源有助于集装箱产业发展；2007—2015 年，天津港、唐山港、黄骅港的金属矿石业务增长明显，秦皇岛港呈下降趋势，四个港口可以就金属矿石业务形成合作联盟，根据各港口在金属矿石业务方面的优势和劣势，协调业务管理，降低运营成本。

2. 港口合作联盟模式选择

目前主要有三种港口物流模式：国际航运中心、港口区域物流体系、虚拟供应链联盟模式，而虚拟供应链联盟模式分为横向联盟和纵向联盟。本书主要就港口群物流横向竞合问题展开研究，横向联盟主要表现为港口群的竞合发展，主要有三种合作形式：合资经营，即通过参股、合资合作等结成港口群利益共同体，有利于资源互补、平衡港口经营决策权、共担风险；战略联盟，即跨港口进行布点建立港口物流网络，有利于低成本扩大市场占有率，充分利用外部资源，完善联盟网点的布局，带动处于弱势地位的港口的发展；并购，即合并兼并型联盟，以资产重组为纽带，收购合作联盟成员，可以短期内实现资源整合，共同发挥合作联盟的整体效应。

借鉴国内外港口联盟的成功实践经验，美国纽约—新泽西港口群通过组建港务局来实现统一规划与管理，日本东京湾港口群实现区域与港口的联动发展，上海港和宁波港、宁波港和舟山港等国内港口均展开不同程度的港口合作，以港口合作联盟为切入点促进整个港口群的发展。津冀港口群应该结合合作港口的自身实际情况、发展环境，灵活运用多种形式的联盟。

3. 合作利益分配问题

一个港口应分得的利益应当以其对所参与的港口联盟的贡献力量来衡量，以天津集装箱港口为例，不能单纯以其集装箱吞吐量优势、广阔的经济腹地就分得最大的利益，而应该综合考虑港口各方面发展因素。另外，每一个合作联盟参与者的收益都应该大于未参与联盟时的收益，综合收益与风险，这样才能保证联盟参与的积极性，实现合作联盟的价值。

7.2.2 整合津冀港口群物流资源

1. 发挥港口优势带动作用

发挥港口各自优势，培育港口的核心竞争力，通过加强港口间的联系实现优势互补，带动相对弱势港口的同时扩大市场范围。浙江沿海港口推进跨区域合作，带动整个港口群、港口物流以及临港产业的发展。

由港口间的相互作用力可以看出港口地域组合之间的联系在不断加强，各港口对外竞争与合作不断增多。随着社会经济形势的变化，港口面临的各方面竞争日益激烈，四大港口在自然环境、基础设施、业务领域等方面存在很大的互补性，应处理好河北港口与天津港的关系，天津港在集装箱产业发展、港口业务多元化、物流运输体系建设方面均具有明显优势。

天津港的集装箱业务优势明显，近年来增速放缓，发挥其优势业务寻求合作，有助于实现双赢；唐山港钢铁运输业务量逐年增长，其他三个港口钢铁业务零散，可以作为钢铁中转港，既可以完成自己的钢铁业务，又可促进唐山港业务量的增长，从而改善货源结构单一问题，降低运输成本。

2. 港口功能合理定位

明确各港口在京津冀区域物流网络中的定位，建立和完善港口基础设施和港口群物流集疏运网络，优化配置港口生产要素，合理分工，降低运输成本，提高物流效率。例如，大宗货物中煤炭、金属矿石、石油天然气的运输分工，尤其是占四个港口吞吐量相当大比重的煤炭运输；由港口物流断裂点位置和物流辐射力的大小可以看出，京津冀地区港口物流腹地呈现动态变化，港口腹地范围、港口物流辐射力的扩大导致腹地重叠问题严重，因此应协调港口间的腹地划分，以尽可能少的运营成本获得最大的整体利益。

3. 调整港口群集聚状态

由津冀港口群集聚情况和各港口货物吞吐量可以看出，各港口竞相发展，实力不断增长，港口物流空间格局由集聚趋于分散状态，建议在港口承载能力范围内发展港口的核心竞争力，推动港口优势做大做强，形成集聚状态，同时要带动处于相对弱势地位的港口在此方面的发展，促进港口综合发展，例如，培育港口物流枢纽，建立唐山港的钢铁中转港等。同时，考虑港口的承载力、年通过能力等是十分必要的，还要提高港口的物流竞争力，如货物吞吐量、集疏运能力、管理服务能力、增值服务能力等。

7.3 物流交通资源优化配置

通过对北京交通资源配置方面的研究，分析出北京物流交通资源配置存在较多问题。据此提出物流交通资源配置优化新思路。

7.3.1 交通运输系统与外部环境协调方面

北京连续几年加大交通运输建设力度，交通基础设施建设取得较大成就，各运输方式协调发展，场站、枢纽建设与时俱进，综合交通网络初步形成。

随着经济的不断发展及人民生活水平的不断提高，交通运输需求也在不断增长，交通压力不断增大，这就要求交通资源配置能跟上经济发展的脚步。交通基础设施投资与规划是国民经济规划中的重要组成部分，交通基础设施建设必须与长期的区域经济发展规划相适应，交通基础设施规划的制定应与地区总体规划、各城市经济发展规划以及现有的交通运输规划的具体措施相衔接。

北京单位面积拥有的交通资源在国内处于领先水平，其承担的交通运输量也极其庞大。同时交通发展与环境污染、资源浪费的矛盾并未解决。城市交通资源配置需要更多解决经济发展与环境、资源之间的矛盾，减少各个交通工具的能源消耗，减少交通对环境的污染。

7.3.2 运输方式资源配置方面

北京人口密度较高，城市内部运输需求量较大，土地资源的相对紧张对建设互联互通的交通基础设施网络提出了更高的要求。交通基础设施建设不可避免地会占用土地等资源，这就要求发展交通运输必须走节约资源、提高资源利用效率的可持续发展道路。

在交通基础设施建设中，通过采用合理的规划、设计、建设标准，运用科学的施工方式，把对资源的占用降到最低；通过科学地规划产业和城镇布局，引导合理的运输消费；通过整合地区内铁路、公路、航空等交通运输方式，构建多位一体、无缝衔接的综合交通基础设施网络，促进社会运输总成本的最小化，提升交通运输资源的整体利用效率，充分发挥交通运输网络的整体功能。

7.3.3 运输网络资源配置方面

近年来，北京越来越多采用多式联运和复合式运输，综合运输效率得到极大提高。运输枢纽作为交通运输的衔接环节对于整个交通运输系统的效率具有重要影响，其资源的合理优化配置对于发挥交通运输系统整体效率具有较大优势。对于北京各交通运输枢纽，务必做好其总体需求预测，规划好不同交通枢纽的空间一体化布局和不同交通运输方式的分阶段衔接方案。

7.3.4 交通运输组织资源配置方面

随着社会的不断发展，北京各交通运输组织不断地优胜劣汰，通过兼并、整改等不同形式，已经形成了一定的规模，可以为城市交通运输资源配置提供良好的组织环境，可以为城市交通运输系统提供相当程度的集约化、人性化、安全化管理。从整体系统原则考虑，整个城市交通运输系统的组织资源配置应该形成一个统一的大市场，相关职能部门、各行业协会之间尽量做到完美融合，交通运输组织配置方面向发达国家看齐，借鉴发达国家的合理化的政策措施。

7.3.5 交通运输资源整合方面

北京铁路和公路的路网面积及密度、航空线路总数等都位居全国领先水平，交通基础设施也较为完善，但交通压力大、交通拥堵仍然是常态。发展城市共同配送能有效整合交通运输资源，进而极大限度地发挥综合交通运输系统的交通运能，减少货物运输车辆，缓解交通压力。同时，发展城市共同配送，整合交通运输资源还能解决城市“最后一公里”问题，改善城市环境。

7.4 发展京津冀路—港—航立体交通体系

在京津冀地区路、港、航交通迅速发展基础上，应重视其面临的主要问题，并做出相应的发展对策，从而对推进京津冀地区交通运输设施建设发挥更大的作用。

1. 实现多中心发展，有效缓解首都交通压力

实现多中心发展的关键是提升京津冀其他城市交通中心的地位，尤其是天津、石家庄两个节点城市，首先，天津距离北京120千米，具有海港的区位条件，可以为京津冀地区提供陆海联运服务；其次，石家庄为河北的省会城市，一直是重要的铁路枢纽，曾是京津冀地区三个铁路分局驻地之一，且从地理条件看，北京、天津和石家庄作为三个交通中心城市，几乎可以覆盖京津冀全部区域，缓解首都过度集聚的交通压力。

2. 发挥不同运输方式的优势，发展区域交通

京津冀路港航交通体系的协调发展对推动环渤海地区，甚至辐射全国、带动其他地区的发展都有重要意义，在发展区域交通的同时，不能只局限于某一省、某一市或某一运输方式，要以系统的观点来看待环渤海区域的互联互通，最大限度发挥北京空运、天津航运、河北能源基地的整体效能和比较优势，推进京津冀地区在路港航立体交通体系中各种运输方式互为补充、互联互通，从而实现三地间客货运输的社会效益。

3. 明确各港口功能定位，推动京津冀港口资源整合

在京津冀港口群中，天津港和黄骅港的专业化程度最强，秦皇岛和曹妃甸的自然条件较好，并且天津港还拥有最为宽松的经济政策，港口间的资源整合是必然趋势。首先，以不同港口的服务对象（铁矿石、煤炭、石油、集装箱）定位不同港口，从而减轻港口同质化竞争程度，如将天津港定位为我国北方最大的集装箱枢纽港，将秦皇岛港定位为全球第一大的煤炭输出港等。其次，形成以天津港为核心，黄骅港、秦皇岛港和曹妃甸港为两翼的“一核两翼”的北方国际航运中心，推动港口群由分散型向密集型发展，进一步明确天津港为北方航运枢纽中心，发挥其辐射、龙头作用；充分利用两翼港口节点的支撑作用，进而推动京津冀地区各港口协调发展。

4. 促进各机场协调发展，解决航空客货运输不均衡问题

积极推进天津机场、石家庄机场客货运输规模的增长，提高其运输能力，同时借助位于京津石中心地带的北京新机场的功能优势，在服务北京、疏解首都机场客货运输业务的同时，为天津滨海机场提供备降服务，弥补河北廊坊、保定等北部地区没有大型机场的缺陷，从而使京津冀三地航空运输体系更加完善，促进三地各机场协调发展。

7.5　北京物流资源优化配置的思路总结

把京津冀地区物流资源的特色进行各种资源的合理组织和配置，将原来分散的、独立的、小规模的、互不联系的物流资源进行有效分工和配合，形成面向物流市场机遇的一体化的物流集团或联盟，从而大幅度降低整体运营成本，改进服务质量，在北京现有物流资源的基础上，提高北京物流的竞争力。

京津冀通道如图 7 - 1 所示。

图 7 - 1　京津冀通道

由京津冀交通枢纽的分布状况可知，天津、河北的机场、港口，可以很好地缓解北京的口岸压力过大问题，通过京石、京张、京承等多条通道，实现三地交通枢纽的有效衔接。

通过以上分析，在京津冀协同发展过程中，北京物流资源的优化配置应从三个方面进行：一是对现有资源的升级改造；二是新建各种新的物流资源；三是灵活采用多种配置模式。相对应地，在道路交通方面，《京津冀协同发展交通一体化规划（2014—2020）》指出，要加强三地交通一体化建设，以轨道交通为主，加快干线、城际铁路建设。同时，在北京现有道路资源方面，要紧紧围绕物流需求地与供应地的转移对现有道路交通进行梳理调整，原有资源应向服务京津冀三地的方向转变。在港口口岸方面，通过京津冀协同发展，对港口口岸进行合理分工合作。在物流节点方面，北京现有四大物流基地进行产业调整后，物流节点的辐射范围、服务对象等都将发生变化。应对现有物流节点进行优化、整合，对其功能和配套设施进行调整，以满足新的需求变化。北京物流节点在满足自身发展需要的同时应面向京津冀三地进行服务和改造。

从京津冀协同发展的角度来看，交通是推进京津冀物流一体化发展的纽带，可以通过京津交通联动，实现区域交通网络从“单中心放射式”向“双中心网络式”转变，从而在京津冀地区形成综合交通运输网络，解决北京的交通问题；推动京津冀口岸一体化发展，不仅可以推进京津冀三地的沿海港口与空港、陆港的合作，还可以通过海关通关一体化，提高通关效率，加快京津冀物流一体化进程；物流园区作为物流业发展重要的基础设施，作用也非常明显。三地的物流园区之间要协调发展、相互配合、合理规划，促进京津冀物流一体化所需要的物流产业集群的形成。

如何应对京津冀协同发展对北京物流带来的影响？打破行政区划界限、引导物流资源跨区域整合和优化配置、实现京津冀物流一体化是现代物流业发展的客观需要，也是京津冀协同发展的重要举措。同时，在京津冀物流一体化发展的过程中，北京不但要充分利用现有的资源，还要对物流资源进行科学合理的优化配置，在改善北京市物流环境的同时，更好地服务于京津冀协同发展的大环境。

综合本研究的各项分析，针对北京物流资源优化问题提出如下建议。

7.5.1 明确物流资源的功能定位

从北京实际需求和未来发展的角度出发，明确各物流节点的功能定位，细化物流园区、港口的功能定位，有利于资源的疏解与优化，同时，确立物流规划在北京经济发展中的应有地位，通过整合物流产业布局和组织，形成产业集群，统筹物流与相关产业的发展。

7.5.2 加强信息平台的建设

北京物流园区在物流信息服务上对京津冀物流业发展起到重要的支撑和带动作用，因此，可以将北京信息化建设以及物流园区信息平台建设相结合，在系统开发、建设和运营管理等方面进行衔接，建立具有仓储设施、车辆、人员、信息技术等资源信息发布、审查、交易等基本功能的信息调度系统，以及具有数据统计分析、趋势预测等功能的决策支持系统，从而提升资源信息的透明度，促进物流行业的信息共享，有利于实现物流产业的创新升级和高效精准化、透明化目标，为区域物流资源合作提供重要保障。

7.5.3 促进区域物流资源的合作

在充分分析京津冀区域物流资源能力的基础上，推动北京与天津、河北等津冀地区的深度合作，加强北京物流产业与周边地区的联动发展，促进物流园区与物流园区之间、物流园区与港口之间、港口与港口之间的合作，释放大宗产品的仓储、中转等功能性物流需求，促进优势互补与错位发展，调整优化北京物流产业空间布局，努力实现资源共享，服务北京产业升级和经济发展。

7.5.4 组织物流资源优化配置

物流资源的优化配置需要结合北京实际情况建立统一的物流发展管理与协调机制，统一监管、统一协调，并加强同有关部门的沟通协调，以形成推进北京现代物流发展的合力。通过兼并、重组、构建合作联盟或组建管委会等形式，整合城市交通运输资源、港口物流资源、物流园区内外部资源，积极发挥北京物流行业协会的作用，强化北京政府部门、行业协会以及物流企业间的联系，维护企业利益，促进公平竞争。

7.5.5 发展区域多式联运

北京交通运输行业发展较快，公路、铁路及航空运输水平较高。多式联运作为一种集约高效的运输组织方式，能够充分发挥各种交通运输方式的比较优势和组合效率，对于推动北京传统物流行业转型升级，支撑经济提质降本增效意义重大。发展多式联运对充分利用运输资源、促进各种运输方式合理分工、提高一体化运输服务水平、降低运输交易成本和社会物流成本、促进交通运输绿色发展、提升经济社会综合效益均具有显著作用。

8 总结与展望

8.1 研究总结

作为继“长三角”“珠三角”两大区域之后第三个具活力、具潜力的经济区域，近年来，京津冀地区的发展引起国家领导的高度重视，尤其是在国家“十二五”规划中明确提出打造首都经济圈，将京津冀地区经济发展提升到国家战略层面，进一步从宏观上指明了京津冀地区未来发展的方向。在京津冀协同发展的进程中，物流的一体化发展占到了举足轻重的地位。从京津冀物流一体化长期发展的战略高度看，重构京津冀的交通基础设施和物流服务体系，对提升区域整体竞争力至关重要。

京津冀协同发展已成为当前影响中国北部地区物流发展的重要因素，国家对京津冀三地进行了重新的功能定位与区域划分，在提升天津、河北地位的同时，需要对北京的物流资源进行调研分析，并对物流资源进行优化配置，课题组就是在此背景下开展相关研究的。

首先，从京津冀协同发展的视角对北京物流资源进行界定，梳理北京物流资源现状。

在本项目研究中的物流资源，并不是泛指所有的物流资源，而是仅指与京津冀协同发展有关的物流资源，即那些不仅服务北京市物流业，还辐射津冀两地乃至全国，对京津冀协同发展有重要影响的物流资源。从这个角度看，本项目所指的北京物流资源主要是城市物流资源，研究对象以城市为主体，定位在北京。通过分析影响京津冀协同发展的物流因素，确定出物流一体化中的城市物流资源所包含的主要内容，研究主要针对道路交通、口岸、物流节点三个方面。

其次，明确在京津冀物流一体化过程中对北京物流资源的要求。

京津冀协同发展中，物流的一体化是不可或缺的一部分，为了配合京津冀协同发展，需要对京津冀三地的物流服务有所调整。通过研究北京物流资源的配置提出以下发展思路和对策：在物流园区方面，借助现有的物流园区，加强对北京城市商贸物流服务的城市功能；加强业务引导，在四大物流园区形成产业聚集；鼓励园区互联互通，实现合作共赢；升级物流服务能力，打造现代化物流基地。在港口方面，北京本身作为内陆城市，要加强内陆港与海港之间的战略合作；充分发挥依靠京津冀经济圈的优势，发展外向型经济；结合北京的区位优势，尽快申报自由港，全面提升国际竞争力。在物流交通方面，在改善交通运输结构的基础上，加快交通运输系统设施建设；深化交通体制改革，建立面向北京城的城市共同配送体系。同时，从京津冀协同发展的角度，发展多式联运，在对北京物流资源进行优化配置的同时，提高京津冀地区的物流运作效率。

最后，分析现实的物流一体化过程中存在的问题及解决方案，实现北京与津冀两地的无缝衔接。

由于北京自身的特点，造就了人多、车多、货多的情况，同时由于虹吸效应，致使天津、河北等地一直笼罩在北京的“阴影”下，发展缓慢。但是，北京的“大城市病”已经非常严重，通过京津冀协同发展，将部分与北京不符的非首都功能疏解到天津和河北等地，在给北京减负的同时，也为天津和河北带来了新的经济增长点。当然，三地只有有效衔接，相互配合，才能实现京津冀地区经济的快速增长和物流一体化发展。其中，在物流一体化发展的过程中，可以借助于现有的物流园区进行资源的优化配置，利用港口间的差异和特点进行港口群间的合作，利用便利的交通设施开展共同配送、多式联运等新的物流运作体系，从而真正实现京、津、冀三地的无缝对接。

京津冀地区是环渤海经济圈的重要组成部分，经过近几年的快速发展和国家的政策扶持，京津冀地区已成为全国交通网络最为密集的地区之一。交通一体化作为协同发展的先行领域，其目标是构建京津冀路—港—航综合交通网络，打造轨道上的京津冀，从公路、铁路、航空、港口以及物流园区等多个方面探析其发展现状，发现其发展中存在的不平衡问题，并提出相应的对策，为以后的交通建设、物流资源优化配置提供指导意义。

8.2 研究展望

通过此项研究，在对北京物流资源进行梳理和优化配置研究的过程中，发现很多问题如果深入下去，将有很大的研究空间和很好的推广应用前景。

（1）北京当前的非首都核心功能疏解的工作部署，以及北京居民对于电子商务的热衷，导致了物流功能疏解与城市居民生活物流需求之间的矛盾，那么在北京开展共同配送将是解决以上矛盾的重要思路，而且这一方式一旦成熟，可以在其他的城市间推广和复制，成为提高物流运作效率的重要举措。

（2）研究中仅对京津冀地区的港口群进行了合作研究，更多的是从现有的海港入手，对于北京而言，由于地理位置的原因，本身并没有海港，但是陆港却很发达，而且与海港之间存在着优势互补的关系，后期的研究，可以充分分析和挖掘北京的陆港资源，在自我发展的同时，与海港进行合作，从而实现物流运作的高效、无缝衔接。

当然，还有很多类似这样的课题需要我们去发现、去研究，希望在接下来的时间里，能够更加聚焦研究对象和研究内容，在解决现实问题的同时实现理论的升华。

参考文献

[1] 国务院．物流业发展中长期规划（2014—2020年）[J]．综合运输，2014（10）：78－86.

[2] 文魁，祝尔娟．京津冀区域一体化发展报告（2012）[M]．北京：社会科学文献出版社，2012.

[3] 李国平．京津冀区域发展报告（2014）[M]．北京：科学出版社，2014.

[4] 杨志荣．北美大都市区改革对京津冀一体化的启示 [J]．理论探索，2014（4）：80－82＋116.

[5] 祝尔娟．“十二五”时期京津冀发展阶段与趋势特征分析 [J]．经济与管理研究，2010（10）：122－128.

[6] 张国华．交通 产业 空间 京津冀一体化下的协同规划 [J]．人民论坛，2014（16）：60－61.

[7] 张亚明，张心怡，唐朝生．京津冀区域经济一体化的困境与选择——与“长三角”对比研究 [J]．北京行政学院学报，2012（6）：70－76.

[8] 谢晓燕，吕琳娜．国内外区域物流研究述评 [J]．物流科技，2012（1）：13－17.

[9] 王爽．京津冀一体化背景下区域物流集群发展的竞合分析 [J]．中国流通经济，2015（1）：112－117.

[10] 刘春成，白旭飞，侯汉坡．“双核”经济中心理论下的京津冀城市群发展设想 [J]．中国软科学，2008（3）：19－23.

[11] 吕志方．我国中小港口协同竞争发展现代物流模式浅析 [J]．港口经济，2011（3）：39－41.

[12] 陆大道．京津冀城市群功能定位及协同发展 [J]．地理科学进展，

2015 (3): 265-270.

[13] 踪程，何继新. 京津冀区域物流一体化模式的建构策略探讨 [J]. 商业时代，2011 (27): 41-42.

[14] 温卫娟，邬跃. 北京市物流现状、特点分析及问题挖掘 [J]. 物流技术，2015 (13): 26-28.

[15] 纪元香，张磊. 京津冀协同发展背景下港匚错位发展研究 [J]. 港口经济，2014 (12): 12-14.

[16] 王健龙. 珠三角港口群的演化机理与协调发展研究 [J]. 广东：华南理工大学，2013.

[17] 谢燮. 我国港口空间格局演化的成因及趋势分析 [J]. 中国水运，2010 (1): 8-9.

[18] 陈春芳，赵刚，陈继红. 长三角港口群演化周期问题 [J]. 中国航海，2016 (1): 104-109.

[19] 魏丽华. 津冀港口群一体化在京津冀协同发展中的定位、困境与路径选择 [J]. 中国流通经济，2016 (4): 72-77.

[20] 乔鹏亮. 基于共生理论的港口物流发展分析 [J]. 物流科技，2013 (5): 28-29+47.

[21] 崔朴. 物流园区运营管理与盈利模式研究——以湖南物流总部为例 [J]. 商，2014 (21): 233-234.

[22] 郭捷，王来军，魏亮，等. 我国物流园区发展现状及政策浅析 [J]. 华东交通大学学报，2012 (10): 117-120.

[23] 黄世政，蔡宪唐. Hotelling 模型在中国物流园区发展策略研究 [J]. 中国管理科学，2013 (S2): 621-626.

[24] 孙亮. 基于 AHP-Fuzzy 的中国与欧洲港口持续竞争力比较研究 [J]. 南通航运职业技术学院学报，2010 (1): 75-80.

[25] 袁科峰. 基于波特五力模型的宁德港口物流竞争战略研究 [J]. 长春教育学院学报，2012 (9): 79-80.

[26] 石荣丽. 基于大数据的智慧物流园区信息平台建设 [J]. 企业经济，2016 (3): 134-138.

[27] 芦阳. 国外物流园区运营管理经验及借鉴 [J]. 合作经济与科技，2013 (10): 28-30.

[28] 孙前进. 北京物流基地分布及功能定位浅析 [J]. 商业时代，2011

(25)：39－40.

［29］王景敏，陈敏．基于因子分析的港口物流能力实证评价与比较——以广西北部湾港为例［J］．钦州学院学报，2016（1）：39－42.

［30］盘艳芳．区域港口物流能力综合评价——以南宁港某作业港区为例［J］．现代商业，2016（17）：92－93.

［31］王卉．我国港口城市国际物流竞争力提升研究［J］．商业经济研究，2015（32）：44－46.

［32］孙晔．京津冀一体化与区域智慧物流的协同发展［J］．唐山师范学院学报，2015（5）：149－152.

［33］严霄蕙．京津冀区域物流一体化的发展探析［J］．中国商论，2015（36）：103－105.

［34］王任祥，赵亚鹏，傅海威．区域经济一体化背景下港口联盟建设的模式研究——以浙江省为例［J］．经济地理，2010（3）：420－425.

［35］张云．环渤海港口经济连横战略［J］．河北经贸大学学报，2010（1）：83－85.

［36］周鑫，季建华．港口竞争合作策略的演化博弈分析［J］．中国航海，2008（3）：293－297.

［37］刘波．省际边界区港口竞争力比较及竞合路径研究——以连云港港与日照港为例［J］．资源开发与市场，2010（11）：989－991.

［38］章娴静．港口竞争合作博弈分析——以上海港和宁波港为例［J］．物流工程与管理，2009（9）：13－15.

［39］俞海宏，王晓萍．基于竞合博弈的长三角港口关系探讨［J］．物流科技，2010（10）：16－20.

［40］陈晓华，叶庆华．区域空间整合研究：理论演进与研究内容［J］．池州师专学报，2006（3）：65－69.

［41］杨阳，马仁锋，王益澄，等．港口－腹地关系研究前沿领域及其动向［J］．世界科技研究与发展，2016（6）：1334－1342.

［42］曹卫东，曹有挥，梁双波．安徽长江沿岸港口物流发展评价与空间博弈研究［J］．华中师范大学学报（自然科学版），2007（3）：464－468.

［43］白雪，孔育甲．基于断裂点理论的广州经济腹地界定及分析［J］．特区经济，2014（7）：91－93.

［44］申少侠，蔡盛洁．河北省港口物流体系空间格局研究［J］．中国市

场，2014（35）：162－163.

［45］范海洲，唐德善．夏普里值法在物流企业联盟收益分配中的应用［J］．中国流通经济，2009（3）：27－29.

［46］翁心刚．区域性国际物流信息平台构建研究［J］．中国流通经济，2011（12）：26－30.

［47］李芳菊，蒋建．GIS 技术在现代物流信息平台中的应用研究［J］．现代电子技术，2011（16）：42－44.

［48］时可．北京市物流信息平台发展现状分析［J］．物流技术，2011（11）：214－216＋220.

［49］程永伟，穆东，崔介何．京津冀物流一体化水平测算［J］．当代经济管理，2016（1）：60－63.

［50］林英泽，郝玉柱．京津冀协同发展与物流一体化——第九届中国北京流通现代化论坛述要［J］．中国流通经济，2015（12）：7－11.

［51］CHI－LOK ANDREW YUEN，ANMING ZHANG，WAIMAN CHEUNG. Port competitiveness from the users' perspective：an analysis of major container ports in China and its neighboring countries［J］. Research in Transportation Economics，2012，35（1）：34－40.

［52］WEI YIM YAP，JASMINE S. L. LAM. An interpretation of inter－container port relationships from the demand perspective［J］. Maritime Policy & Management，2004，31（4）：337－355.

［53］ROB KONINGS. Opportunities to improve container barge handling in the port of Rotterdam from a transport network perspective［J］. Journal of Transport Geography，2007，15（6）：443－454.

调查问卷 1

尊敬的领导：

您好！

非常感谢您能在百忙之中帮助我们完成此次关于信息化现状的问卷调查。我们向您保证调查所得数据资料将只作为课题组编制物流规划之用，不涉及任何商业用途，对于您填写的全部资料，我们承诺严格保密！向您表示衷心的感谢！

1. 您所在的物流公司名称？

2. 贵单位的所有制形式（　　）

A. 国有企业　　B. 外商独资企业

C. 中外合资/合作企业　　D. 民营企业

3. 贵单位目前从事的主要业务为（　　）（可多选）

A. 运输　　B. 装卸

C. 仓储管理　　D. 流通加工

E. 包装　　F. 配送

G. 物流信息技术　　H. 物流金融

I. 物流地产　　J. 物流与供应链咨询、设计

K. 其他（请注明）

4. 贵单位是否建设了信息系统（　　）

A. 是　　B. 否

C. 在建状态

5. 该信息系统目前具备的功能（　　）

A. 运输管理　　B. 仓储管理

C. 财务管理　　D. 设备管理

E. 订单管理　　F. 配送管理

G. 销售管理 H. 采购管理
I. 装卸和包装管理 J. 车辆监控
K. 客户查询、管理 L. 其他（请注明）

6. 贵单位是否通过信息系统办理业务（ ）
A. 是 B. 否

7. 贵单位是否提供物流信息化服务（ ）
A. 是 B. 否 C. 已经建设、还未使用

8. 贵单位所采用的信息技术（ ）
A. EOS 系统（电子自动订货系统） B. 条码技术
C. ASS（自动分拣系统） D. EDI 系统（电子数据交换系统）
E. RFID（射频识别）
F. GPS（全球定位系统）/GIS（地理信息系统）/GSM（全球移动通信系统）
G. 其他（请注明）

9. 您认为贵单位进行信息化建设的必要程度（ ）
A. 不必要 B. 一般
C. 重要 D. 必须进行

10. 贵单位物流信息化建设/使用过程中遇到的问题（ ）
A. 信息系统投资大 B. 不知道如何建设
C. 缺乏统一行业标准 D. 缺乏专业人才
E. 软件不适应企业业务流程 F. 工作量增加
G. 数据安全性

11. 贵单位对通州物流园区信息平台的构建期望（ ）
A. 非常期望 B. 一般期望
C. 不关心 D. 不期望

12. 期望物流园区信息平台可以实现的功能有（ ）
A. 数据交换功能 B. 信息发布功能
C. 会员服务功能 D. 在线交易功能
E. 系统管理功能 F. 智能配送功能
G. 货物跟踪功能 H. 库存智能管理功能
I. 决策分析功能 J. 金融服务功能
K. 其他

13. 贵单位对物流信息化方面的建议？

调查问卷 2

尊敬的领导：

您好！

非常感谢您能在百忙之中帮助我们完成此次关于信息化现状的问卷调查。我们向您保证调查所得数据资料将只作为课题组编制物流规划之用，不涉及任何商业用途，对于您填写的全部资料，我们承诺严格保密！向您表示衷心的感谢！

1. 物流园区是否具有配套的信息平台（　　）

A. 是　　B. 否

C. 在建设

2. 是否有意向建设配套的信息平台（　　）

A. 是　　B. 否

C. 在建设

3. 期望此信息平台可以实现的功能（　　）

A. 数据交换功能　　B. 信息发布功能

C. 会员服务功能　　D. 在线交易功能

E. 系统管理功能　　F. 智能配送功能

G. 货物跟踪功能　　H. 库存智能管理功能

I. 决策分析功能　　J. 金融服务功能

K. 其他

4. 你认为信息化建设过程中存在的问题（　　）（多选并按重要程度排序）

A. 软件价格太高　　B. 硬件投入资金较多

C. 企业自身缺乏专业人才　　D. 软件不适合企业专业化流程

E. 企业管理架构及业务流程改动太大　　F. 缺乏行业标准

G. 缺乏公共信息平台
H. 效益不好评估
I. 其他

5. 物流园区目前采用了哪些物流信息技术与设备？（　　）（可多选）
A. EOS系统（电子自动订货系统）
B. 条码技术
C. ASS（自动分拣系统）
D. EDI系统（电子数据交换系统）
E. GPS（全球定位系统）
F. 数据库管理技术
G. GIS（地理信息系统）
H. RFID（射频识别）
I. 其他（请注明）

6. 在物流信息化标准建设方面最为薄弱和需要加强的是（　　）（多选并按重要程度排序）
A. 通用编码标准
B. 公路、水路和物流专用通信标准
C. 物流公共信息平台建设标准
D. 信息安全维护标准
E. RFID和EDI标准
F. 物流信息化服务标准
G. 其他

7. 本物流园区在推进物流信息化发展的过程中是否拥有相关技术的科研项目、试点工程。（　　）（可多选）
A. 是　已经拥有相关物流信息化技术的科研项目
B. 是　已经拥有相关物流信息化技术的试点工程
C. 否　没有该方面的科研项目和试点工程
D. 其他

8. 你认为企业最急需的物流专业化人才类型是（　　）
A. 运输与配送
B. 装卸搬运
C. 仓储
D. 流通加工
E. 物流信息
F. 包装
G. 物流设计
H. 物流装备
I. 其他

9. 企业如何处理和使用数据信息（数据的采集、传输、存储、共享）？对企业决策是否提供帮助或参考？具体体现在哪些方面？

调查问卷 3

请判定各种功能的重要性：

功能类别	具体功能划分	非常重要	重要	不太重要	没用
信息查询	货源信息				
	物流服务需求				
	物流供应信息				
	其他信息				
在线交易	电子单证传输认证				
	交易信用认证				
	网上结算				
	企业资信评估				
	商业洽谈				
服务咨询	物流方案设计				
	人才培养				
物流业务流程管理	订单管理				
	合同管理				
	财务管理				
	客户关系管理				
决策分析	车辆安排				
	设施选址				
	库存管理				
	智能配送				